嘱托

ZHU TUO

阮青　马彦涛 著

国家行政学院出版社
·北京·

图书在版编目（CIP）数据

嘱托 / 阮青，马彦涛著 . —北京：国家行政学院出版社，2022.6
　ISBN 978-7-5150-2681-7

　Ⅰ . ①嘱… Ⅱ . ①阮… ②马… Ⅲ . ①中国共产党—干部培养—研究 Ⅳ . ① D262.3

中国版本图书馆 CIP 数据核字（2022）第 060738 号

书　　名	嘱托 ZHU TUO
作　　者	阮　青　马彦涛
责任编辑	刘韫劼
出版发行	国家行政学院出版社 （北京市海淀区长春桥路 6 号　100089）
综 合 办	（010）68928887
发 行 部	（010）68928866
印　　刷	北京盛通印刷股份有限公司
版　　次	2022 年 6 月第 1 版
印　　次	2022 年 6 月第 1 次印刷
开　　本	170 毫米 ×240 毫米　16 开
印　　张	19
字　　数	261 千字
定　　价	58.00 元

本书如有印装质量问题，可随时调换，联系电话：（010）68929022

目　录

引言 / 培养年轻干部是关乎党、国家和民族命运之大计　1
    一、重视培养年轻干部是中国共产党的优良传统　2
    二、改革开放以来更加重视培养年轻干部　14
    三、习近平同志对年轻干部的殷殷嘱托　21

第一章 / 筑牢理想信念根基　做能担重任栋梁之才　33
    一、中国共产党是有崇高理想和坚定信念的政治组织　33
    二、中国共产党人的理想信念信仰　41
    三、坚定理想信念是终身课题，需要常修常炼　52

第二章 / 牢记党的初心使命　树立正确的政绩观　61
    一、搞清楚中国共产党是什么、要干什么的根本问题　62
    二、为民造福是最大政绩　71
    三、确立科学的世界观、人生观、价值观　84

第三章 / 贯彻党的群众路线　改进群众工作方法　91
    一、凝聚实现中华民族伟大复兴的磅礴力量　91

二、依靠人民创造历史伟业　　101

  三、把党的群众路线贯彻到治国理政全过程　　106

第四章 / 努力提高七项能力　想干事能干事干成事　　115

  一、提升执政能力，不断解决问题、破解难题　　115

  二、提升执政能力，筑牢党的执政基石　　121

  三、提升执政能力，必须增强理论素养、政治品格、实践本领和专业训练　　140

第五章 / 破解本领恐慌难题　切实增强执政本领　　145

  一、增强执政本领体现了对执政规律认识的新境界　　145

  二、执政本领的基本理论和逻辑系统　　152

  三、学真知、悟真谛、增本领　　161

第六章 / 确立完善八种思维　谋划大局操作精当　　167

  一、树立正确思维方式，解放思想再创新业　　168

  二、准确把握正确运用科学思维方式　　172

  三、拓宽提升思维方式的路径　　191

第七章 / 防范化解重大风险　敢于育先机开新局　　195

  一、提高防范化解重大风险能力是年轻干部的政治职责　　196

  二、正确认识当代中国社会存在的重大风险　　203

  三、牢牢把握防范和化解重大风险的主动权　　216

第八章 / 强化勇于斗争精神　挺起脊梁冲锋在前　　221

  一、实现中华民族伟大复兴必须进行伟大斗争　　221

二、斗争要有方向、有立场、有原则、讲艺术　　232

三、增强斗争本领要经受严格的思想淬炼、政治历练、实践锻炼　240

第九章 / 自觉加强理论学习　知行合一担当作为　　247

一、发扬"挤"和"钻"的精神，多读书、读好书　　247

二、马克思主义是做好工作的看家本领　　256

三、独立思考求真务实，知行合一担当作为　　267

第十章 / 坚决守住五大关口　坚守拒腐防变底线　　273

一、为政之道，修身为本，知敬畏、存戒惧、守底线　　273

二、守好拒腐防变五大关口，在新征程留下无悔奋斗足迹　　278

三、掸"思想尘"、思"贪欲害"、破"心中贼"　　292

引 言

培养年轻干部是关乎党、国家和民族命运之大计

习近平同志历来关心年轻干部的培养工作。从2019年春季学期至2022年春季学期，他亲自到中央党校（国家行政学院）中青年干部培训班（以下简称中青班）开班式讲授"第一课"，已经讲授了六讲。这六讲课的时间和主题分别是：2019年3月1日，主题是"在常学常新中加强理论修养，在知行合一中主动担当作为"；2019年9月3日，主题是"发扬斗争精神增强斗争本领，为实现'两个一百年'奋斗目标而顽强奋斗"；2020年10月10日，主题是"年轻干部要提高解决实际问题能力，想干事能干事干成事"；2021年3月1日，主题是"立志做党光荣传统和优良作风的忠实传人，在新时代新征程中奋勇争先建功立业"；2021年9月1日，主题是"信念坚定对党忠诚实事求是担当作为，努力成为可堪大用能担重任的栋梁之才"；2022年3月1日，主题是"筑牢理想信念根基树立践行正确政绩观，在新时代新征程上留下无悔的奋斗足迹"。

从这六讲的主题可以看出，习近平同志站在中国特色社会主义新时代的高度，全面阐述了中国共产党人关于"什么是优秀年轻干部、怎样培养选拔优秀年轻干部"的思想，系统构建起培养、选拔、使用优秀年轻干部的理论体系。这个系列的讲授，不仅为广大年轻干部健康成长提供了思想指南和实践抓手，更体现了习近平同志作为党的总书记对广大年轻干部的深切希望和殷殷嘱托。

一、重视培养年轻干部是中国共产党的优良传统

培养和造就大批优秀年轻干部是党的一项重要战略任务。中国共产党百年奋斗历程充分证明，能不能培养和造就大批优秀年轻干部，直接影响着党和国家事业的发展。习近平同志在2019年春季学期中央党校（国家行政学院）中青班开班式的讲话中强调：培养选拔优秀年轻干部是一件大事，关乎党的命运、国家的命运、民族的命运、人民的福祉，是百年大计。年轻干部是干部队伍的重要组成部分，担负着社会主义事业接班人的历史使命，承担着巩固中国共产党长期执政的历史重任，其素质的高低直接决定着干部队伍的整体水平，影响着中国特色社会主义事业的未来发展。因此，如何培养和造就大批优秀年轻干部，是历届党的领导人都高度重视的问题。

（一）创办各级党校为培养年轻干部提供重要阵地

中国共产党在创建时期就十分注重培养年轻党员干部工作。1921年7月《中国共产党第一个决议》就提出，在一切产业部门均应成立"工人学校"，"工人学校应逐渐变成工人政党的中心机构"，并规定"学校的基本方针是提高工人的觉悟"。同年8月，毛泽东等人在长沙创办湖南自修大学；1923年该大学被查封后，湘江区委又创办湘江学校。这两所学校都积极宣传马克思主义，为党培养了大批优秀年轻干部。1923年11月，党的三届一次中央执行委员会制定的《教育宣传问题决议案》，可以说是我们党最早的关于党员、干部教育工作的专门文件。《教育宣传问题决议案》规定，要采取多种形式加强党员的马克思主义基本原理、党纲党章的学习，要用辩证唯物主义世界观和集体主义人生观教育党员、干部，反对个人主义。1924年5月，第三届中共中央执政委员会扩大会议讨论通过了《党内组织及宣传教育问题决议案》，强调将党员、干部的教育培训问题作为党的建设的

引 言
培养年轻干部是关乎党、国家和民族命运之大计

重要问题,并首次提出要尽快设立党校。1924年底,党的历史上第一所党校——中共安源地委党校开学;1925年10月,北方区委党校建立。同月,第四届中共中央执行委员会第一次扩大会议通过的《宣传问题决议案》强调了党的教育培训工作的重要意义,并决定把办好各地党校作为党的一项重要工作去抓,确定办两种党校:一种是普通党校,训练工人党员;一种是高级党校,训练具有较高知识水平和丰富工作经验的党员干部。1933年3月,我们党经过多年办学经验的积累并根据革命事业发展的需要,在中央革命根据地瑞金创办了马克思共产主义学校,这是中央党校的前身,标志着中央党校的诞生。当时,各级党校尽管身处条件极其恶劣、生活极其艰苦、国民党军队重重围剿的战争环境之下,依然克服了一切困难,采取灵活多样的方式坚持教学活动,为党和革命事业培养了大批优秀年轻干部和各类人才。

1935年10月,中央党校随中国工农红军长征到达陕北,并在开展全党学习运动和培养年轻干部方面发挥了极其重要的作用。中国共产党人经过第一次大革命和土地革命战争的火与血的洗礼,已经逐步走向成熟。在延安相对稳定的环境下,以毛泽东为代表的中国共产党人开始总结中国革命成功的经验,反思革命战争所经历的曲折和教训,分析日本帝国主义侵略中国所带来的新情况、新问题,研究中国革命发展的特殊规律,探索中国新民主主义革命道路。要完成这样的时代课题,无疑需要一大批年富力强的优秀年轻干部。1936年,毛泽东撰写《中国革命战争的战略问题》,力图从哲学的高度来回答这些问题。1937年5月,毛泽东在中国共产党全国代表会议上作了《为争取千百万群众进入抗日民族统一战线而斗争》的报告,其中专门谈到"干部问题"。毛泽东指出:"指导伟大的革命,要有伟大的党,要有许多最好的干部。""我们党的组织要向全国发展,要自觉地造就成万数的干部,要有几百个最好的群众领袖。这些干部和领袖懂得马克思列宁主义,有政治远见,有工作能力,富于牺牲精神,能独立解决

问题,在困难中不动摇,忠心耿耿地为民族、为阶级、为党而工作。党依靠着这些人而联系党员和群众,依靠着这些人对于群众的坚强领导而达到打倒敌人之目的。这些人不要自私自利,不要个人英雄主义和风头主义,不要懒惰和消极性,不要自高自大的宗派主义,他们是大公无私的民族的阶级的英雄,这就是共产党员、党的干部、党的领袖应该有的性格和作风。"① 由此可见,毛泽东不仅强调了培养优秀党员干部的重要性,而且确立了评价优秀党员干部的标准。然而,如何适应革命形势发展的需要快速培养出一大批优秀年轻干部?党中央号召要在全党全军开展学习运动。1939年5月20日,毛泽东在延安在职干部教育动员大会上的讲话中指出,发起学习运动的直接原因是要解决"领导工作、改善工作与建设大党"的问题。他说:"我们队伍里边有一种恐慌,不是经济恐慌,也不是政治恐慌,而是本领恐慌。"所以,"学习是我们注重的工作,特别是干部同志,学习的需要更加迫切,如果不学习,就不能领导工作,不能改善工作与建设大党"②。从1943年3月开始到1947年3月,毛泽东亲自担任中央党校校长,领导全党全军的学习运动。1948年7月,为了给即将诞生的新中国培养大批干部和理论人才,党中央决定建立高级党校,名为马列学院,刘少奇兼任院长。1949年3月,马列学院随中共中央机关迁驻北京。应该肯定,在浴血奋战的新民主主义时期,各级党校成为教育培训党员干部的重要基地,为教育培养大批优秀党员干部作出突出贡献。

新中国成立后,我们党面临着全新且繁重的领导各族人民建设社会主义国家的时代重任。毫无疑问,要完成这个时代重任,需要一大批能够迅速适应社会主义建设新要求的党员干部。因此,强化教育和培养党员干部工作提到日程。1951年党中央发布了《中共中央关于加强理论教育的决定(草案)》,为党员干部教育培训工作提供了制度化保障。1954年颁布了

---

① 《毛泽东选集》第1卷,人民出版社1991年版,第277页。
② 《毛泽东文集》第2卷,人民出版社1993年版,第178、179页。

《关于轮训全党高、中级干部和调整党校的计划》,要求党的高中级领导干部到党校学习,提高马克思主义理论素养;并明确规定了课程设置、培训时间,要求"在今后有计划有步骤地把全党各方面的高、中级干部,调入党校轮训,才能有效地提高全党干部马克思列宁主义的水准"①。1955年8月1日,中央决定把马列学院改名为中共中央直属高级党校(简称中央高级党校)。1956年发布的《关于加强初级党校工作的指示》,明确规定了初级党校的主要任务、教学实施、机构设置、管理体制。1961年下发的《关于轮训干部的决定》提出:为了适应社会主义建设的新形势,"决定对全党各级各方面的领导干部,采取短期训练班的方式,普遍地进行一次轮训"②。针对社会主义建设时期的"本领恐慌"问题,毛泽东多次要求全党必须加强学习,指出"社会主义建设,从我们全党来说,知识都非常不够。我们应当在今后一段时间内,积累经验,努力学习,在实践中间逐步地加深对它的认识,弄清楚它的规律。一定要下一番苦功,要切切实实地去调查它,研究它"③。此后,全国各省市自治区、各部委和企业等各级党校陆续建立起来,党员干部培训工作体系逐步形成,在为中国社会主义改造和建设事业培养大批优秀人才方面发挥了极其重要的作用。

  党的十一届三中全会的胜利召开,意味着中国社会发展进入新的历史时期。"什么是社会主义,怎样建设社会主义"的时代课题摆在中国共产党人面前。面对这个全新的时代课题,中国共产党人该怎么办?邓小平在中共中央工作会议闭幕会上的讲话中明确提出:"全国胜利前夕,毛泽东同志号召全党重新学习。那一次我们学得不坏,进城以后,很快恢复了经济,成功地完成了社会主义改造。这些年来,应当承认学得不好。主要的精力放到政治运动上去了,建设的本领没有学好,建设没有上去,政治也

---

  ① 《建国以来重要文献选编》第5册,人民出版社1993年版,第697页。
  ② 《建国以来重要文献选编》第14册,人民出版社1997年版,第608页。
  ③ 《毛泽东文集》第8卷,人民出版社1999年版,第303页。

发生了严重的曲折。现在要搞现代化建设，就更加不懂了。所以全党必须再重新进行一次学习"；"学习好，才可能领导好高速度、高水平的社会主义现代化建设"。①应该讲，学习的途径很多，而通过党校系统的教育和培训是快速培养起大批现代化建设人才的可靠途径，也是我们党领导革命和建设的成功经验。随着中央高级党校于1977年10月复校，并定名为中共中央党校之后，各级党校也开始复校，并根据中央的部署对党员、干部开展了有效的培训工作。1989年中央下发《关于建立健全省部级在职领导干部学习制度的通知》，规定省部级在职领导干部的培训时间、培训计划、培训内容等，初步建立领导干部集体学习制度。此后，中共中央先后印发了《中共中央关于加强党校工作的通知》《关于新形势下加强党校工作的意见》《1991—1995年全国干部培训规划要点》《1996-2000年全国干部培训规划》等文件，并多次召开全国党校工作会议，基本形成由干部教育主管机构、各级党校和各类干部院校等构成的干部教育培训体系。党的十六大召开之后，为适应新时期大规模培训党员干部、大幅度提高党员干部素质的战略需要，党中央作出了在浦东、井冈山、延安成立三所干部学院的重大决策。从2003年起，中国浦东干部学院、中国井冈山干部学院、中国延安干部学院陆续开始筹建，并于2005年3月建成并正式开学。此后，又成立了焦裕禄干部学院、百色干部学院、红旗渠干部学院等。这些学院深入挖掘各具特色的本地文化资源和精神财富，以课堂理论学习和实地参观考察相结合，创新开发出多种多样、生动活泼的教学形式，如情感体验、拓展训练、情景模拟、案例剖析、互动研讨等，使广大党员干部在坚定理想、继承传统、涵养党性、提升能力、增强本领等方面获益颇丰。

（二）领袖亲自授课对年轻干部提出殷切希望

党的领导人到党校授课，是我们党的优良传统。在新民主主义革命时

---

① 《邓小平文选》第2卷，人民出版社1994年版，第153页。

期，毛泽东、周恩来、刘少奇等领导人都到中央党校给党员干部讲过课。据中央党校教授谢武军的研究，从中央党校在陕北复校到撤离延安之前，毛泽东多次在中央党校作报告和演讲。"就笔者所见，有文献记载的至少20次，其中12次是在他担任中央党校校长之后。虽然这些报告大部分是专门为党校师生组织的，但对全党工作的指导意义不言而喻。"①毛泽东的报告和演讲主要有三方面的内容。

1. 参加中央党校的开学典礼或毕业典礼并发表讲话，对学员提出殷切希望

下面讲讲毛泽东出席过的两个开学典礼和两个毕业典礼的情况。

1942年2月1日，中央党校举行开学典礼，在延安的全体中央政治局委员和各方面负责人出席，毛泽东发表了《整顿党的作风》的演讲。毛泽东讲的第一句话是："党校今天开学，我庆祝这个学校的成功！"随后，他以"我们的党的作风的问题"为主题，全面而深刻地阐述了整顿学风、党风、文风的必要性和重要性，指出"反对主观主义以整顿学风，反对宗派主义以整顿党风，反对党八股以整顿文风，这就是我们的任务"②。他全面分析了主观主义、宗派主义、教条主义给党的事业带来的危害，系统论述整风所应采取的方针和方法。据当时听课的同志说，他一口气讲了两个小时，师生们竟一个姿势坐了两个小时，唯恐漏记一个字。他的讲话结束后，会场爆发了热烈的掌声。毛泽东的这次讲话，实际上是借中央党校的开学典礼向全党发出了整顿党的作风的动员令。

1943年8月8日，中央党校二部举行开学典礼，毛泽东出席并讲话。二部学员大多数人是从前方战场上回来的，也有一部分是边区各地来的，还有些学员是延安的。毛泽东清醒地意识到，来自不同地方的同志来党校学习必然会产生不同的学习诉求，如果"有人要学经济学，有人要学哲

---

① 谢武军：《永不磨灭的记忆——毛泽东在中央党校作报告》，《学习时报》2021年9月7日。
② 《毛泽东选集》第3卷，人民出版社1991年版，第812页。

学,有人想看小说,有人想学外国文,那末,我们的学校就不好办,也办不好"。所以,毛泽东要求:"我们全党要统一,学校里的学习和各种活动也要统一,要有一致的意见。"①毛泽东全面分析了中国革命的两大历史任务:一是要把半殖民半封建社会改变为民主主义社会,即新民主主义社会,这是新民主主义革命;二是由资产阶级民主主义社会转变为无产阶级社会主义社会,这是社会主义革命。毛泽东指出:"我们要干两个革命,要使两个革命在我们手里取得胜利。作为一个共产党员,作为一个共产党的干部,我们要有这样的自信心,并且要学好本领,为劳苦大众办好这两件事。"②毛泽东要求大家在中央党校要完成两大任务,一要努力学习,二要养好身体,将来出去做事。可以说,毛泽东的讲话,既为这些刚从枪林弹雨的战场初到中央党校尚不知道该怎样学习的学员指明了学习的方向,同时也给广大学员送出了党的领导人对于他们的关心、爱护和期盼。

1938年8月22日,毛泽东参加了中央党校十六班、十九班81名学员的毕业典礼。这两个班的绝大部分学员毕业后要到前线去和日寇作战,开辟抗日根据地。当年的记录稿写道:"主席入场时学生迎以热烈之掌声,主席频频答礼。"毛泽东发表了《当学生,当先生,当战争领导者》的演讲。他告诫大家,当学生,就是说在党校学习结束了,还要到党校之外去学习,向工人学习,向农民学习,向知识分子学习。"党校学生不可自称老爷,我们出去,要时常带着学习的态度。学校学习是第一章,以后要不断地学下去,活到老,学到老。"当先生,就是说"每人都要有教育人家的精神,都要有提高干部水平的责任,要说到舌子烂,喉子干,就是说要肯讲肯说,多讲多说,不倦地讲,不倦地说,有当先生的精神,但没有先生架子"。当战争的领导者,就是说"在中国谋独立和自由,废除半封建半

---

① 《毛泽东文集》第3卷,人民出版社1996年版,第55页。
② 《毛泽东文集》第3卷,人民出版社1996年版,第62页。

殖民地的主要手段是战争"①，毛泽东列举了我军一些在战争中学习成长起来的优秀军事干部，要求学员们到战争中去锻炼成长为战争领导者。他还风趣地说，你们81个学员就是81万人马。毛泽东的讲话给予即将奔赴前线的年轻干部以极大的鼓舞。

1944年10月25日，毛泽东到中央党校大礼堂出席了干部训练班的结业式。他在讲话中首先讲了时局问题，然后告诫这些干部们："共产党要团结各阶层人士。共产党员好像柳树一样，到处插下去就可以活，长起来。柳树也有缺点，容易顺风倒，所以还要学松树，挺而有劲。柳树有机动性，松树有原则性，柳树可亲，松树可靠，我们共产党人就是要可亲、要可靠。"②可见，毛泽东的讲话亲切自然，比喻生动形象，充满了辩证智慧和对广大年轻干部的无限期望。

2.为教育培训党员干部确立方针和原则

按照什么样的方针和要求来教育培训党员干部，是关系到干部教育事业成败的具有战略意义的基本问题。在江西瑞金时期，由于干部教育培训工作刚刚起步，党校也属于初创时期，加之战争环境复杂多变，党员干部的教育培训方针问题尚没有提上日程。当时强调的是，党员干部、特别是党校学员的理论教学重在学习马克思主义，重在提高革命工作的实际能力。

红军长征到达陕北后，尽管战争依然激烈、条件依然恶劣，但环境相对稳定下来了。中国共产党人经历了第一次国内革命战争和土地革命战争，既有成功的经验，也有失败的教训。而在诸多经验教训中，最根本的是能否从中国实际出发，结合自己的具体实践经验，创造性地运用马克思主义和俄国革命的经验，找到适合中国实际的革命道路和革命方法，这是关系到中国革命事业兴衰成败的关键所在。而最大的教训在于党内的教条

---

① 毛泽东：《当学生，当先生，当战争领导者》，《党的文献》2013年第6期。
② 《毛泽东年谱（1893—1949）》中卷，中央文献出版社1993年版，第553页。

主义者把马克思主义教条化，把共产国际决议和苏联经验神圣化，无视中国的具体国情和中国革命的实践，"唯上""唯书"，生吞活剥马克思主义著作中的只言片语，动辄搬用"国际指示"借以吓人。在教条主义盛行的同时，党内还存在着经验主义倾向。可以说，主观主义，特别是教条主义曾经使中国革命遭受极大损失。主观主义、教条主义也传到党校的教学工作中来。1943年8月，毛泽东在中央党校第二部开学典礼上指出："在党校中有两种培养教育干部的方法，一种是教条主义的、抽象学习理论的方法，另一种是联系斗争实际学习理论的方法。过去的方法属于第一种，把人都学笨了。"①怎么办？以毛泽东为代表的中国共产党人，面对中国革命正处于由国内战争向抗日战争转变，国内外各种矛盾纷繁复杂，斗争尖锐曲折的局面，集中精力来研究中国革命实际，探索中国革命发展规律，以便把马克思主义与中国革命实际相结合，开创中国式的革命道路。与这个大形势相适应，如何确立党员干部的教育培训方针的问题，也提上日程。

毛泽东历来强调，马克思列宁主义是我们党的指导思想，党员干部必须认真学习马克思列宁主义。这是毋庸置疑的。然而，应该怎样学？1941年5月，毛泽东在《改造我们的学习》报告中提出，"对于在职干部的教育和干部学校的教育，应确立以研究中国革命实际问题为中心，以马克思列宁主义基本原则为指导的方针，废除静止地孤立地研究马克思列宁主义的方法"②。毛泽东提出要"有的放矢"，"的"就是中国革命，"矢"就是马克思列宁主义。中国共产党人之所以要找这根"矢"，就是为了射中国革命和东方革命这个"的"。这种态度，就是实事求是的态度。1942年2月1日，毛泽东在中央党校开学典礼的讲话中指出："我们读了许多马克思列宁主义的书籍，能不能就算是有了理论家呢？不能这样说。因为马克思列宁主义是马克思、恩格斯、列宁、斯大林他们根据实际创造出来的理论，从历

---

① 《毛泽东文集》第3卷，人民出版社1996年版，第62页。
② 《毛泽东选集》第3卷，人民出版社1991年版，第802页。

引 言
培养年轻干部是关乎党、国家和民族命运之大计

史实际和革命实际中抽出来的总结论。我们如果仅仅读了他们的著作，但是没有进一步地根据他们的理论来研究中国的历史实际和革命实际，没有企图在理论上来思考中国的革命实践，我们就不能妄称为马克思主义的理论家。"毛泽东强调：我们"是要这样的理论家，他们能够依据马克思列宁主义的立场、观点和方法，正确地解释历史中和革命中所发生的实际问题，能够在中国的经济、政治、军事、文化种种问题上给予科学的解释，给予理论的说明"。所以，"现在我们党的中央做了决定，号召我们的同志学会应用马克思列宁主义的立场、观点和方法，认真地研究中国的历史，研究中国的经济、政治、军事和文化，对每一问题要根据详细的材料加以具体的分析，然后引出理论性的结论来。这个责任是担在我们的身上"。毛泽东在这个讲话中还提出了评价党校学员学习优劣、好坏的标准。他说："对于马克思主义的理论，要能够精通它、应用它，精通的目的全在于应用。如果你能应用马克思列宁主义的观点，说明一个两个实际问题，那就要受到称赞，就算有了几分成绩。被你说明的东西越多，越普遍，越深刻，你的成绩就越大。现在我们的党校也要定这个规矩，看一个学生学了马克思列宁主义以后怎样看中国问题，有看得清楚的，有看不清楚的，有会看的，有不会看的，这样来分优劣，分好坏。"[①] 正是在毛泽东关于党校教育思想的指导下，1942年2月28日，中央政治局会议通过了《中央政治局关于党校组织及教育方针的新决定》，全面规定了党校的教学计划、教学内容和教学方法。同年4月1日，《解放日报》以《中央党校再度改组告竣，确定新教育计划》为题进行了报道。可以说，学习和运用马克思主义的基本立场观点方法，全面分析和研究中国社会发展的实际情况，探索解决中国社会发展问题的新思路和新途径，成为我们党的优良传统，也成为各级党校教学工作一贯坚持的基本方针和原则。

毛泽东还为中央党校制定校训。1941年底的一天，彭真对毛泽东说：

[①]《毛泽东选集》第3卷，人民出版社1991年版，第814、815页。

其他学校都有校训,而且鲁迅艺术学院、陕北公学院的校训还是你为它们制定的。你也为咱们党校制定一个校训吧。毛泽东稍作沉思说:"实事求是,不尚空谈。"①1943年11月,延安中央党校大礼堂落成,毛泽东又亲笔题写了"实事求是"四个大字,镶嵌在礼堂正面门楣上方。"实事求是"是中国共产党的思想路线,是毛泽东思想的精髓,也成为中央党校和各级党校办学的灵魂。

3.在历史转折重要关头发表讲话以便统一全党思想

在延安时期,中共中央经常在中央党校召开党的活动分子会议,入会者为在陕北的中央委员、各方面负责人和中央党校全体师生。这些会议往往是在国际国内局势发生重大变化,党的战略策略即将发生重大转变的时候召开的。毛泽东多次在这类会议上作报告。他运用辩证唯物主义和历史唯物主义的方法,科学分析中国革命的发展趋势,预见可能出现的问题,及时提出解决问题的策略,以便统一全党全军的思想。如《论反对日本帝国主义的策略》(1935年12月27日)、《上海太原失陷以后抗日战争的形势和任务》(1937年11月12日)、《抗日战争胜利后的时局和我们的方针》(1945年8月13日)、《关于重庆谈判》(1945年10月17日)等。我们简单介绍两个报告。

《论反对日本帝国主义的策略》。1935年,日本侵略者在侵占东北后,加紧了对华北的争夺,整个华北危在旦夕。一二·九运动的爆发标志着中国人民抗日救亡运动新高潮的到来,说明中国社会已经处于政治大变动的前夜。如何把各种要求抗日的力量汇合起来,组成抗日民族统一战线,共同抵御外敌的使命,就历史地落到中国共产党肩上。12月,中共中央政治局在瓦窑堡召开会议,批评了党内那种认为中国民族资产阶级不可能和中国工人农民联合抗日的错误观点,决定建立抗日民族统一战线的策略,通过了《中共中央关于目前政治形势与党的任务的决议》。这是一次极其重

---

① 参见孙国林:《毛泽东与中央党校》,《学习时报》2019年12月30日。

要的会议。27日,毛泽东在党的活动分子会议上作了《论反对日本帝国主义的策略》的报告,进一步阐明中央政治局会议精神。毛泽东分析了在日本帝国主义要变中国为它的殖民地的新形势下,国内各阶级之间的关系发生的新变化;批评了围绕着建立抗日统一战线所出现的各种错误观点,论述了建立抗日统一战线的可能性和必要性;强调党的基本策略任务,是反对狭隘的关门主义,建立广泛的民族革命统一战线,"组织千千万万的民众,调动浩浩荡荡的革命军,是今天的革命向反革命进攻的需要"[①]。毛泽东还专门提醒大家,要注意汲取1927年大革命失败的历史教训,要求共产党员必须在民族统一战线中发挥领导作用。毛泽东的这个报告,在中国人民抗日救亡运动新高潮来临之际,全面阐述了党的抗日民族统一战线的新政策,系统地说明了党在政治策略上的诸多问题,对于澄清人们对于建立统一战线产生的混乱认识,统一全党全军思想起到了至关重要的作用。

《上海太原失陷以后抗日战争的形势和任务》。卢沟桥事变发生的第二天,中共中央向全国发出通电:"平津危急!华北危急!中华民族危急!只有全民族实行抗战,才是我们的出路!"一场决定中华民族命运的殊死大搏斗拉开了帷幕。然而,在如何抗战问题上,国共两党从一开始就形成了不同的主张。以蒋介石为代表的国民党主张实行单纯依靠政府和军队的片面抗战路线,不愿意实行民主、改善民生,不敢发动和依靠人民大众。中国共产党则主张实行全面抗战路线,废除国民党的一党专政,给人民以充分的抗日民主权利,适当地改善工农大众的生活,充分动员、组织和武装民众抗战,使抗日战争成为真正的人民战争。国共两党关于抗战路线的不同主张所造成人们认识上的混乱,也影响到党内一些同志。1937年11月12日,就在上海失陷的当天,毛泽东在党的活动分子会议上作了这个报告。他全面分析了上海、太原失陷后的形势变化,指出当时正是从片面抗战到全面抗战的过渡期中,片面抗战已经无力持久,全面抗战还没有到

[①] 《毛泽东选集》第1卷,人民出版社1991年版,第155页。

来,这是一个青黄不接危机严重的过渡期。在这个重要过渡期,在党内和全国都必须反对投降主义。在党内,要反对阶级对阶级的投降主义;在全国,要反对民族对民族的投降主义。前者"引导无产阶级去适合资产阶级的改良主义和不彻底性。不克服这个倾向,就不能进行胜利的抗日民族革命战争,就不能变片面抗战为全面抗战,就不能保卫祖国"。后者则"引导中国去适合日本帝国主义的利益,使中国变为日本帝国主义的殖民地,使所有的中国人变为亡国奴"。①而在抗日民族革命战争中,阶级投降主义实际上是民族投降主义的后备军,是援助右翼营垒而使战争失败的最恶劣倾向。毛泽东要求全党:"为了争取中华民族和劳动群众的解放,为了使反对民族投降主义的斗争坚决有力,必须反对共产党内部和无产阶级内部的阶级投降倾向,要使这一斗争开展于各方面的工作中。"②

从上面两个报告所选择的时间、地点和主题来看,毛泽东往往在中国革命进程发展到重大转折的关键时期,社会各个群体、阶层对社会发展所出现的新情况、新问题产生迷惘或错误认识的时期,及时抓住人们普遍关心的这些事关社会发展方向的重大问题,通过深入分析国际国内、党内党外、军内军外等各个方面的情况,全面系统地阐述中国共产党的立场和主张。他的报告不仅对于帮助广大党员干部澄清思想上的混乱认识、统一全党思想起到了重要作用,而且也确定了中国共产党所处历史方位,给中国革命事业的发展指明了方向。

二、改革开放以来更加重视培养年轻干部

新中国成立以后,特别是改革开放以来,中国共产党继承了毛泽东等老一辈无产阶级革命家重视教育培养年轻干部的优良传统,而且结合

---

① 《毛泽东选集》第2卷,人民出版社1991年版,第395页。
② 《毛泽东选集》第2卷,人民出版社1991年版,第396页。

引 言
培养年轻干部是关乎党、国家和民族命运之大计

新的时代特点为这项工作赋予新的内涵，构建起完整的理论体系和培养机构。党的十九届六中全会通过的《中共中央关于党的百年奋斗重大成就和历史经验的决议》指出："党和人民事业发展需要一代代中国共产党人接续奋斗，必须抓好后继有人这个根本大计。要坚持用习近平新时代中国特色社会主义思想教育人，用党的理想信念凝聚人，用社会主义核心价值观培育人，用中华民族伟大复兴历史使命激励人，培养造就大批堪当时代重任的接班人。要源源不断培养选拔德才兼备、忠诚干净担当的高素质专业化干部特别是优秀年轻干部，教育引导广大党员、干部自觉做习近平新时代中国特色社会主义思想的坚定信仰者和忠实实践者，牢记空谈误国、实干兴邦的道理，树立不负人民的家国情怀、追求崇高的思想境界、增强过硬的担当本领。"① 这是对我们党百年来教育和培养年轻干部工作的充分肯定，也为我们党未来教育和培养年轻干部指明了方向。

（一）实现干部队伍的革命化、年轻化、知识化、专业化

以邓小平为代表的中国共产党人，高举解放思想、实事求是的旗帜，冲破"两个凡是"的精神枷锁，通过以真理标准大讨论为先导，促进了党的思想路线、政治路线、组织路线的拨乱反正。邓小平非常明确地意识到，思想路线、政治路线的实现要靠组织路线来保证；而组织路线的关键在于能否培养好、选拔好接班人。他说："解决组织路线问题，最大的问题，也是最难、最迫切的问题，是选好接班人。"因为，"中国的稳定，四个现代化的实现，要有正确的组织路线来保证，要有真正坚持马克思列宁主义、毛泽东思想和党性强的人来接班才能保证"。所以，邓小平提出："现在摆在老同志面前的任务，就是要有意识地选拔年轻人，选一些年轻

---

① 《中国共产党第十九届中央委员会第六次全体会议文件汇编》，人民出版社2021年版，第104页。

的身体好的同志来接班。"①1979年11月2日,邓小平在中央党政军机关副部长以上干部会上作了《高级干部要带头发扬党的优良传统》的报告,专门讲了"认真选拔接班人"的问题。他认为,认真选好接班人,是一个关系到党和国家长远利益的战略问题。如果我们在三几年内不解决好这个问题,十年后就不晓得中国会出什么事。"选拔干部,选拔人才,只要选得好,选得准,我们的事业就大有希望。"②正是根据这样的思考,邓小平从中国党政领导干部的实际出发,逐步形成干部"四化"的方针。党的十二大通过的党章提出,要努力实现干部队伍的革命化、年轻化、知识化、专业化,从而对干部队伍的政治素质、年龄结构、知识水平、专业能力提出了全面而统一的要求。

(二)领导干部要讲学习、讲政治、讲正气

20世纪90年代,随着苏联解体和苏共垮台,如何进一步解决提高党的执政能力和领导水平、提高拒腐防变和抵御风险能力这两大历史性课题,更加严峻地摆在中国共产党人面前。江泽民在2000年6月召开的全国党校工作会议上说:"历史和现实都表明,一个政党,一个国家,能不能不断培养出优秀的领导人才,在很大程度上决定着这个政党、这个国家的兴衰存亡。中国的社会主义事业能不能巩固和发展下去,中国能不能在未来激烈的国际竞争中始终强盛不衰,关键就要看我们党能不能不断培养造就一大批高素质的领导人才。"③为此,他提出领导干部要讲学习、讲政治、讲正气。

何谓讲学习?江泽民认为:"在重大的历史转折关头,新矛盾、新问题、新情况、新知识、新经验层出不穷,我们更要注意学习。分析新矛

---

① 《邓小平文选》第2卷,人民出版社1994年版,第192—193页。
② 《邓小平文选》第2卷,人民出版社1994年版,第225页。
③ 《江泽民文选》第3卷,人民出版社2006年版,第43—44页。

盾，解决新问题，研究新情况，掌握新知识，摸索新经验，既是新的实践过程，也是新的学习过程。不加强学习，就会处于盲目、被动和落后状态，就不可能取得领导的主动权。"①他要求年轻干部"要下苦功夫学习，学理论、学历史、学经济、学科技、学管理、学法律、学习一切需要学习的东西，努力打好为党和人民的事业建功立业的思想根底和知识功底"②。他认为："勤于学习，善于学习，不仅有利于我们更好地改造客观世界，而且也有利于我们更好地改造主观世界。全党同志特别是领导干部，一定要坚持学习、学习、再学习。"③

何谓讲政治？江泽民在《领导干部一定要讲政治》一文中指出："我这里所说的政治，包括政治方向、政治立场、政治观点、政治纪律、政治鉴别力、政治敏锐性。"④他提出，领导干部要有政治家素质，就是说"要提高政治敏锐性和洞察力，善于从政治上认识问题、处理问题，在事关方向、事关原则的问题上保持清醒的头脑和坚定的立场"⑤。他指出，"以经济建设为中心，实现现代化，这是当今中国最大的政治"，当然，"讲政治是具体的，而不是抽象的。衡量一个领导干部是不是讲政治，一个重要标准就是看他是不是时刻把人民群众放在心头，是不是诚心诚意地为人民谋利益"⑥。

何谓讲正气？江泽民要求，在党内真正造成一种浩然正气。讲正气，就是要坚持和发挥中国共产党全心全意为人民服务的宗旨；讲正气，就是要坚持和发扬中国共产党人的政治本色和革命气节；讲正气，就是要坚持和发展中国共产党人的利益观、权力观和享乐观。

---

① 江泽民：《论党的建设》，中央文献出版社2001年版，第144页。
② 江泽民：《论党的建设》，中央文献出版社2001年版，第232页。
③ 《江泽民文选》第3卷，人民出版社2006年版，第185页。
④ 《江泽民文选》第1卷，人民出版社2006年版，第457页。
⑤ 江泽民：《在优秀县（市）委书记表彰大会上的讲话》，《人民日报》1995年7月1日。
⑥ 《江泽民论有中国特色社会主义（专题摘编）》，中央文献出版社2002年版，第706页。

当时在全党开展的对广大党员干部进行"三讲"教育,为保持党的先进性和纯洁性提供了可靠的组织保证。

(三)着力培养忠诚干净担当的高素质年轻干部

习近平同志更加重视对年轻干部的教育培养工作。他在2008年担任中央党校校长之后,曾十多次到中央党校给全体学员和教职员工作报告。他主讲的相关题目是:关于中国特色社会主义理论体系的几点学习体会和认识;领导干部要认认真真学习、老老实实做人、干干净净干事;把党校姓党原则贯彻和体现到党校全部工作之中;关于干部队伍建设的几点思考;领导干部要爱读书读好书善读书;深入学习中国特色社会主义理论体系、努力掌握马克思主义立场观点方法;领导干部要树立正确的世界观权力观事业观;领导干部要重视学习马克思主义经典著作;领导干部要读点历史;谈谈调查研究;谈党校学员的学习;等等。

党的十八大召开之后,习近平同志作为党的总书记日理万机、工作繁忙,但依然十分关心对年轻干部的教育培养工作。2013年6月28日,他出席全国组织工作会议并发表重要讲话。他提出,要着力培养选拔党和人民需要的好干部。因为,"进行具有许多新的历史特点的伟大斗争,实现党的十八大确定的各项目标任务,关键在党,关键在人。关键在党,就要确保党在发展中国特色社会主义历史进程中始终成为坚强领导核心。关键在人,就要建设一支宏大的高素质干部队伍"。他说:"我们党历来高度重视选贤任能,始终把选人用人作为关系党和人民事业的关键性、根本性问题来抓。治国之要,首在用人。也就是古人说的:'尚贤者,政之本也。''为政之要,莫先于用人。'"①他全面阐述了怎样是好干部、怎样成长为好干部、怎样把好干部用起来等问题,特别强调:"培养选拔年轻干部,事关

---

① 《习近平总书记重要讲话文章选编》,中央文献出版社、党建读物出版社2016年版,第56—57页。

引 言
培养年轻干部是关乎党、国家和民族命运之大计

党的事业薪火相传,事关国家长治久安。""加强和改进年轻干部工作,要下大气力抓好培养工作。""对那些看得准、有潜力、有发展前途的年轻干部,要敢于给他们压担子,有计划安排他们去经受锻炼。"①这个重要讲话为培养选拔年轻干部指明了方向。

2017年10月,党的十九大胜利召开。党的十九大报告对当代中国社会所处方位作出重大战略判断,即我们进入中国特色社会主义新时代。进入新时代,中国共产党一定要有新气象新作为,开创党的建设新的伟大工程的新局面,关键是培养选拔一大批优秀年轻干部。党的十九大报告提出:"大力发现储备年轻干部,注重在基层一线和困难艰苦的地方培养锻炼年轻干部,源源不断选拔使用经过实践考验的优秀年轻干部。"②为了把党的十九大提出的战略部署落实到位,有关部门制定了《关于适应新时代要求大力发现培养选拔优秀年轻干部的意见》(以下简称《意见》)。2018年6月底,中共中央政治局召开会议,专门对这个《意见》进行审议。习近平同志主持会议并发表重要讲话。会议强调,发现培养选拔优秀年轻干部是加强领导班子和干部队伍建设的一项基础性工程,是关系党的事业后继有人和国家长治久安的重大战略任务。党的十八大以来,我们坚决落实好干部标准,破除唯年龄偏向,改进后备干部工作,优化干部成长路径,推动落实常态化配备目标,年轻干部工作取得了显著成效。当前,中国特色社会主义进入新时代,我们党团结带领人民进行伟大斗争、建设伟大工程、推进伟大事业、实现伟大梦想,关键在于建设一支高素质专业化干部队伍,归根到底在于培养选拔一批又一批优秀年轻干部接续奋斗。新时代新使命要求我们切实增强责任感和紧迫感,以更长远的眼光、更有效的举措,及早发现、及时培养、源源不断选拔使用适应新时代要求的优秀

---

① 《习近平总书记重要讲话文章选编》,中央文献出版社、党建读物出版社2016年版,第68、69、70页。
② 习近平:《决胜全面建成小康社会 夺取新时代中国特色社会主义伟大胜利——在中国共产党第十九次全国代表大会上的报告》,人民出版社2017年版,第64页。

年轻干部,为党和国家事业发展注入新的生机活力。要按照做好新时代年轻干部工作的总体思路、目标任务、政策措施,统一思想、提高认识,进一步推进年轻干部工作制度化、规范化、常态化。会议强调,要着眼"两个一百年"奋斗目标,着眼推进国家治理体系和治理能力现代化,着眼党的事业后继有人、兴旺发达,努力建设一支忠实贯彻习近平新时代中国特色社会主义思想、全心全意为人民服务,适应新使命新任务新要求、经得起风浪考验,数量充足、充满活力的高素质专业化年轻干部队伍。会议要求,各级党委(党组)要增强大局意识和全局观念,把年轻干部工作摆上重要议事日程,切实抓紧抓好。要建立以党委(党组)主要负责同志为第一责任人的工作责任制,一级抓一级,一级带一级,逐级负责,层层抓落实,把发现培养选拔年轻干部工作实效作为党建工作考核的重要内容。①这次会议不仅为中国特色社会主义新时代培养选拔优秀年轻干部工作作出战略部署,而且为随后召开的全国组织工作会议做好了充分的准备。

2018年7月初,全国组织工作会议在北京召开。习近平同志出席会议并发表重要讲话。他指出,党的97周岁生日刚过,我们就召开全国组织工作会议,目的是继续发挥党的组织优势,激发全党的奋斗精神,以更好的状态、更实的作风团结带领全国各族人民奋力谱写新时代中国特色社会主义新篇章。他全面回顾了党的十八大以来党的建设和组织工作的情况,系统阐述了新时代党的建设和党的组织路线,强调要以组织体系建设为重点,要求着力培养忠诚干净担当的高素质干部,希望着力集聚爱国奉献的各方面优秀人才;特别强调要做好年轻干部工作,要求各级党委要把关心年轻干部健康成长作为义不容辞的政治责任,加强长远规划,健全工作责任制,及时发现、培养起用优秀年轻干部。②

---

① 参见《中共中央政治局召开会议 审议〈关于适应新时代要求大力发现培养选拔优秀年轻干部的意见〉》,《人民日报》2018年6月30日。
② 参见《切实贯彻落实新时代党的组织路线 全党努力把党建设得更加坚强有力》,《人民日报》2018年7月5日。

三、习近平同志对年轻干部的殷殷嘱托

应该说,在中国共产党百年奋斗历程中,不同历史时期因为党所面临的主要矛盾和时代课题不同,对年轻干部的要求是不同的,因而,评价干部的标准也是有所区别的。在中国特色社会主义新时代,用什么样的标准来评价年轻干部呢?习近平同志指出,好干部的标准,大的方面说,就是德才兼备。同时,好干部的标准又是具体的、历史的。不同历史时期,对干部德才的具体要求有所不同。革命战争年代,对党忠诚、英勇善战、不怕牺牲的干部就是好干部。社会主义革命和建设时期,懂政治、懂业务、又红又专的干部就是好干部。改革开放初期,拥护党的十一届三中全会确定的路线方针政策,有知识、懂业务、锐意改革的干部就是好干部。现在,我们提出政治上靠得住、工作上有本事、作风上过得硬、人民群众信得过等具体要求,突出了好干部的时代内涵。他指出:"概括起来说,好干部要做到信念坚定、为民服务、勤政务实、敢于担当、清正廉洁。"[①]习近平同志在2018年7月初召开的全国组织工作会议上再次强调:"我们落实党管干部原则,强化党组织领导和把关作用,着力培养选拔信念坚定、为民服务、勤政务实、敢于担当、清正廉洁的好干部。我们坚持德才兼备、以德为先,坚持五湖四海、任人唯贤,突出政治标准,培养造就忠诚干净担当的干部队伍。"[②]

我们以习近平同志在中央党校(国家行政学院)中青班开班式上的历次讲话为主线,结合他在2013年和2018年全国组织工作会议上关于"怎样是好干部"的讲话精神,梳理出他对年轻干部在10个方面的嘱托。因为

---

① 《习近平总书记重要讲话文章选编》,中央文献出版社、党建读物出版社2016年版,第58页。

② 习近平:《在全国组织工作会议上的讲话(2018年7月3日)》,人民出版社2018年版,第5页。

相关内容在后面的各章中会作详细阐述,这里尽量引用习近平同志的讲话原文,以便使广大年轻干部能够从原文中去领略其站位的高远,洞识其胸襟的开阔,感受其思想的深刻,体会其语言的生动,理解其用心的良苦,感受其希望的殷切,从而在今后的工作中能够按照习近平同志的嘱托,努力提升自我修养,不断提高工作能力,做党和国家事业的合格接班人。

(一)信念坚定

党的干部必须坚定共产主义远大理想,真诚信仰马克思主义,矢志不渝为中国特色社会主义而奋斗,坚持党的基本理论、基本路线、基本纲领、基本经验、基本要求不动摇。习近平同志在中央党校(国家行政学院)2021年秋季学期中青班开班式上的讲话中指出:"党员干部有了坚定理想信念,才能经得住各种考验,走得稳、走得远;没有理想信念,或者理想信念不坚定,就经不起风吹浪打,关键时刻就会私心杂念丛生,甚至临阵脱逃。形成坚定理想信念,既不是一蹴而就的,也不是一劳永逸的,而是要在斗争实践中不断砥砺、经受考验。年轻干部要牢记,坚定理想信念是终身课题,需要常修常炼,要信一辈子、守一辈子。"①

习近平特别强调:"理想信念是立党兴党之基,也是党员干部安身立命之本。年轻干部接好班,最重要的是接好坚持马克思主义信仰、为共产主义远大理想和中国特色社会主义共同理想而奋斗的班。党员干部只有胸怀天下、志存高远,不忘初心使命,把人生理想融入党和人民事业之中,把为人民幸福而奋斗作为自己最大的幸福,才能拥有高尚的、充实的人生。坚定理想信念,必先知之而后信之,信之而后行之。坚定理想信念不是一阵子而是一辈子的事,要常修常炼、常悟常进,无论顺境逆境都坚贞

---

① 《信念坚定对党忠诚实事求是担当作为 努力成为可堪大用能担重任的栋梁之才》,《人民日报》2021年9月2日。

不渝，经得起大浪淘沙的考验。"①

（二）对党忠诚

这是共产党人首要的政治品质。习近平同志指出："我们党一路走来，经历了无数艰险和磨难，但任何困难都没有压垮我们，任何敌人都没能打倒我们，靠的就是千千万万党员的忠诚。对党忠诚，必须一心一意、一以贯之，必须表里如一、知行合一，任何时候任何情况下都不改其心、不移其志、不毁其节。年轻干部要以先辈先烈为镜、以反面典型为戒，不断筑牢信仰之基、补足精神之钙、把稳思想之舵，以坚定的理想信念砥砺对党的赤诚忠心。要自觉加强政治历练，接受严格的党内政治生活淬炼，不断提高政治判断力、政治领悟力、政治执行力，使自己的政治能力同担任的工作职责相匹配。要立志为党分忧、为国尽责、为民奉献，勇于担苦、担难、担重、担险，以实际行动诠释对党的忠诚。"②

习近平同志认为："衡量干部是否有理想信念，关键看是否对党忠诚。领导干部要忠诚干净担当，忠诚始终是第一位的。"③年轻干部要严守党的政治纪律和政治规矩，始终在政治立场、政治方向、政治原则、政治道路上同党中央保持高度一致。要经常对照党章党规党纪，检视自己的理想信念和思想言行，不断掸去思想上的灰尘，永葆政治本色。

（三）为民服务

党的干部必须做人民公仆，忠诚于人民，以人民忧乐为忧乐，以人民甘苦为甘苦，全心全意为人民服务。习近平同志说："为什么人、靠什么

---

① 《筑牢理想信念根基树立践行正确政绩观　在新时代新征程上留下无悔的奋斗足迹》，《人民日报》2022年3月2日。
② 《立志做党光荣传统和优良作风的忠实传人　在新时代新征程中奋勇争先建功立业》，《人民日报》2021年3月2日。
③ 《在常学常新中加强理论修养　在知行合一中主动担当作为》，《人民日报》2019年3月2日。

人的问题,是检验一个政党、一个政权性质的试金石。干部要坚持立党为公、执政为民,虚心向群众学习,真心对群众负责,热心为群众服务,诚心接受群众监督。要拜人民为师、向人民学习,放下架子、扑下身子,接地气、通下情,深入开展调查研究,解剖麻雀,发现典型,真正把群众面临的问题发现出来,把群众的意见反映上来,把群众创造的经验总结出来。干部要怀着强烈的爱民、忧民、为民、惠民之心,心里要始终装着父老乡亲,想问题、作决策、办事情都要想一想是不是站在人民的立场上,是不是有助于解决群众的难题,是不是有利于增进人民福祉,不断增强人民群众获得感、幸福感、安全感。干部要胸怀强烈的政治责任感、历史使命感,积极投身伟大斗争、伟大工程、伟大事业、伟大梦想的火热实践,把人生理想融入国家富强、民族振兴、人民幸福的伟业之中。"①

(四)勤政务实

党的干部必须勤勉敬业、求真务实、真抓实干、精益求精,创造出经得起实践、人民、历史检验的实绩。习近平同志指出:"党的十八大以来,我们先后开展一系列集中学习教育,一个重要目的就是教育引导全党牢记中国共产党是什么、要干什么这个根本问题,始终保持党同人民的血肉联系。"他特别要求广大年轻干部要树立和践行正确的政绩观。他说:"共产党人必须牢记,为民造福是最大政绩。我们谋划推进工作,一定要坚持全心全意为人民服务的根本宗旨,坚持以人民为中心的发展思想,坚持发展为了人民、发展依靠人民、发展成果由人民共享,把好事实事做到群众心坎上。什么是好事实事,要从群众切身需要来考量,不能主观臆断,不能简单化、片面化。哪里有人民需要,哪里就能做出好事实事,哪里就能创造业绩。业绩好不好,要看群众实际感受,由群众来评判。有些事情是不是好事实事,不能只看群众眼前的需求,还要看是否会有后遗症,是否会

---

① 《在常学常新中加强理论修养　在知行合一中主动担当作为》,《人民日报》2019年3月2日。

'解决一个问题，留下十个遗憾'。"①

（五）敢于担当

党的干部必须坚持原则、认真负责，面对大是大非敢于亮剑，面对矛盾敢于迎难而上，面对危机敢于挺身而出，面对失误敢于承担责任，面对歪风邪气敢于斗争。习近平同志强调："只有全党继续发扬担当和斗争精神，才能实现中华民族伟大复兴的宏伟目标。担当和斗争是一种精神，最需要的是无私的品格和无畏的勇气。无私者无畏，无畏者才能担当、能斗争。担当和斗争是一种责任，敢于负责才叫真担当、真斗争。党员干部特别是领导干部要发扬历史主动精神，在机遇面前主动出击，不犹豫、不观望；在困难面前迎难而上，不推诿、不逃避；在风险面前积极应对，不畏缩、不躲闪。担当和斗争是一种格局，坚持局部服从全局、自觉为大局担当更为可贵。要心怀'国之大者'，站在全局和战略的高度想问题、办事情，一切工作都要以贯彻落实党中央决策部署为前提，不能为了局部利益损害全局利益、为了暂时利益损害根本利益和长远利益。"②

习近平同志强调："干事担事，是干部的职责所在，也是价值所在。党把干部放在各个岗位上是要大家担当干事，而不是做官享福。改革发展稳定工作那么多，要做好工作都要担当作为。担当和作为是一体的，不作为就是不担当，有作为就要有担当。做事总是有风险的。正因为有风险，才需要担当。凡是有利于党和人民的事，我们就要事不避难、义不逃责，大胆地干、坚决地干。"③

---

① 《筑牢理想信念根基树立践行正确政绩观　在新时代新征程上留下无悔的奋斗足迹》，《人民日报》2022年3月2日。
② 《筑牢理想信念根基树立践行正确政绩观　在新时代新征程上留下无悔的奋斗足迹》，《人民日报》2022年3月2日。
③ 《信念坚定对党忠诚实事求是担当作为　努力成为可堪大用能担重任的栋梁之才》，《人民日报》2021年9月2日。

（六）勇于斗争

有矛盾就会有斗争。习近平同志指出："马克思主义产生和发展、社会主义国家诞生和发展的历程充满着斗争的艰辛。建立中国共产党、成立中华人民共和国、实行改革开放、推进新时代中国特色社会主义事业，都是在斗争中诞生、在斗争中发展、在斗争中壮大的。当今世界正处于百年未有之大变局，我们党领导的伟大斗争、伟大工程、伟大事业、伟大梦想正在如火如荼进行，改革发展稳定任务艰巨繁重，我们面临着难得的历史机遇，也面临着一系列重大风险考验。胜利实现我们党确定的目标任务，必须发扬斗争精神，增强斗争本领。"①共产党人的斗争是有方向、有立场、有原则的，大方向就是坚持中国共产党领导和我国社会主义制度不动摇；斗争是一门艺术，要善于斗争；要注重策略方法，讲求斗争艺术。在各种重大斗争中，年轻干部要坚持增强忧患意识和保持战略定力相统一、坚持战略判断和战术决断相统一、坚持斗争过程和斗争实效相统一。领导干部要守土有责、守土尽责，召之即来、来之能战、战之必胜。

习近平同志要求广大年轻干部，要自觉加强斗争历练，在斗争中学会斗争，在斗争中成长提高，努力成为敢于斗争、善于斗争的勇士。要坚定斗争意志，不屈不挠、一往无前，决不能碰到一点挫折就畏缩不前，一遇到困难就打退堂鼓。要善斗争、会斗争，提升见微知著的能力，透过现象看本质，准确识变、科学应变、主动求变，洞察先机、趋利避害。要加强战略谋划，把握大势大局，抓住主要矛盾和矛盾的主要方面，分清轻重缓急，科学排兵布阵，牢牢掌握斗争主动权。要增强底线思维，定期对风险因素进行全面排查。要善于经一事长一智，由此及彼、举一反三，练就斗争的真本领、真功夫。无数事实告诉我们，唯有以狭路相逢勇者胜的气

---

① 《发扬斗争精神 增强斗争本领 为实现"两个一百年"奋斗目标而顽强奋斗》，《人民日报》2019年9月4日。

概,敢于斗争、善于斗争,我们才能赢得尊严、赢得主动,切实维护国家主权、安全、发展利益。年轻干部一定要挺起脊梁、冲锋在前,在斗争中经风雨、见世面。

(七)提高能力

年轻干部要提高政治能力、调查研究能力、科学决策能力、改革攻坚能力、应急处突能力、群众工作能力、抓落实能力,勇于直面问题,想干事、能干事、干成事,不断解决问题、破解难题。

其一,年轻干部要提高政治能力。政治能力在干部做好工作所需要的各种能力中是摆在第一位的。有了过硬的政治能力,才能做到自觉在思想上政治上行动上同党中央保持高度一致,在任何时候任何情况下都能"不畏浮云遮望眼""乱云飞渡仍从容"。其二,年轻干部要提高调查研究能力。调查研究是做好工作的基本功。一定要学会调查研究,在调查研究中提高工作本领。调查研究要经常化。其三,年轻干部要提高科学决策能力。做到科学决策,首先要有战略眼光,看得远、想得深。其四,年轻干部要提高改革攻坚能力。面向未来,我们要全面推进党和国家各项工作,尤其是贯彻新发展理念、推动高质量发展、构建新发展格局,继续走在时代前列,仍然要以全面深化改革添动力、求突破。要注重增强系统性、整体性、协同性,使各项改革举措相互配合、相互促进、相得益彰。其五,年轻干部要提高应急处突能力。预判风险是防范风险的前提,把握风险走向是谋求战略主动的关键。要增强风险意识,下好先手棋、打好主动仗,做好随时应对各种风险挑战的准备。其六,年轻干部要提高群众工作能力。要坚持从群众中来、到群众中去,真正成为群众的贴心人。要心中有群众,时刻把群众安危冷暖放在心上,认真落实党中央各项惠民政策,把小事当作大事来办,切实解决群众"急难愁盼"的问题。其七,年轻干部要提高抓落实能力。干事业不能做样子,必须脚踏实地,抓工作落实要以上率下、真抓实干。特别是主要领导干部,既要带领大家一起定好盘子、理清路子、开对方子,又要做到重要任务亲自部署、关键环节亲自把关、落实情况亲自督查,不能高高在上、凌空蹈虚,不能只挂帅不出征。干事业就要有钉钉子精神,抓铁有痕、踏石留印,稳扎稳打向前走,过了一山再登一峰,跨过一沟再越一壑,不断通过化解难题开创工作新局面。①

(八)增强本领

习近平同志在中央党校建校80周年庆祝大会暨2013年春季学期开学典礼上的讲话中提出"本领恐慌"问题。他指出:"全党面临的一个重要课题,就是如何正确认识和妥善处理我国发展起来后不断出现的新情况新问题。现在,我们遇到的问题中,有些是老问题,或者是我们长期努力解决但还没有解决好的问题,或者是有新的表现形式的老问题,但大量是新出现的问题。新问题每时每刻都在出现,而且多数又是我们过去不熟悉或者不太熟悉的。出现这样的状况,是由世情、国情、党情的发展变化引起的。不论是新问题还是老问题,不论是长期存在的老问题还是改变了表现形式的老问题,要认识好、解决好,唯一的途径就是增强我们自己的本领。"②"这就叫新办法不会用,老办法不管用,硬办法不敢用,软办法不顶用。"③因此,全党同志特别是各级领导干部,都要有本领不够的危机感,都要努力增强本领,克服本领不足、本领恐慌、本领落后的问题。习近平同志特别强调,年轻干部的本领大小不仅仅是自己的事情,而且是关乎党和国家事业发展的大事情。

优秀年轻干部要有足够本领来接班。要加强学习、积累经验、增长才干,自觉向实践学习、拜人民为师。要沉下心来干工作,心无旁骛钻业

---

① 参见《年轻干部要提高解决实际问题能力 想干事能干事干成事》,《人民日报》2020年10月11日。
② 《习近平谈治国理政》第1卷,外文出版社2018年版,第401—402页。
③ 《习近平谈治国理政》第1卷,外文出版社2018年版,第403页。

务，干一行、爱一行、精一行。要信念如磐、意志如铁、勇往直前，遇到挫折撑得住，关键时刻顶得住，扛得了重活，打得了硬仗，经得住磨难，勤勤恳恳、任劳任怨，不图名、不图利，专心致志做好工作。如果这山望着那山高，觉得单位"庙小"了，岗位"屈才"了，三心二意、心猿意马，是不能把工作干好的。如果只能顺风顺水，不能逆水行舟，遇到困难就打退堂鼓，受到挫折就意志消沉，抗压能力弱，一遇事就崩溃，也是不能把工作干好的。如果只是把党交付的工作当作一个职业、一个饭碗，斤斤计较个人得失，而不是作为一种责任，更是不能把工作干好的。当然，组织上也要关心年轻干部工作生活，帮助解决实际困难。

（九）善于学习

习近平同志强调，我们处在前所未有的变革时代，干着前无古人的伟大事业，如果知识不够、眼界不宽、能力不强，就会耽误事。年轻干部精力充沛、思维活跃、接受能力强，正处在长本事、长才干的大好时期，一定要珍惜光阴、不负韶华，如饥似渴学习，一刻不停提高。要发扬"挤"和"钻"的精神，多读书、读好书，从书本中汲取智慧和营养。要结合工作需要学习，做到干什么学什么、缺什么补什么。要学习马克思主义理论特别是新时代党的创新理论，学习党史、新中国史、改革开放史、社会主义发展史，学习经济、政治、法律、文化、社会、管理、生态、国际等各方面基础性知识，学习同做好本职工作相关的新知识、新技能，不断完善履职尽责必备的知识体系。

习近平同志回顾党的百年历史总结说，什么时候理论联系实际坚持得好，党和人民事业就能够不断取得胜利；反之，党和人民事业就会受到损失，甚至出现严重曲折。理论联系实际，前提是学懂弄通理论、掌握思想真谛。年轻干部要刻苦钻研马克思主义基本原理特别是新时代党的创新理论成果，努力掌握蕴含其中的立场观点方法、道理学理哲理，做到知其言更知其义、知其然更知其所以然。要深入学习党的理论创新成果，前后贯通学、及时跟进学，运用党的科学理论优化思想方法，解决思想困惑，检视自身思想作风和精神状态，牢固树立正确的世界观、人生观、价值观和权力观、政绩观、事业观，使自己的思维方式和精神世界更好适应事业发展需要。

（十）清正廉洁

党的干部必须敬畏权力、管好权力、慎用权力，守住自己的政治生命，保持拒腐蚀、永不沾的政治本色。习近平同志指出："年轻干部必须牢记清廉是福、贪欲是祸的道理，经常对照党的理论和路线方针政策、对照党章党规党纪、对照初心使命，看清一些事情该不该做、能不能干，时刻自重自省，严守纪法规矩。守住拒腐防变防线，最紧要的是守住内心，从小事小节上守起，正心明道、怀德自重，勤掸'思想尘'、多思'贪欲害'、常破'心中贼'，以内无妄思保证外无妄动。"①

习近平同志要求广大年轻干部"要守住守牢拒腐防变防线，要层层设防、处处设防"，坚决守住"五关"。②要守住政治关，时刻绷紧旗帜鲜明讲政治这根弦，在大是大非面前、在政治原则问题上做到头脑特别清醒、立场特别坚定，决不当两面派、做两面人，决不拿党的原则做交易。要守住权力关，始终保持对权力的敬畏感，坚持公正用权、依法用权、为民用权、廉洁用权。要守住交往关，交往必须有原则、有规矩，不断净化社交圈、生活圈、朋友圈。要守住生活关，培养健康情趣，崇尚简朴生活，保持共产党人本色。要守住亲情关，严格家教家风，既要自己以身作则，又要对亲属子女看得紧一点、管得勤一点。

---

① 《筑牢理想信念根基树立践行正确政绩观　在新时代新征程上留下无悔的奋斗足迹》，《人民日报》2022年3月2日。

② 参见《筑牢理想信念根基树立践行正确政绩观　在新时代新征程上留下无悔的奋斗足迹》，《人民日报》2022年3月2日。

引 言
培养年轻干部是关乎党、国家和民族命运之大计

习近平同志提醒年轻干部,讲规矩、守底线,首先要有敬畏心。心有所畏,方能言有所戒、行有所止。干部一定要知敬畏、存戒惧、守底线,敬畏党、敬畏人民、敬畏法纪。严以修身,才能严以律己。一个干部只有把世界观、人生观、价值观的总开关拧紧了,把思想觉悟、精神境界提高了,才能从不敢腐到不想腐。我们共产党人为的是大公、守的是大义、求的是大我,更要正心明道、怀德自重,始终把党和人民放在心中最高位置,做一个一心为公、一身正气、一尘不染的人。

习近平同志专门说道:"这些说起来大家都明白,但要真正做到就不那么容易了。"[①] 广大年轻干部要成为好干部,就要不断改造主观世界、加强党性修养、加强品格陶冶,时刻用党章、用共产党员标准要求自己,时刻自重自省自警自励,老老实实做人,踏踏实实干事,清清白白为官。就要勤于学、敏于思、躬于行、融于心,在广阔的社会实践大课堂上,丰富知识储备,完善知识结构,打牢履职尽责的知识基础,提升执政为民的本领,努力做能担大任、能堪大用的栋梁之才。

[①]《习近平总书记重要讲话文章选编》,中共文献出版社、党建读物出版社2016年版,第58页。

第一章
筑牢理想信念根基
做能担重任栋梁之才

习近平同志历来重视年轻干部的理想信念。他在2021年秋季学期中央党校（国家行政学院）中青班开班式上指出："中国共产党成立一百年来，始终是有崇高理想和坚定信念的党。这个理想信念，就是马克思主义信仰、共产主义远大理想、中国特色社会主义共同理想。理想信念是中国共产党人的精神支柱和政治灵魂，也是保持党的团结统一的思想基础。"① 因此，年轻干部要把坚定理想信念信仰作为终身课题，常修常炼，立志做党和国家事业的优秀接班人。

一、中国共产党是有崇高理想和坚定信念的政治组织

党的十九大报告指出："一百年前，十月革命一声炮响，给中国送来了马克思列宁主义。中国先进分子从马克思列宁主义的科学真理中看到了解决中国问题的出路。在近代以后中国社会的剧烈运动中，在中国人民反抗封建统治和外来侵略的激烈斗争中，在马克思列宁主义同中国工人运动的结合过程中，一九二一年中国共产党应运而生。从此，中国人民谋求民族独立、人民解放和国家富强、人民幸福的斗争就有了主心骨，中国人民

---

① 习近平：《努力成为可堪大用能担重任的栋梁之才》，《求是》2022年第3期。

就从精神上由被动转为主动。"①这里所说的"从精神上由被动转为主动",是强调中国共产党人确立了崇高的理想信念信仰,拥有了巨大的精神动力和精神追求,确立中国共产党的指导思想,找到实现中华民族伟大复兴的道路,从而带领全国各族人民艰苦奋斗、浴血奋战、砥砺前行、百折不挠,取得了革命、建设和改革的伟大成就。

(一)理想信念信仰是中国共产党人前行的精神动力

中国共产党是在中华民族陷入内忧外患的深刻危机、"中国向何处去"成为时代焦虑的严峻关头登上政治舞台的。近代以来,苦难深重的中华民族面临着两大历史性课题:一是救亡图存,争取民族独立和人民解放;二是寻求发展,实现国家富强和人民富裕。先进的中国人为了解决这两大历史性课题而苦苦探索,"师夷之长技以制夷"成为必然选择。在这个理念的引导下,先后搞了以"自强"为核心理念的洋务运动、以"维新"为核心理念的戊戌变法、以"革命"为核心理念的辛亥运动、以"民主、科学"为核心理念的新文化运动等,大约用了几十年的时间把"夷之长技"都试了一遍,不仅没有解决中国社会面临的严峻危机,反而把中国社会推向"亡国灭种"的半殖民地半封建社会的深渊。"中国向何处去?"先进的中国人苦苦思索而不得其解。

我们都很熟悉一个场景:1921年7月23日,在上海的一栋石库门楼房的客厅里,一群年轻人正在开会,商量着成立中国共产党的相关事宜。他们中年龄最大的45岁,最小的只有19岁,平均年龄28岁。会议因意外情况而被迫中断,只得转移到浙江嘉兴南湖的一艘游船上继续举行。大会讨论并通过了中国共产党的第一个纲领和决议,选举产生了党的领导机构,标志着中国共产党正式成立。而那时,我们党只有50多位党员。现在很多

---

① 习近平:《决胜全面建成小康社会 夺取新时代中国特色社会主义伟大胜利——在中国共产党第十九次全国代表大会上的报告》,人民出版社2017年版,第12—13页。

年轻人很难理解：他们那么年轻、学富五车、充满青春的活力，有的人家里有权有势有钱，完全可以过着美食玉液、无忧无虑的生活，可是他们为什么要造反，为什么要革命？难道不知道造反、革命会丢脑袋？他们当然知道。知道了还要去，原因只有一个：胸怀救国救民的崇高理想和坚定信念。可以说，正是崇高理想和坚定信念才把当时中国社会一群最优秀的年轻人凝聚到一起，成立了中国共产党。这也就决定着我们党不是靠物质利益凝聚在一起的唯利之徒，不是没有理想信念的乌合之众，而是靠崇高理想和坚定信念凝聚在一起的政治组织。

中国共产党一经成立，就把马克思主义作为自己的指导思想，把实现共产主义作为党的最高理想和最终目标，义无反顾肩负起实现中华民族伟大复兴的历史使命。习近平同志曾说，革命理想高于天。中国共产党之所以叫共产党，就是因为从成立之日起我们党就把共产主义确立为远大理想。我们党之所以能够经受一次次挫折而又一次次奋起，归根到底是因为我们党有远大理想和崇高追求。在庆祝中国共产党诞辰100周年之际，有关部门进行深入细致的调查统计，在新民主主义革命时期有名有姓的革命烈士达到370多万人，还有无名烈士上千万人。正是对理想信念信仰的追求，我们经过北伐战争、土地革命战争、抗日战争、解放战争，以武装的革命反对武装的反革命，推翻帝国主义、封建主义、官僚资本主义三座大山，建立了人民当家作主的中华人民共和国，解决了近代以来中华民族面临的民族独立、人民解放的时代课题。可以说，在新民主主义革命的非凡奋斗历程中，一代又一代中国共产党人顽强拼搏、不懈奋斗，涌现了一大批视死如归的革命烈士、一大批顽强奋斗的英雄人物，形成了一系列伟大精神，构筑起了中国共产党人的精神谱系，也成为中国共产党人的红色基因和优良传统。

中国共产党人历来十分重视理想信念信仰问题。毛泽东曾说："我们的党的名称和我们的马克思主义的宇宙观，明确地指明了这个将来的、无

限光明的、无限美妙的最高理想。"①这个最高理想就是建设社会主义,最终实现共产主义。而这个最高理想是以我们党的全部学说和马克思主义为理论基础的,真正实现了真理确信与价值认同的统一。这个最高理想规定着我们党所领导人民群众从事的全部事业,并成为整个工人阶级及其先锋队为之奋斗的最终价值目标。邓小平在不同场合多次谈到理想信念信仰的问题。他说:"我们多年奋斗就是为了共产主义,我们的信念理想就是要搞共产主义。在我们最困难的时期,共产主义的理想是我们的精神支柱,多少人牺牲就是为了实现这个理想。"②他特别强调:"对马克思主义的信仰,是中国革命胜利的一种精神动力。"③江泽民、胡锦涛都多次谈到,坚持和巩固马克思主义的指导地位,帮助人们树立正确的世界观、人生观和价值观,坚定对马克思主义的信仰,坚定对社会主义的信念,增强对改革开放和现代化建设的信心,增强对党和政府的信任。

(二)理想信念信仰是中国共产党人的精神家园

中国共产党把理想信念信仰作为自己的精神追求,是由理想信念信仰的本质所决定的。一般来说,理想信念信仰是人们超越现实、对未来美好前景和远大价值目标的自觉追求,是塑造自我、发展自我、超越自我、面向未来、努力实现最高价值的自我意识。这里既包括以理想为核心的目标体系,也包括以信念和信仰为精神动力的自觉追求过程。

从学术角度来说,理想、信念、信仰是有区别的。信念是人们在对真理确信与价值认同的基础上所形成的某种超越现实、超越自我、面向未来的具有持续性、稳定性的观念。信念具有许多种类,如从思维层面上讲,有理性信念、非理性信念;从生活领域上讲,有宗教信念、政治信念、伦

---

① 《毛泽东选集》第3卷,人民出版社1991年版,第1059页。
② 《邓小平文选》第3卷,人民出版社1993年版,第137页。
③ 《邓小平文选》第3卷,人民出版社1993年版,第62—63页。

理信念、生活信念等；从作用上讲，有支配性信念和非支配性信念；从本质上讲，有错误信念、正确信念和中性信念；等等。信念最大的特点是"信"。这种"信"在人们追求理想的过程中往往表现为思想上和意志上的坚定性。错误信念与正确信念的区别不在于"信"与"不信"，而在于"信什么"。假如主体所确信的"真理"能够真实地反映客观事物及其发展规律，真实地反映主体的需要及其满足的方式，这个信念就是正确的；反之，这个信念就是错误的。

信仰是人们建立在信念的基础之上，并自觉追求终极价值的自我意识。信仰也是一种信念，因此在日常生活中我们经常把信仰与信念混用。如马克思主义信念、共产主义信念，就是指对马克思主义的信仰，对共产主义的信仰。信仰的最大特点，不仅在于"信"，而且在于"仰"，仰视、尊崇、信服、景仰等。与信念相比较，信仰是居于统摄、支配地位的最高信念，具有专一性；它比信念更为执着、深刻、稳定、持久，因而不仅是对真理的确信和价值的认同，而且还表现出情感的皈依、虔诚的信奉、为信仰流血牺牲。在人们的精神生活中，信仰是信念的最高表现形式，统帅和影响着不同层次的信念，形成一个完整的精神导向；信念受信仰的影响和协调，支撑着信仰，丰富和发展着信仰。

理想是建立在信念和信仰基础之上的并自觉为之奋斗的崇高价值目标体系。理想以信念和信仰为基础，受到信念和信仰的决定。或者说，有什么样的信念和信仰，就有什么样的理想；信念和信仰发生变化，理想必然随之发生变化。如信仰马克思主义，就会确立共产主义远大理想。一个人无任何信仰，也不会确立任何远大理想。一个人信仰的丧失，必然引致理想的破灭。同时，理想对信念信仰又起着引导、规范、定向的作用，人们为实现远大理想而奋斗的过程，就是把信念信仰与实践相结合，并在实践过程中进一步强化信念信仰的过程。

理想信念信仰又是分层次的。高层次的理想信念信仰指导或规定着低层次的理想信念信仰的形成和实现,低层次的理想信念信仰反过来又影响着高层次的理想信念信仰的形成和实现。在社会生活中,不同层次的理想信念信仰之间相互影响、相互渗透、相互制约,形成一个社会具体的理想信念信仰系统。这就要求我们既要看到各种理想信念信仰之间的相互联系,又要看到其间的相互区别,用马克思主义信仰、共产主义理想、中国特色社会主义信念来统领整个社会的理想信念信仰体系,真正发挥其在建设中国特色社会主义现代化强国过程中的精神动力作用。

(三)理想信念信仰是中国共产党人的精神纽带

理想信念信仰反映了人们在长期的社会实践活动中所形成的某种共同的价值关系,凝聚着社会主体对自身利益和自身创造活动的根本态度和强烈追求,因此,它具有强烈的凝聚力和渗透力,影响和支配着社会主体的实践活动,有效地协调和规范社会生活各领域,表现出独特的社会功能。

第一,理想信念信仰具有社会规范功能。理想信念信仰一旦形成就具有某种稳定性,规定着社会主体所进行的评价、选择和创造等活动,成为社会主体认识世界或改造世界的内在尺度。理想信念信仰之所以具有这种社会规范功能,是由人的活动所特有的个体性和社会性来决定的。马克思说:"人们的社会历史始终只是他们的个体发展的历史,而不管他们是否意识到这一点。"① 社会主体首先是以个体的形式存在的,个体的个性化决定了每个个体都是特殊的,都有与其他个体不同的需要及满足需要的方式,也就必然会形成各自的评价和选择体系。这就要求现代社会应该而且能够为个体的发展提供维度更加丰富的选择空间,使人们在进行认识和实践的活动过程中更好地展示自己的个性。但是我们还要看到,任何个体的价值活动都与其他人的价值活动发生联系,必然会受到各个方面因素的制约;如果个体活动与社会规范相一致,必然会因为得到某种赞赏或鼓励而比较容

---

① 《马克思恩格斯选集》第4卷,人民出版社1995年版,第523页。

易实现；如果个体活动与社会规范不相一致甚至相违背时，必然会因为受到来自各个方面的压制或否定而不能实现。由此可见，理想信念信仰的规范功能的实现，是通过形成一种特定文化氛围来规定或引导着个体行为，通过某种功效性的诱导促使个体完成社会化的过程。所以，理想信念信仰作为一种规范是促使社会发展与个体活动基本一致的重要保证。

广大年轻干部只有确立崇高的理想信念信仰，自觉规范自己的行为方式，才能有效抵制来自国内外各方面的腐蚀渗透，提高拒腐防变、抵御风险的能力。苏联解体和东欧剧变之后，几乎全世界的研究机构从多个维度在总结其惨痛的教训。然而，几乎所有研究机构都无法回避的一个事实是，理想的缺乏、信念的错位、信仰的抛弃是其最重要的原因。中国有句古话——"人亡政息"。人不仅是一个物质存在物，更是一个精神存在物。苏联、东欧共产党人的肉体并没有死，但其理想信念信仰已经崩溃，其肉体成为没有灵魂的皮囊，其组织也就失去其存在的价值。这不能不算是一条刻骨铭心的教训。在当代中国，我们积极推进全方位、多层次、宽领域的对外开放，实施"引进来"和"走出去"相结合的战略，就更要注意坚持自己的基本原则和立场，其中最重要的就是不能丢掉自己的理想信念信仰。

第二，理想信念信仰具有社会定向功能。理想信念信仰一旦确立，就会使个体成员自己的价值目标与社会的价值目标相一致，进而认同并努力实现社会理想。一种理想信念信仰能否发挥社会定向功能，关键要看其所体现的价值目标能否被广大社会成员所接受。只有当社会成员认同了某种价值目标，才会自觉地把对这种价值目标的追求贯彻在自己的活动中，从而使个体的活动与社会价值目标相一致。一般来说，个体对某种社会价值目标体会得越深刻，把握得越准确，实践得越充分，其活动成功的可能性就越大；反之，其活动就可能遭受挫折甚至失败。同样，某种社会价值目标被其社会成员认同的程度越高，遵守得越彻底，其定向功能就会发挥得越好，对社会成员的规范作用也就越强；反之，它就会形同虚设，发挥不了应该发挥的功能，起不到应该起到的作用。

中国共产党执政70多年了，一个值得高度警惕的规律性问题"共患难容易，共荣华富贵难"摆在我们面前。这个"共"就是共同理想、共同信念、共同信仰所产生的一种定向作用，进而产生一种巨大的革命力和创造力；这个"共"不仅是在共同理想、共同信念、共同信仰基础上所形成的全党的团结、全军的团结，而且是全国各族人民的大团结；正因为有这种团结，我们才能形成一股巨大的革命力量和创造力量，打碎贫穷落后的半封建半殖民地的旧中国，建设繁荣昌盛的社会主义新中国。古今中外的历史证明，对于一个阶级及其政党来说，战场上的敌人很难把它战胜，却往往在歌舞升平、文恬武嬉中失去了战斗力，在居功自傲、自以为是中脱离了人民群众，最终自己把自己打败了。这是因为，在战争年代大家具有共同的理想、共同的信念、共同的信仰，为了共同的目标，能够同仇敌忾、患难与共。在取得胜利后的和平时期，围绕着权力和利益的分配，容易产生离心离德的思想情绪。所以，毛泽东曾以农民起义领袖李自成为案例，提醒中国共产党人不要犯胜利后骄傲自满而导致脱离群众、腐化堕落、争权夺利、内讧自残的悲剧，要跳出"其兴也勃焉，其亡也忽焉"的历史周期率。广大年轻干部只有坚守自己的理想信念信仰，才能保持自己的政治定力，坚守自己的政治方向，恪守自己的政治原则，为共产主义理想而奋斗终生。

第三，理想信念信仰具有社会驱动功能。理想信念信仰的驱动功能是通过人们对价值目标的追求，以激发社会个体内在或潜在的各种能力，并使之集中到实现社会价值目标的实践活动之中，从而产生极大的驱动作用。如果说理想信念信仰的定向功能通过设立价值目标，使作为个体的社会成员的实践活动实现了必要的统一，保证社会和谐稳定地存在和发展；价值取向的驱动功能则推动社会成员产生并保持从事实践活动的热情，使社会成员的实践活动能够连续持久进行下去，保证社会充满蓬勃发展的生机。

习近平同志指出："中国共产党人的理想信念建立在对马克思主义的深刻理解之上，建立在对历史规律的深刻把握之上。历史和实践反复证明，一个政党有了远大理想和崇高追求，就会坚强有力，无坚不摧，无往不胜，就能经受一次次挫折而又一次次奋起；一名干部有了坚定的理想信念，站位就高了，心胸就开阔了，就能坚持正确政治方向，做到'风雨不动安如山'。信仰认定了就要信上一辈子，否则就会出大问题。"① 广大年轻干部要坚持用中国特色社会主义共同理想，来凝聚全体中华儿女的意志，调动全体中华儿女的力量，发挥全体中华儿女的才智，用中国特色社会主义建设的伟大成就，来实现中华民族的伟大复兴。

二、中国共产党人的理想信念信仰

习近平同志经常在讲话中用信仰、理想、共同理想、信念来形容马克思主义、共产主义和中国特色社会主义。通常来说，马克思主义信仰、共产主义理想和中国特色社会主义信念，构成中国共产党的理想信念信仰的理论体系，也成为中国共产党人精神谱系的核心内容。

（一）坚定马克思主义信仰

任何人都不能否认，马克思主义自创立以来，无论其作为一种理论、一种学说，还是一种意识形态，对于人类社会发展都产生了巨大的影响。特别是20世纪下半叶以来，整个世界局势发生了深刻变化，社会主义社会和资本主义社会的发展似乎都遭遇到重大困境，面临着严峻挑战。这一

---

① 习近平：《在常学常新中加强理论修养 在知行合一中主动担当作为》，《人民日报》2019年3月1日。

切促使更多的人把目光转向马克思主义，重新捧起马克思主义创始人的著作，试图从中找到应对当代世界困境、解决当代世界难题的钥匙。

马克思主义作为一个完整科学的理论体系，能够经受住来自敌对势力的谩骂和诋毁，经受住共产主义运动挫折和低潮的考验，随着科学和社会的前进而不断丰富和发展自己，表现出旺盛的生命力、跨越时空的影响力和异乎寻常的吸引力，从而被中国共产党人作为信仰，这是由其理论自身的特点决定的。即马克思主义实现了世界观和方法论的有机结合，科学性和价值性的有机结合，现实性和超越性的有机结合，从而克服了以往各种学说的弊端，构建起一个全新的、科学的理论体系。

第一，马克思主义全面系统阐述了自然界、人类社会和人的思维发展的一般规律，构建起科学的理论体系。马克思、恩格斯所处时代所要求回答的课题是，揭示和阐明资本主义社会的内在矛盾及其发展规律，揭示和阐明正在兴起的现代社会的本质和发展趋势，进而揭示和阐明人类社会发展的一般规律，为无产阶级从而为人类解放提供思想武器。社会发展需要新的理论指导，无产阶级革命需要新的思想武器。马克思、恩格斯自觉地承担起回答这个时代课题的使命，创立了马克思主义。

马克思主义作为一个完整的理论体系，包括哲学、政治经济学和科学社会主义三大部分。马克思主义的诞生，立足于哲学的伟大变革。马克思主义的创始人批判地改造了德国古典哲学，把辩证法和唯物论结合起来，把辩证唯物主义引入社会历史领域，创立历史唯物主义学说。历史唯物主义科学解决了社会存在与社会意识的关系问题，从人们的物质生产活动出发，全面分析了人类社会发展的基本特点，系统阐述了人类社会基本矛盾的运动过程，精辟概括出人类社会发展的基本规律。又以历史唯物主义的世界观和方法论为指导，从历史和现实中最简单的商品和商品交换出发，研究商品背后所隐藏的人与人、阶级与阶级之间的关系，全面分析了资本主义社会商品生产的目的和实质，系统阐述了资本家剥削工人的秘密和剩余价值的来源，深刻揭露了资本主义剥削的本质，说明资产阶级不仅锻造了置自身于死地的武器，而且产生了将要运用这种武器的人，即现代无产阶级。在此基础上，马克思主义创始人考察了无产阶级的发展过程，阐述了无产阶级的历史使命，说明社会主义社会取代资本主义社会的必然性，预言"代替那存在着阶级和阶级对立的资产阶级旧社会的，将是这样一个联合体，在那里，每个人的自由发展是一切人的自由发展的条件"[①]。这个社会就是共产党人所追求的共产主义社会。恩格斯在《反杜林论》中指出，正是唯物主义历史观和通过剩余价值揭开资本主义生产的秘密这两个伟大的发现，使社会主义从空想变成了科学。由此可见，马克思主义是一个主题明确、体系恢弘、说理透彻、逻辑严谨、价值取向鲜明的科学理论体系。

第二，马克思主义为无产阶级和人民群众提供了认识世界和改变世界的行动指南，构建起完整的方法论体系。马克思主义不仅揭示了自然界、社会和人的思维发展的最一般规律，使我们能够从宏观上正确认识和全面理解人与自然、人与社会、人与自身的关系，而且把这种理论作为观察和研究一切事物的科学方法。恩格斯在《路德维希·费尔巴哈和德国古典哲学的终结》一文中谈到，历史唯物主义一经创立，就"把这个世界观彻底地（至少在主要方面）运用到所研究的一切知识领域里去了"[②]。这就明确告诉我们，马克思主义是世界观，更是方法论。恩格斯在致韦尔纳·桑巴特的信中强调："马克思的整个世界观不是教义，而是方法。它提供的不是现成的教条，而是进一步研究的出发点和供这种研究使用的方法。"[③]所谓方法，是人们认识世界和改变世界的思维方式或工具系统，是主体作用于客体的中介。马克思主义的方法论建立在辩证唯物主义和历史唯物主义的基

---

① 《马克思恩格斯选集》第1卷，人民出版社1995年版，第294页。
② 《马克思恩格斯选集》第4卷，人民出版社1995年版，第242页。
③ 《马克思恩格斯文集》第10卷，人民出版社2009年版，第691页。

础之上，结束了唯心主义方法论在其领域中的统治地位，第一次使方法论具有科学的属性；马克思主义把实践观点引入方法论，提出哲学的使命不仅为了解释世界，更重要的在于改变世界，使方法论的功能发生了革命性的变革；此外，马克思主义的实事求是方法、矛盾分析方法、过程分析方法、主客体方法、社会基本矛盾方法、阶级和阶层分析方法、群众路线和群众观点方法等等，为我们构建了一个完整的方法论系统，真正实现了科学世界观和科学方法论的高度统一。

第三，马克思主义所体现的为广大无产阶级翻身得解放而奋斗的价值追求，使之占据道义的制高点。恩格斯告诉我们："科学越是毫无顾忌和大公无私，它就越符合工人的利益和愿望。在劳动发展史中找到了理解全部社会史的锁钥的新派别，一开始就主要是面向工人阶级的，并且从工人阶级那里得到了同情。"[①] 马克思主义是代表无产阶级的利益，为无产阶级获得自由和解放而创立的理论，也成为指导无产阶级争取自由和解放的理论武器。无产阶级是最大公无私、彻底革命的阶级，不但要消灭资本主义私有制，而且要求消灭一切私有制，解放全人类最后解放自己。这种彻底革命的阶级本性，决定其必然采取真正科学的态度来认识社会发展的规律，把握自己的历史使命，规划未来的理想社会。无产阶级政党代表人民群众根本利益的最高表现，是带领他们推翻资本主义制度，确立无产阶级和广大人民群众在国家政治经济生活中的主体地位，发挥其主人翁作用。马克思早在1856年就指出："我们知道，要使社会的新生力量很好地发挥作用，就只能由新生的人来掌握它们，而这些新生的人就是工人。"[②] 现代无产阶级的历史使命和获得社会主体地位的根本途径，是推翻资本主义制度、建立社会主义制度，"通过社会生产，不仅可能保证一切社会成员有富足的和一天比一天充裕的物质生活，而且还可能保证他们的体力和智力

---

① 《马克思恩格斯选集》第4卷，人民出版社1995年版，第258页。
② 《马克思恩格斯全集》第12卷，人民出版社1962年版，第4页。

获得充分的自由的发展和运用"①。那些至今一直统治着人们的客观的异己的力量，现在受到人们的支配和控制，人们第一次成为自然界的和社会关系的自觉的和真正的主人，并完全自觉地创造自己的历史。马克思主义价值追求，已经融入无产阶级政党的意识，构成无产阶级政党的品格，成为无产阶级政党的精神标识。

正是因为马克思主义自身的特点，决定其成为无产阶级及其先锋队的崇高信仰。当然，马克思主义创始人是人不是神，他们只能在当时的历史条件下，依靠其所能掌握的思想资料，运用其所特有的思维方法，从理论上来回答时代要求其回答的问题。以今天的眼光来看，其中不可避免带有理论上的某些缺失或局限。但这并不能够影响马克思主义信仰。恰恰相反，确认并坚守马克思主义信仰，就是确认和坚守其理论自身所表达的基本立场、观点和方法；而马克思主义创始人理论中的某些缺失或历史局限，为今天丰富和发展马克思主义提供了广阔的空间。

（二）坚定共产主义理想

共产主义一词产生于19世纪30年代，是当时流行在欧洲特别是英、法、德等国的各个社会阶层中的一种重要社会思潮。马克思是在《莱茵报》工作时期接触共产主义问题的。当时，马克思已经认识到共产主义是客观存在的历史现象，是任何人都无法回避的现实问题；同时也认识到当时流行的共产主义存在着空想性。因此，他下决心要研究共产主义理论。

马克思的研究成果最早集中体现在《1844年经济学哲学手稿》中。他通过对异化劳动的分析，说明了私有制的暂时性，论证了实现共产主义的历史必然性。他的理论贡献在于，指出私有制不是人类社会永恒的社会现象，而是在异化劳动的特定历史条件下产生的，异化劳动和私有制是不可分割地联系地在一起的。因此，扬弃私有财产就是扬弃异化劳动，反之亦

---

① 《马克思恩格斯选集》第3卷，人民出版社1995年版，第633页。

然。既然异化劳动是人的自我异化,从人类本身发展的历史进程中来探寻消除异化劳动、消除人的自我异化就成为理论研究的基本思路。所以,马克思把共产主义理解为私有财产和劳动异化(或人的自我异化)在发展进程中走向自身否定的过程。正是从以私有制的历史暂时性为理论出发点,马克思深入到私有制内部,从私有财产的运动规律中得出了共产主义是私有财产运动的必然结果的结论,即共产主义的必然性就存在于私有财产自身的运动中,这就是说,共产主义孕育于资本主义社会,是人的本质自我异化扬弃的必然结果。

马克思批判了关于共产主义的各种理论观点,并初步阐述了自己的共产主义观。他指出:"共产主义是对私有财产即人的自我异化的积极的扬弃,因而是通过人并且为了人而对人的本质的真正占有;因此,它是人向自身、也就是向社会的即合乎人性的人的复归,这种复归是完全的复归,是自觉实现并在以往发展的全部财富的范围内实现的复归。这种共产主义,作为完成了的自然主义,等于人道主义,而作为完成了的人道主义,等于自然主义,它是人和自然界之间、人和人之间的矛盾的真正解决,是存在和本质、对象化和自我确证、自由和必然、个体和类之间的斗争的真正解决。它是历史之谜的解答,而且知道自己就是这种解答。"① 这段话有些拗口,我们可以从中概括出以下的思想。

首先,共产主义是私有财产即人的自我异化的积极的扬弃,是人本身的解放。在马克思看来,私有财产是人的自我异化的感性的物质的表现,因此,对私有财产的积极扬弃,就意味着"人以一种全面的方式,就是说,作为一个完整的人,占有自己的全面的本质"②。所谓"全面""完整"是指人与世界关系的全面性和完整性,即视觉、听觉、味觉、触觉、思维、直观、情感、愿望、活动和爱,包括了人的感性知觉活动、理性思维

---

① 《马克思恩格斯文集》第1卷,人民出版社2009年版,第185—186页。
② 《马克思恩格斯文集》第1卷,人民出版社2009年版,第185—189页。

活动和自觉的实践活动。就是说，这些活动都不再受到私有财产或异化劳动的局限或束缚，而是通过人自身的活动去占有对象来实现人的规定性，来表现人的本质；人可以根据自己的需要去过人本该有的生活。所以，"对私有财产的扬弃，是人的一切感觉和特性的彻底解放"①。随着人的自我异化的扬弃，人的本质的全面回归，感觉成为人的感觉，眼睛成为人的眼睛，人不仅通过思维而且以全部感觉在对象世界是肯定自己，从而成为真正意义上的人。

其次，共产主义扬弃异化劳动，但并不扬弃对象化的劳动，而是对于劳动的对象即人类创造的全部财富的真正占有；就是说，共产主义扬弃的是资本主义劳动形式，而不是劳动本身。对象世界是人的本质的对象化，是人们在劳动过程中创造出来的，只是在资本主义制度下被资本所占有。因此，共产主义扬弃异化劳动，重新占有对象世界不过是对人的本质的复归。然而，所谓对人的本质的复归，并不是让历史倒退回去，恢复人类的原始状态，并不是"对整个文化和文明的世界的抽象否定，向贫穷的、没有需求的人——他不仅没有超越私有财产的水平，甚至从来没有达到私有财产的水平——的非自然的单纯倒退"②。这就是说，共产主义对人的本质的复归，不是对整个文明的否定，而是一种人类自身的辩证发展，是对以往人类所创造的全部文明成果的继承，且为人类文明的丰富和发展开辟了广阔的道路。由此可见，在马克思看来，共产主义作为对私有财产的直接扬弃，是作为否定之否定（公有制—私有制—公有制）的肯定，是人的解放和复归的一个必然的环节，是代替资本主义社会的必然的社会形式，但并不是人类发展的终极目标和社会状态。

最后，对异化的扬弃只有通过付诸实行的共产主义才能完成。马克思指出，这种共产主义，是在资本主义私有财产的社会运行过程中产生，"不

---

① 《马克思恩格斯文集》第1卷，人民出版社2009年版，第190页。
② 《马克思恩格斯全集》第42卷，人民出版社1979年版，第118页。

难看到，整个革命运动必然在私有财产的运动中，即在经济的运动中，为自己既找到经验的基础，也找到理论的基础"①。事实上，共产主义社会本身是以资本主义所创造的物质条件为基础的，是对资本主义的辩证性超越。同时，这种超越并不是自然完成的，而是"通过工人解放这种政治形式表现出来的"，而在工人解放中，就包含着全人类的解放。马克思明确区分了思想上的共产主义运动和现实的共产主义的运动，而且强调，实现共产主义的是一个艰难而漫长的历史过程。就是说，共产主义扬弃了私有财产，并不意味着就实现了人类社会的完美状态，恰恰相反，这仅仅意味着异化劳动导致人的自我异化的历史的结束，是真正的人类历史的开启。此后，马克思和恩格斯在合作撰写的《德意志意识形态》中明确指出："共产主义对我们来说不是应当确立的状况，不是现实应当与之相适应的理想。我们所称为共产主义的是那种消灭现存状况的现实的运动。"②

后来，马克思、恩格斯在《共产党宣言》中描绘出美好的共产主义的远景，"代替那存在着阶级和阶级对立的资产阶级旧社会的，将是这样一个联合体，在那里，每个人的自由发展是一切人的自由发展的条件"③。这个社会就是共产党人所追求的共产主义社会。恩格斯把这句名言看作是马克思主义最重要的思想之一，是科学社会主义的核心思想。

恩格斯进一步描述了共产主义的美好远景："人终于成为自己的社会结合的主人，从而也就成为自然界的主人，成为自身的主人——自由的人。"④人类的彻底解放是人从受束缚、被奴役、被压迫的一切关系中解放出来，包含以下三个方面的含义：一是人在主体上从盲目的必然性和片面的需要中解放出来，成为支配自己本身的主人；二是人从自然界的动物式的生存条件中解放出来，人和自然之间充分和解，成为自然界的真正主

---

① 《马克思恩格斯文集》第1卷，人民出版社2009年版，第186页。
② 《马克思恩格斯文集》第1卷，人民出版社2009年版，第539页。
③ 马克思、恩格斯：《共产党宣言》，人民出版社2018年版，第51页。
④ 《马克思恩格斯选集》第3卷，人民出版社1995年版，第794页。

人；三是人从社会关系的剥削、压迫、统治中解放出来，成为社会关系的主人。在共产主义社会，每个人可以根据自己的意愿在任何部门发展，能够完全自由地发展和发挥他的全部力量和才能，人的各方面的合理需要得到满足和实现，个性得到自由发展。自由发展是全面发展的前提条件，未来社会的人是全面发展的需要、全面发展的能力和个性、全面发展的社会关系。人的自由全面发展是一个历史的、动态的过程，社会的不断进步将不断赋予它新的含义。

这样的共产主义社会，一定是我们每个人都会为之努力奋斗并希望尽快实现的最美好的理想社会。

（三）坚守中国特色社会主义信念

中国特色社会主义信念是中国共产党带领各族人民在以和平发展、合作共赢成为时代主题的历史条件下，以马克思主义、毛泽东思想为指导，总结我国社会主义建设正反两方面历史经验，并借鉴其他社会主义国家兴衰成败的经验教训，在我国改革开放和社会主义现代化建设的伟大实践中创立、形成、丰富和发展起来的理念；是建立在中国特色社会主义的道路自信、理论自信、制度自信和文化自信基础之上的理念。广大年轻干部只有坚守中国特色社会主义信念，才能确保党和国家事业始终沿着正确方向胜利前进。

中国特色社会主义信念体系植根于马克思、恩格斯的科学社会主义理论体系。马克思主义产生于19世纪40年代的欧洲。马克思、恩格斯通过对资本主义社会基本矛盾运动规律的揭示，预测未来社会主义社会的一些基本特征：生产力的高度发展；消灭私有制，全部生产资料归社会所有；实行计划经济，取消商品和货币；消费品实行按劳分配原则；到了共产主义社会的高级阶段，实行各尽所能、按需分配的原则；消灭阶级和阶级差别；国家逐步消亡；人的自由而全面发展。他们全面分析和研究了实现人

的自由而全面发展的各种条件,把实现人的自由而全面发展作为自己的最高价值追求。

中国特色社会主义信念借鉴了列宁主义的理论观点和俄国实践经验。列宁主义是在俄国特殊的历史条件下把马克思主义与俄国具体实际相结合而形成的。列宁把马克思、恩格斯科学社会主义的基本思想创造性地运用到俄国,并进行了大胆的理论创新和实践探索;随着俄国革命的曲折发展和苏联社会主义建设面临的诸多难题,列宁关于社会主义社会的认识也在不断深化。他初步解决了俄国社会主义革命和建设过程中所面临的重大理论和实践问题,不仅丰富和发展了社会主义理论,而且为我们建设中国特色社会主义提供了理论借鉴和实践经验。

中国特色社会主义信念汲取了毛泽东思想的丰富素养。毛泽东对中国社会主义道路从实践和理论上所进行的大胆探索,为创立中国特色社会主义理论体系提供了实践基础和思想前提。习近平同志在党的十九大报告中说:"我们党团结带领人民完成社会主义革命,确立社会主义基本制度,推进社会主义建设,完成了中华民族有史以来最为广泛而深刻的社会变革,为当代中国一切发展进步奠定了根本政治前提和制度基础,实现了中华民族由近代不断衰落到根本扭转命运、持续走向繁荣富强的伟大飞跃。"[①]

中国特色社会主义信念是在中国共产党人带领广大人民群众进行中国特色社会主义的伟大实践中构建的,并随着中国特色社会主义伟大实践的不断深入而日益丰富和发展。党的十八以来,习近平同志对关系新时代党和国家事业发展的一系列重大理论和实践问题进行了深邃思考和科学判断,就新时代坚持和发展什么样的中国特色社会主义、怎样坚持和发展中国特色社会主义,建设什么样的社会主义现代化强国、怎样建设社会主义

---

① 习近平:《决胜全面建成小康社会 夺取新时代中国特色社会主义伟大胜利——在中国共产党第十九次全国代表大会上的报告》,人民出版社2017年版,第13—14页。

现代化强国,建设什么样的长期执政的马克思主义政党、怎样建设长期执政的马克思主义政党等重大时代课题,提出一系列原创性的关于治国理政的新理念、新思想、新战略,对当代中国所处历史方位作出重大的战略性判断,即中国进入中国特色社会主义新时代。习近平同志强调,中国特色社会主义新时代是承前启后、继往开来、在新的历史条件下继续夺取中国特色社会主义伟大胜利的时代,是决胜全面建成小康社会、进而全面建设社会主义现代化强国的时代,是全国各族人民团结奋斗、不断创造美好生活、逐步实现全体人民共同富裕的时代,是全体中华儿女勠力同心、奋力实现中华民族伟大复兴中国梦的时代,是我国不断为人类作出更大贡献的时代。新时代需要新思想,习近平新时代中国特色社会主义思想应运而生。党的十九届六中全会通过的《中共中央关于党的百年奋斗重大成就和历史经验的决议》把习近平新时代中国特色社会主义思想概括为10个"明确":明确中国特色社会主义最本质的特征,明确坚持和发展中国特色社会主义的总任务,明确新时代我国社会主要矛盾,明确中国特色社会主义事业总体布局,明确全面深化改革总目标,明确全面推进依法治国总目标,明确必须坚持和完善社会主义基本经济制度,明确党在新时代的强军目标,明确中国特色大国外交,明确全面从严治党的战略方针。这些战略思想和创新理念,作为党对中国特色社会主义建设规律认识深化和理论创新的重大成果,不仅构建起习近平新时代中国特色社会主义思想的理论体系,也成为中国特色社会主义信念的重要内容。

习近平同志曾从信念层面指出:"对马克思主义的信仰,对社会主义和共产主义的信念,是共产党人的政治灵魂,是共产党人经受住任何考验的精神支柱。"[①]后来又强调:"中国特色社会主义是社会主义而不是其他什么主义,科学社会主义基本原则不能丢,丢了就不是社会主义。一个国家实行什么样的主义,关键要看这个主义能否解决这个国家面临的历史性

---

① 《习近平谈治国理政》第1卷,外文出版社2018年版,第15页。

课题。历史和现实都告诉我们,只有社会主义才能救中国,只有中国特色社会主义才能发展中国,这是历史的结论、人民的选择。"①事实充分证明:"当代中国的伟大社会变革,不是简单延续我国历史文化的母版,不是简单套用马克思主义经典作家设想的模板,不是其他国家社会主义实践的再版,也不是国外现代化发展的翻版。"②总之,中国特色社会主义,是科学社会主义理论逻辑和中国社会发展历史逻辑的辩证统一,是根植于中国大地、反映中国人民意愿、适应中国和时代发展进步要求的科学社会主义,是全面建成小康社会、加快推进社会主义现代化、实现中华民族伟大复兴的必由之路。

总之,马克思、恩格斯科学地揭示了人类社会的发展规律,说明社会主义代替资本主义的必然性,指出共产主义社会是人类最美好的社会,实现共产主义是人类最远大的理想。共产主义的远大理想是建立在对人类社会发展规律深刻认知的基础上。没有对人类社会发展规律的深刻认知,就没有对马克思主义的坚定信念或信仰,就没有坚定的共产主义远大理想,就没有为实现共产主义的自觉奋斗,也就不会有共产主义事业的胜利。假如对马克思主义的信仰发生动摇,共产主义远大理想发生动摇,中国特色社会主义事业必然会迷失方向甚至会遭受曲折。因此,广大年轻干部必须坚定马克思主义信仰、共产主义理想和中国特色社会主义信念。

三、坚定理想信念是终身课题,需要常修常炼

当代中国处在全面深化改革、社会结构全面转型的历史条件下,人们对未来除了兴奋和期盼之外,还有几分焦虑和迷惘,这就必然导致人们对

---

① 《习近平谈治国理政》第1卷,外文出版社2018年版,第22页。
② 《中国共产党第十九届中央委员会第六次全体会议文件汇编》,人民出版社2021年版,第96—97页。

于"安身立命""精神家园"的思考和追问。这是一种时代的追问，也是必须回答的时代课题。特别是对于广大年轻干部来说，能否正确回答这个问题，坚定理想信念信仰，无论对于党和国家的事业还是个人前途命运，都有着极为重要的意义。

（一）立志做党光荣传统和优良作风的忠实传人

2021年是中国共产党成立100周年。在2021年春季学期中央党校（国家行政学院）中青班开班式上，习近平同志作了主题为"立志做党光荣传统和优良作风的忠实传人 在新时代新征程中奋勇争先建功立业"的讲话。他指出："不论过去、现在还是将来，党的光荣传统和优良作风都是激励我们不畏艰难、勇往直前的宝贵精神财富。年轻干部是党和国家事业接班人，必须立志做党的光荣传统和优良作风的忠实传人，不断增强意志力、坚忍力、自制力，在新时代全面建设社会主义现代化国家新征程中奋勇争先、建功立业，努力创造无愧于党、无愧于人民、无愧于时代的业绩！"[①]中国共产党在百年奋斗历程中，构建起恢宏的光荣传统和优良作风体系，其中最重要就是始终坚守自己的理想信念信仰。所以，广大年轻干部立志做党光荣传统和优良作风的忠实传人，首先要继承的就是党的理想信念信仰，做一个理想信念信仰坚定、能够在新时代新征程中奋勇争先建功立业的优秀干部。

习近平同志在2021年秋季学期中央党校（国家行政学院）中青班开班式上作了主题为"信念坚定对党忠诚实事求是担当作为 努力成为可堪大用能担重任的栋梁之才"的报告。他满怀深情地回顾了中国共产党人为坚守理想信念信仰而走过的艰苦历程。他说："中国共产党成立一百年来，始终是有崇高理想和坚定信念的党。这个理想信念，就是马克思主义

[①] 《立志做党光荣传统和优良作风的忠实传人 在新时代新征程中奋勇争先建功立业》，《人民日报》2021年3月2日。

信仰、共产主义远大理想、中国特色社会主义共同理想。理想信念是中国共产党人的精神支柱和政治灵魂,也是保持党的团结统一的思想基础。我一直强调,对我们党的理想信念,不要语焉不详,不要吞吞吐吐,而是要旗帜鲜明、理直气壮讲。共产党一旦丢了自己的理想信念,那就同其他政党没什么本质区别了,就会失去精神动力和精神纽带,就会成为乌合之众,难逃失败的命运。"①习近平同志举出了一系列为理想信念信仰而奋斗的人物,作为年轻干部学习的光辉典范。他指出,无数革命先烈走上革命道路,首先是他们为了救国救民不断探寻真理,最终选择了马克思主义、共产主义。电视连续剧《觉醒年代》生动展示了我们党早期领导人,面对风雨如磐的斗争形势,面对各式各样的主义,最终坚定地选择了马克思主义、共产主义。李大钊说:"人生的目的,在发展自己的生命,可是也有为发展生命必须牺牲生命的时候……高尚的生活,常在壮烈的牺牲中。"李大钊面对刽子手的屠刀,大义凛然,慷慨就义,以行动证明他的理想信念是无比坚定的。对党忠诚就是要这样,无论顺境逆境,都铁心跟党走、九死而不悔。

(二)丢失理想信念信仰,精神上就会"缺钙"

习近平同志指出,中国共产党人的理想信念建立在对马克思主义的深刻理解之上,建立在对历史规律的深刻把握之上。信仰认定了就要信上一辈子,否则就会出大问题。他主张:"我常说要修炼共产党人的'心学',坚持学思用贯通、知信行统一,其中一个重要目的就是要求党员干部坚定理想信念、增强党性。形成坚定理想信念,既不是一蹴而就的,也不是一劳永逸的,也不是自己认为坚定就坚定的,而是要在斗争实践中不断砥砺、经受考验,而且这种考验是长期的,很多时候也是严酷的,是要终其一生的。"他说:"我反复强调,理想信念是共产党人精神上的'钙',共

---

① 习近平:《努力成为可堪大用能担重任的栋梁之才》,《求是》2022年第3期。

产党人如果没有理想信念，精神上就会'缺钙'，就会得'软骨病'，必然导致政治上变质、经济上贪婪、道德上堕落、生活上腐化。"①

习近平同志指出了党内存在的某些理想信念信仰缺失的问题。从党的百年历史看，千千万万党员经过血与火、生与死的考验走到了最后，无数党员为了理想信仰献出了宝贵生命，也有不少人在艰苦条件和残酷斗争中动摇甚至背叛了自己的理想信仰。参加党的一大的13人中，王尽美、李汉俊、邓恩铭、何叔衡、陈潭秋5人牺牲，有人脱党，也有陈公博、周佛海、张国焘3人变节叛党。大浪淘沙乃历史规律。正如鲁迅所说："因为终极目的的不同，在行进时，也时时有人退伍，有人落荒，有人颓唐，有人叛变，然而只要无碍于进行，则愈到后来，这队伍也就愈成为纯粹、精锐的队伍了。"党的十八大以来，习近平同志之所以反复强调，党员、干部必须坚定理想信念，是因为一段时间里，受各种错误思想和糊涂观念影响，有相当数量的党员、干部丢掉了共产党人的理想信念，只讲功利不讲理想、只讲私欲不讲信仰了。所以，"对党员干部来讲，是有坚定理想信念，还是满脑子功利私欲，决定着一个人的思想境界和行为举止。党员干部有了坚定理想信念，才能经得住各种考验，走得稳、走得远；没有理想信念，或者理想信念不坚定，就经不起风吹浪打，关键时刻就会私心杂念丛生，甚至临阵脱逃。现实生活中，一些党员、干部精神空虚、意志消沉、心为物役，信奉金钱至上、名利至上、享乐至上，少数人更是把党和人民赋予的权力作为谋取私利的手段，堕入腐败深渊，说到底都是理想信念动摇所致"②。也有的年轻干部只愿意待在"北上广"，不愿意到"新西兰"，对党安排的工作拈轻怕重、挑肥拣瘦、患得患失、讨价还价。习近平同志要求，广大年轻干部要牢记，坚定理想信念是终身课题，需要常修常炼，要信一辈子、守一辈子，三心二意、半途而废甚至背叛初衷肯定

---

① 习近平：《努力成为可堪大用能担重任的栋梁之才》，《求是》2022年第3期。
② 习近平：《努力成为可堪大用能担重任的栋梁之才》，《求是》2022年第3期。

会出大问题。

(三)坚定理想信念信仰

习近平同志从多个维度阐述了年轻干部如何坚定理想信念信仰问题。

第一,对党忠诚,永远跟党走。理想信念坚定才能对党忠诚,对党忠诚是对理想信念坚定的最好诠释。习近平强调,对党忠诚,是共产党人首要的政治品质。年轻干部要自觉加强政治历练,接受严格的党内政治生活淬炼,不断提高政治判断力、政治领悟力、政治执行力,使自己的政治能力同担任的工作职责相匹配。要立志为党分忧、为国尽责、为民奉献,勇于担苦、担难、担重、担险,以实际行动诠释对党的忠诚。习近平同志给中青班学员讲了小说《红岩》和陈毅的故事。小说《红岩》中刘思扬的原型刘国铿,出生于四川一个富裕家庭,因叛徒出卖被捕入狱。敌人劝他,只要交出组织、登报脱党,马上可以释放他。面对劝诱,他斩钉截铁回答:我死了有党,等于没死;我如出卖组织,活着又有什么意义。陈毅同志把"革命重坚定"作为一生的座右铭。南昌起义时他没有赶上,后来冲破重重难关找到了起义队伍,到天心圩时队伍只剩下800人,他协助朱德收拢了部队,并对大家说:"在胜利发展的情况下,做英雄是容易的;在失败退却的局面下,做英雄就困难得多了。只有经过失败的英雄,才是真正的英雄。我们要做失败时的英雄。"① 对党忠诚,就是在任何条件下都敢于克服一切困难,永远跟党走。

当然,在不同的历史条件下,衡量一个党员干部是否对党忠诚的标准也是不同的。在革命年代就要看能不能为党和人民事业冲锋陷阵、舍生忘死,甚至牺牲生命。在和平时期也有明确的检验标准,比如,能不能坚持党的领导,坚决维护党中央权威和集中统一领导,自觉在思想上政治上行动上同党中央保持高度一致;能不能坚决贯彻执行党的理论和路线方针

---

① 习近平:《努力成为可堪大用能担重任的栋梁之才》,《求是》2022年第3期。

政策，不折不扣把党中央决策部署落到实处；能不能严守党的政治纪律和政治规矩，做政治上的明白人、老实人；能不能坚持党和人民事业高于一切，自觉执行组织决定，服从组织安排；等等。这些都是对党忠诚的直接体现。

第二，注重实际、实事求是。坚持一切从实际出发，是我们想问题、作决策、办事情的出发点和落脚点。坚持从实际出发，前提是深入实际、了解实际，只有这样才能做到实事求是。因此，习近平同志提出，关键是把调查研究做深做实，避免浮在表面、流于形式。要眼睛向下、脚步向下，经常扑下身子、沉到一线，近的远的都要去，好的差的都要看，干部群众表扬和批评都要听，真正把情况摸实摸透。现在通信很发达，通过打打电话、发发微信、看看材料也能了解很多情况，但毕竟隔了一层，没有现场看、当面听、直接问和"七嘴八舌式"的讨论来得真实鲜活。过去常用的"蹲点调研""解剖麻雀"的调研方式依然是管用的。年轻干部既要"身入"基层，更要"心到"基层，听真话、察真情，真研究问题、研究真问题，不能搞作秀式调研、盆景式调研、蜻蜓点水式调研，"无实事求是之意，有哗众取宠之心"是不行的！这就是严重的形式主义、官僚主义！要在深入分析思考上下功夫，去粗取精、去伪存真、由此及彼、由表及里，找到事物的本质和规律，找到解决问题的办法。要用好交换、比较、反复的方法，重视听取各方面意见包括少数人的意见、反对的意见，立体式地进行分析、三思而后行，防止自以为是、一得自矜。兼听则明、偏听则暗，能听到不同声音不是坏事，经过多次"否定之否定"的过程，进行的思考、作出的决策才能符合实际。

坚持从实际出发、实事求是，不只是思想方法问题，也是党性强不强的问题。习近平同志认为，干部是不是实事求是可以从很多方面来看，最根本的要看是不是讲真话、讲实话，是不是干实事、求实效。那些见风使舵、处事圆滑的人，那些掩盖矛盾、粉饰太平的人，那些花拳绣腿、不干

实事的人，那些好大喜功、急功近利的人，都不是真正的唯物主义者，都有私心杂念在作祟。年轻干部要坚持以党性立身做事，把说老实话、办老实事、做老实人作为党性修养和锻炼的重要内容，敢于坚持真理，善于独立思考，坚持求真务实。这对党和人民事业有益，对个人健康成长也有益。做人老实不是愚钝，做事踏实不会吃亏。对党不忠诚，做人不老实，就会生出取巧之心，就会去搞拉关系、走门路、权钱交易等投机钻营那一套，最终会聪明反被聪明误。

第三，严守规矩、不逾底线。习近平同志指出："我们党培养一名干部不容易，如果干部把不住自己，走上违纪违法的邪路，那就辜负了党的培养和信任了。我看到一些领导干部腐败堕落的材料，是感到很痛心的，恨铁不成钢啊！前段时间，我看了一个材料，反映一些年轻干部'前脚刚踏上仕途，后脚就走入歧途'，刚成为单位骨干或走上领导岗位就陷入贪腐，不是晚节不保，而是早节就没保住。大家要引以为戒，时刻绷紧纪律规矩这根弦。"①

讲规矩、守底线，首先要有敬畏心。心有所畏，方能言有所戒、行有所止。古人讲："畏则不敢肆而德以成，无畏则从其所欲而及于祸。"没有敬畏之心，就什么乱七八糟的事都干得出来。有的人干了那么多骇人听闻的事，一个重要原因就是不知敬畏！干部一定要知敬畏、存戒惧、守底线，敬畏党、敬畏人民、敬畏法纪，不能在"月黑风高无人见"的自欺欺人中乱了心智，不能在"你知我知天知地知"的花言巧语中迷了方向，不能在"富贵险中求"的侥幸心理中铤而走险，不能在"法不责众"的错误认识中恣意妄为。习近平同志告诫年轻干部："严以修身，才能严以律己。一个干部只有把世界观、人生观、价值观的总开关拧紧了，把思想觉悟、精神境界提高了，才能从不敢腐到不想腐。"②习近平同志专门讲述了

---

① 习近平：《努力成为可堪大用能担重任的栋梁之才》，《求是》2022年第3期。
② 习近平：《努力成为可堪大用能担重任的栋梁之才》，《求是》2022年第3期。

优秀地委书记杨善洲的先进事迹，说明中国共产党人为的是大公、守的是大义、求的是大我，要正心明道、怀德自重，始终把党和人民放在心中最高位置，做一个一心为公、一身正气、一尘不染的人。党的十九大报告指出："全党同志特别是高级干部要加强党性锻炼，不断提高政治觉悟和政治能力，把对党忠诚、为党分忧、为党尽职、为民造福作为根本政治担当，永葆共产党人政治本色。"[①] 习近平同志的讲话不仅给广大年轻干部坚定理想信念信仰提出了更高的要求，而且是也指明了努力的方向。

---

① 习近平：《决胜全面建成小康社会 夺取新时代中国特色社会主义伟大胜利——在中国共产党第十九次全国代表大会上的报告》，人民出版社2017年版，第63页。

第二章

牢记党的初心使命
树立正确的政绩观

习近平同志在2022年春季学期中央党校（国家行政学院）中青班开班式上的讲话中指出："共产党人必须牢记，为民造福是最大政绩。我们谋划推进工作，一定要坚持全心全意为人民服务的根本宗旨，坚持以人民为中心的发展思想，坚持发展为了人民、发展依靠人民、发展成果由人民共享，把好事实事做到群众心坎上。什么是好事实事，要从群众切身需要来考量，不能主观臆断，不能简单化、片面化。哪里有人民需要，哪里就能做出好事实事，哪里就能创造业绩。业绩好不好，要看群众实际感受，由群众来评判。有些事情是不是好事实事，不能只看群众眼前的需求，还要看是否会有后遗症，是否会'解决一个问题，留下十个遗憾'。"[1]习近平同志在讲话中明确把党的初心使命、为民造福与政绩观联系起来，要求年轻干部要树立正确的政绩观、权力观和事业观，并从世界观、人生观、价值观的高度解决好"我是谁、为了谁、依靠谁"的问题，不断追求"我将无我，不负人民"的精神境界。

---

[1] 《筑牢理想信念根基树立践行正确政绩观　在新时代新征程上留下无悔的奋斗足迹》，《人民日报》2022年3月2日。

一、搞清楚中国共产党是什么、要干什么的根本问题

任何一个政党都是以特定阶级为基础，是特定阶级利益的集中体现。为无产阶级和广大人民群众谋利益，还是为少数人或小集团谋利益，是无产阶级政党与其他一切政党的根本区别。马克思主义政党以工人阶级为阶级基础，其根本特征和唯一宗旨是为工人阶级和广大人民群众谋利益。

（一）为广大人民群众谋利益是马克思主义的本质要求

马克思之所以成为马克思主义的创始人，是从关心人民群众的疾苦开始的。马克思本来在波恩大学是学习法律的，后来基于其深厚的哲学兴趣，转入柏林大学学习哲学，并熟悉黑格尔本人及其弟子的著作和思想。大学毕业后，马克思到《莱茵报》工作，开始直接参与社会政治生活，并"第一次遇到要对所谓物质利益发表意见的难事"[①]。这里说的"事"是指当时发生的林木盗窃法辩论和为摩塞尔记者辩护事件。所谓林木盗窃法事件是指，大量农民由于破产、生活贫困便到树林里去捡拾枯树枝；于是树木所有者要求把捡拾枯树枝列入盗窃林木范围并给予法律制裁，相关的法律提案被提交到省议会审议。马克思在《关于林木盗窃法的辩论》中，旗帜鲜明地站在维护劳苦大众的立场上，从法律的角度抨击了普鲁士国家和法律制度的腐朽和黑暗。所谓为摩塞尔记者辩护事件是指，摩塞尔河地区本来是葡萄酒的重要产地，很多人依靠葡萄酒产业而生存。可是伴随着资本主义的发展，大量葡萄酒业主破产，农民生活异常贫困，《莱茵报》记者彼捷尔·科布伦茨为此撰写专题报道文章。文章发表后引起政府的严重不满。于是，马克思撰写了《摩塞尔记者的辩护》一文，与反动政府展开论战。这里所说的"难"，是因为马克思是以黑格尔的思想体系来认识世界、

---

① 《马克思恩格斯文集》第2卷，人民出版社2009年版，第588页。

把握现实的。他以国家和法来批判私人利益，以出版自由来批判书报检查制度，以公平正义来揭露反动政府对农民的悲惨生活及其控诉置之不理的麻木状态。然而，获得胜利的不是国家和法、出版自由和贫困的农民，而是私人利益和书报检查制度。《莱茵报》甚至被指责为教唆农民反对政府，其目的"并不是为了增进农民的幸福，而是企图煽动不满情绪削弱当局和臣民的联系"。理论与现实的矛盾使得马克思产生了苦恼，原来的哲学信仰发生动摇。这一切推动他去重新研究黑格尔的法哲学，去探索在法和国家意志背后更深刻的客观存在的物质性力量。恩格斯曾指出："正是他对林木盗窃法和摩塞尔河地区农民处境的研究，推动他由纯政治转向研究经济关系。"① 马克思通过对资本主义生产关系的系统研究，揭示了资本家剥削工人的秘密，创立剩余价值学说，进而说明资本主义社会被社会主义社会所代替的必然性，揭示了人类社会的发展规律。

在作为马克思主义诞生标志的《共产党宣言》中，马克思、恩格斯全面阐述其无产阶级政党理论，特别是阐述了无产阶级政党是为广大无产阶级谋利益的理论。马克思、恩格斯指出，以往的一切剥削阶级及其政党，都是把无产阶级和广大人民群众当作榨取物质财富的机器，当作改朝换代的工具。与此相反，无产阶级政党则把自己当作是为无产阶级和广大人民群众求解放、谋利益的工具；无产阶级政党除了无产阶级和广大人民群众的利益之外，没有任何自己的特殊利益。"过去的一切运动都是少数人的或者为少数人谋利益的运动。无产阶级的运动是绝大多数人的，为绝大多数人谋利益的独立运动。"但是，共产党与其他工人政党又有着本质的区别："一方面，在无产者不同的民族的斗争中，共产党人强调和坚持整个无产阶级共同的不分民族的利益；另一方面，在无产阶级和资产阶级的斗争所经历的各个发展阶段上，共产党人始终代表整个运动的利益。"② 这就是说，

---

① 《马克思恩格斯全集》第39卷，人民出版社1974年版，第446页。
② 《马克思恩格斯文集》第2卷，人民出版社2009年版，第44页。

与以往人类社会所发生的一切社会运动相比较,无产阶级所进行的社会运动的最大特色在于为绝大多数人谋利益,那么,无产阶级必须使整个社会永远摆脱剥削和压迫,实现全人类的解放,才能最终解放无产阶级自己。因此,无产阶级及其政党不仅反对资产阶级的压迫和剥削,主张用生产资料的社会占有代替生产资料的资本家私人占有,用社会主义制度代替资本主义制度,而且要求消灭一切阶级和压迫,最终实现共产主义社会。恩格斯专门提醒,党的各级干部必须牢记无产阶级政党的根本宗旨,警惕自己由"人民的公仆变成人民的主人"。恩格斯在无产阶级政党成立初期就意识到权力异化和权力腐败的问题,并提出一些切实可行的预防措施,这是非常具有远见的思想。

(二)全心全意为人民服务是中国共产党的宗旨

中国共产党是在中华民族陷入内忧外患的深刻危机、"中国向何处去"成为时代焦虑的紧要关头登上政治舞台的。中国共产党从成立之日起,就有着清醒的阶级意识和价值追求。党的一大通过的纲领就明确提出:"以无产阶级革命军队推翻资产阶级,由劳动阶级重建国家,直至消灭阶级差别。"这就意味着,中国共产党是无产阶级的政党,为整个劳苦大众的翻身解放而奋斗,是代表最广大人民群众的根本利益的,最终目标是实现共产主义。这就从本质上把中国共产党及其所领导的革命与以往中国历史上所发生的一切阶级及其所领导的运动区别开来。1941年,毛泽东就指出:"共产党是为民族、为人民谋利益的政党,它本身绝无私利可图。"① 1945年4月23日,毛泽东在党的七大开幕词中首次使用了"全心全意为人民服务"这一科学概念,并把其作为党的宗旨写进党章。此后,"全心全意为人民服务"成为中国共产党人的根本宗旨,并被不断赋予新的内容而得到丰富和发展。毛泽东在党的七大政治报告《论联合政府》中说:"我们共产党

---

① 《毛泽东选集》第3卷,人民出版社1991年版,第809页。

人区别于其他任何政党的又一个显著的标志,就是和最广大的人民群众取得最密切的联系。全心全意地为人民服务,一刻也不脱离群众;一切从人民的利益出发,而不是从个人或小集团的利益出发;向人民负责和向党的领导机关负责的一致性;这些就是我们的出发点。……应该使每个同志明了,共产党人的一切言论行动,必须以合乎最广大人民群众的最大利益,为最广大人民群众所拥护为最高标准。应该使每一个同志懂得,只要我们依靠人民,坚决地相信人民群众的创造力是无穷无尽的,因而信任人民,和人民打成一片,那就任何困难也能克服,任何敌人也不能压倒我们,而只会被我们所压倒。"① 应该肯定,毛泽东的这个总结是深刻的,是符合中国革命发展规律的。

以毛泽东为代表的中国共产党人把全心全意为人民服务、切实为人民群众谋取利益、使人民群众的物质文化生活条件得到必要的改善作为政绩的评价标准。早在1934年,毛泽东在精辟分析为人民群众谋利益与取得革命胜利二者的关系时强调,为了取得革命的胜利,一切群众生活上的问题都应该提到议事日程上来,"就得关心群众的痛痒,就得真心实意地为群众谋利益,解决群众的生产和生活的问题,盐的问题,米的问题,房子的问题,衣的问题,生小孩的问题,解决群众的一切问题。我们是这样做了么,广大群众就必定拥护我们,把革命当作他们的生命,把革命当作他们无上光荣的旗帜"②。新中国成立后,毛泽东特别强调,在满足人民群众的利益诉求时,要善于把当前利益与长远利益结合起来,反对那种不顾人民长远利益而片面强调当前利益的做法;主张全国人民必须使当前利益与个人利益服从长远利益和集体利益,以此来保证和促进人民群众整体利益的实现。毛泽东要求每一个共产党员都要处理好个人利益与人民群众利益二者之间的先后关系。

---

① 《毛泽东选集》第3卷,人民出版社1991年版,第1094—1095页。
② 《毛泽东选集》第1卷,人民出版社1991年版,第138页。

中国共产党人把全心全意为人民服务作为业绩评价标准,体现其最高价值追求。但是,这个评价标准和价值追求与中国共产党要为真理而奋斗的理念是什么关系,如何处理二者之间的关系,这不仅是一个重大的理论问题,而且也是一个严肃的实践问题。毛泽东在总结领导中国革命斗争经验的基础上,明确提出"坚持真理与人民利益的一致性"问题。他说:"我们的责任,是向人民负责。"①所谓向人民负责,就是我们说的每句话,采取的每个行动,制定的每项政策,都是符合人民利益的,如果有了错误,一定要改正。在工作实践中,要"为人民的利益坚持好的,为人民的利益改正错的"。"共产党人必须随时准备坚持真理,因为任何真理都是符合于人民利益的;共产党人必须随时准备修正错误,因为任何错误都是不符合于人民利益的。"②从根本上来说,无产阶级政党所进行的一切活动,都是为了追求真理。而无产阶级政党所追求的最高真理,就是为最广大人民谋利益,由此实现了坚持真理与为人民谋利益的高度一致性。这是对马克思主义党建理论的极大丰富和发展。

中国共产党在领导新民主主义革命实践的过程中,坚持全心全意为人民服务的宗旨,切实赢得了广大人民的支持和拥护。中国共产党人高举"打土豪分田地"的旗帜,利用一切时机进行土地改革,满足了农民对土地的渴望;有计划地开展民主选举,支持民众参与政治活动,让不识字的农民通过投玉米粒、豆子、纸团来自主选举心仪的领导者,满足民众对政治参与的诉求;广泛开展扫盲运动,演出各种戏剧节目,出版大量报刊图书,满足民众对文化生活的追求;积极进行灵活多样的理论学习,举办各种形式学校,满足民众对精神生活的追求;等等。被称为"人民救星"的中国共产党赢得了民众的高度信任和衷心热爱。解放区里天天锣鼓喧天,年轻人披红骑马光荣入伍争上前线;淮海战场上的滚滚车流,长江炮火

---

① 《毛泽东选集》第4卷,人民出版社1991年版,第1128页。
② 《毛泽东选集》第3卷,人民出版社1991年版,第1004、1094—1095页。

中的浩荡船队，民心所向，势不可挡；中国共产党坚持为人民利益而奋斗的斗争原则，完成了带领广大人民群众推翻三座大山、建立新中国的历史使命。

为什么中国共产党会取得胜利？1948年底，中国人民解放军正以排山倒海之势消灭蒋介石的军事力量；与此同时，国民党电台的女播音员天天捏着嗓子嗲声嗲气地念叨着"共军节节败退、国军节节胜利"。许多人搞不懂了，蒋介石号称800万军队，且被美式的精良武器武装到牙齿，怎么会被武器装备远远落后的中国人民解放军打得丢盔卸甲、狼狈不堪？美国远东问题的战略专家同样搞不懂了，他们举行座谈会，讨论的主题之一是"为什么中国共产党会取得胜利？"《纽约星报》(New York Star)发表了座谈会纪要。1949年1月12日，上海有着悠久历史的英文报纸《密勒氏评论报》(The China Weekly Review)转载了这篇文章。据纪要披露，埃德加·斯诺在座谈会上的发言："中国共产党人正在取得节节胜利，因为他们将一个能够满足人民大众迫切需求的纲领付诸行动。1927年，国民党赢得政权，靠的是耕者有其田和在政府里实行民主的口号。现在，失败了，因为它从来没有兑现过它所作的任何承诺。共产党之所以胜利是因为他们实行平均地权，并让农民在斗争中享有经济实惠。正是在这个基础上，他们之间建立起了一个政治联盟。由于有了这样的联盟，他们开展了群众运动。从群众运动中成长起来一股道德和文化力量，造就了一支年轻有为的领导队伍，一个纪律严明和深为群众爱戴的政党。他们之所以能战无不胜，是因为它能从大多数人民群众中吸取力量，并为满足他们的迫切需要寻求答案。正是在这样的基础上，涌现了一支现代中国最有成效的军事组织。"[①]斯诺这段话，对于中国共产党从小到大、从弱到强，在血与火的洗礼中挺立，在枪与弹的沐浴中崛起，在困难和曲折中前行，并赢得人民信任、得到人民支持的根本原因的揭示，可谓"一语中的"。

[①] 张彦编译：《中共为什么会胜利》，《炎黄春秋》2009年第9期，第60页。

（三）让人民过上美好生活是当代中国共产党人的庄严承诺

全心全意为人民服务作为党的最高宗旨，已经深入中国共产党的血脉之中，成为中国共产党的红色基因，构成中国共产党的精神标识。

早在1956年9月，邓小平就提出："工人阶级的政党不是把人民群众当作自己的工具，而是自觉地认定自己是人民群众在特定的历史时期为完成特定的历史任务的一种工具。共产党——之所以成为先进部队，它之所以能够领导人民群众，正因为，而且仅仅因为，它是人民群众的全心全意的服务者，它反映人民群众的利益和意志，并且努力帮助人民群众组织起来，为自己的利益和意志而斗争。确认这个关于党的观念，就是确认党没有超乎人民群众之上的权力，就是确认党没有向人民群众实行恩赐、包办、强迫命令的权力，就是确认党没有在人民群众头上称王称霸的权力。"[①] 后来，邓小平又对"中国共产党员"的含义作出明确规定。他说："中国共产党员的含意或任务，如果用概括的语言来说，只有两句话：全心全意为人民服务，一切以人民利益作为每一个党员的最高准绳。他的目的就是要实现社会主义、共产主义。"[②]

在党的十一届三中全会之后，邓小平作为改革开放的总设计师，更是时时刻刻把如何为广大人民群众谋利益放在头等重要的地位。在改革开放初期，面对姓"社"姓"资"的激烈争论，他说："如果在一个很长的历史时期内，社会主义国家生产力发展的速度比资本主义国家慢，还谈什么优越性？我们要想一想，我们给人民究竟做了多少事情呢？我们一定要根据现在的有利条件加速发展生产力，使人民的物质生活好一些，使人民的文化生活、精神面貌好一些。"[③] 这个提问，不仅反映出邓小平作

---

① 《邓小平文选》第1卷，人民出版社1989年版，第218页。
② 《邓小平文选》第1卷，人民出版社1989年版，第257页。
③ 《邓小平文选》第2卷，人民出版社1994年版，第128页。

为一位伟大革命家所特有的对党和人民高度负责的使命感和责任感,而且成为邓小平思考和解决"什么是社会主义,怎样建设社会主义"这个时代课题的核心理念。此后,中国共产党人把"人民拥护不拥护、人民赞成不赞成、人民高兴不高兴、人民答应不答应"作为制定各项方针政策的出发点,把"先富带后富、共同富裕"作为社会主义的本质规定,把"是否有利于提高人民的生活水平"作为"三个有利于"判断标准的重要内容,把"深怀爱民之心,恪守为民之责,善谋富民之策,多办利民之事,更好地为广大人民群众服务"作为执政使命,把"坚持问政于民、问需于民、问计于民,真诚倾听群众呼声,真实反映群众愿望,真情关心群众疾苦,依法保障人民群众经济、政治、文化、社会等各项权益"当作执政担当,把"始终代表最广大人民群众的根本利益"作为党的先进性的根本要求,把"以人为本"作为科学发展观的核心内容,等等。

习近平同志更是强调人民至上、以人民为中心的核心理念。党的十八大结束时,他和新当选的中央政治局常委同志一起同中外记者见面时就明确提出:"人民对美好生活的向往,就是我们的奋斗目标。"这是当代中国共产党人给予中国人民的庄严承诺。党的十九大报告作出我国社会主要矛盾已经转化为人民日益增长的美好生活需要和不平衡不充分的发展之间的矛盾的重大判断,强调我国社会主要矛盾的变化是关系全局的历史性变化,对党和国家工作提出了许多新要求。要求全党,"保障和改善民生要抓住人民最关心最直接最现实的利益问题,既尽力而为,又量力而行,一件事情接着一件事情办,一年接着一年干。坚持人人尽责、人人享有,坚守底线、突出重点、完善制度、引导预期,完善公共服务体系,保障群众基本生活,不断满足人民日益增长的美好生活需要,不断促进社会公平正义,形成有效的社会治理、良好的社会秩序,使人民获得感、幸福感、安全感更加充实、更有保障、更可持续。"①

"人民获得感、幸福感、安全感"的提出，是中国共产党全心全意为人民服务宗旨在新时代的体现，是让人民过上美好生活的奋斗目标的具体落实。人民群众的获得感来自自身需要的满足。需要是社会主体对基于社会发展和自身发展而产生的对其存在和发展条件的缺失或期待状态的观念性把握。在不同的社会发展阶段，人民群众需要的内涵、满足需要的方式、评价需要满足的标准，都是有差别的；这就要求我们必须从当代中国社会的实际出发，真正了解人民群众的需要，选择正确满足需要的方式，确立科学的满足需要的评价标准。我们应该充分认识到，经过改革开放40多年的发展，人民群众在物质生活得到显著改善的同时，对民主、法治、公平、正义、安全、环境等方面的需要日益增长，这些需要构成人民群众的根本利益所在。我们必须通过全面深化改革，提供精准的需要满足资源供给，真正满足人民群众的各项具体需要，让人民群众具有实实在在的获得感。

人民群众的幸福感来自多维需要的基本满足。在中国特色社会主义新时代，人民群众的需要在结构上更加复杂，内容更加丰富，形式更加多样，评价标准更加多元。一般来说，满足经济需要是基础，这可以为满足其他需要提供物质前提；满足政治需要是核心，这可以为满足其他需要提供制度保障；满足文化需要是精神追求，这可以为满足其他需要提供精神动力；满足社会建设需要是解决民生问题的根本途径，这可以为满足其他需要提供良好的社会秩序；满足生态文明需要是构建美好自然环境，这可以为满足其他需要提供环境保障。这就要求我们必须加快推进五大文明建设，尽量全方位满足人民群众的各种需要，真正使人民群众过上幸福生活。

---

① 习近平：《决胜全面建成小康社会 夺取新时代中国特色社会主义伟大胜利——在中国共产党第十九次全国代表大会上的报告》，人民出版社2017年版，第45页。

人民群众的安全感来自伴随着多种需要的满足而带来人生境界的升华，进而带来稳定、安逸、祥和、快乐、无忧的心理感受。人民群众各种需要得到满足的本质，就是克服需要满足的片面性、狭隘性、单一性、封闭性，实现需要满足的全面性、广泛性、多维性、提升性，实现人的自由全面发展。在现实的社会生活中，要着眼于人民群众生活中多种需要，按照依次递进的原则，从满足人们的基本物质需要开始，逐步进入到满足人们的精神需要或自我实现需要的较高层次，让人民群众获得生活的安全感，如财务安全、食品安全、教育安全、医疗安全、交通安全、仕途安全、人身安全等。安全感是人民群众的需要得到满足的最高境界。

习近平同志在2019年春季学期中央党校（国家行政学院）中青班开班式上的讲话指出："干部要把人民放在心中最高位置。同人民风雨同舟、血脉相通、生死与共，是我们党战胜一切困难和风险的根本保证。离开了人民，我们就会一事无成。要牢记群众是真正的英雄，任何时候都不能忘记为了谁、依靠谁、我是谁，真正同人民结合起来。"[①]这段话既是对中国共产党百年奋斗成功经验的高度概括，也对新时期的年轻干部提出了更高的要求和期望。

二、为民造福是最大政绩

习近平同志十分关心年轻干部，多次谈到年轻干部的政绩观问题。最重要的是，他把年轻干部要树立正确的世界观、人生观、价值观和权力观、政绩观、事业观并列起来，力图从哲学的高度来解决政绩观的问题，使年轻干部的思维方式和精神世界能够更好适应事业发展需要。因为，在工作实践过程中，年轻干部往往具有不同的政绩观，而其政绩观是与其权

---

① 习近平：《在常学常新中加强理论修养　在知行合一中主动担当作为》，《人民日报》2019年3月2日。

力观和事业观紧密联系在一起的,是受其权力观和事业所制约的。而决定年轻干部政绩观、权力观和事业观的,则是其世界观、人生观和价值观。所以,习近平同志经常谈到这"六观",并要求广大年轻干部必须解决好这"六观"问题。

(一)树立正确的政绩观,用心用情用力为民谋利

顾名思义,政绩是领导干部为政之业绩,即领导干部在履行职责的过程中所创造的成绩。政绩观是人们关于政绩的根本看法和根本观点,包括如何认识政绩、创造政绩、评价政绩等。领导干部特别是年轻干部能否树立正确的政绩观,不仅会影响到党和国家事业能否顺利发展,也会影响到领导干部能否健康成长,进而影响到党群关系、党的执政地位和国家的兴旺发达。

习近平同志指出:"人民是我们党的力量源泉,我们党根基在人民、血脉在人民,必须把人民放在心中最高位置,始终以百姓心为心。共产党的干部要坚持当'老百姓的官',把自己也当成老百姓,不要做官当老爷,在这一点上,年轻干部从一开始就要想清楚,而且要终身牢记。年轻干部无论是立身处世还是从政干事,首先要解决好'我是谁、为了谁、依靠谁'的问题,不断追求'我将无我,不负人民'的精神境界。要拜人民为师,甘当小学生,特别要多交几个能说心里话的基层朋友,这样才有利于了解真实情况,才有利于把工作做好。要牢记我们党为人民谋幸福、为民族谋复兴的初心使命,始终坚守党全心全意为人民服务的根本宗旨,用心用情用力解决好群众'急难愁盼'问题,让群众有更多、更直接、更实在的获得感、幸福感、安全感。"① 这段讲话全面阐述了中国共产党人的政绩观,为广大年轻干部树立正确的政绩观指明了努力的方向。

---

① 《立志做党光荣传统和优良作风的忠实传人 在新时代新征程中奋勇争先建功立业》,《人民日报》2021年3月2日。

广大年轻干部树立正确的政绩观，首先要解决好"我是谁、为了谁、依靠谁"的问题，不断追求"我将无我，不负人民"的精神境界。

"我是谁"从大处说是解决年轻干部的立场问题，从小处说是解决年轻干部的角色定位问题。如何看待这个问题？恩格斯的说法是，要当人民的"公仆"，而不能当人民的"主人"；毛泽东的说法是"人民的勤务员""小学生"。早在1944年底，毛泽东就指出："我们一切工作干部，不论职务高低，都是人民的勤务员，我们所做的一切，都是为人民服务。"[①]邓小平给自己的角色定位是，"我是中国人民的儿子，我深深地爱着我的祖国和人民"。习近平同志继承了中国共产党的优良传统，始终认定自己是"人民的勤务员""人民的服务员"。2013年11月，习近平同志赴湘西调研扶贫攻坚情况时，来到花垣县十八洞村特困户施齐文家，老人的老伴石爬专问："怎么称呼您？"总书记自我介绍："我是人民的勤务员。"2016年2月，习近平同志到江西看望慰问广大干部群众，当贫困户张成德的老伴拉着总书记的手说："感谢您来看我们，您可是国家的当家人啊。"习近平同志回答说："是人民当家作主，我们是人民的勤务员，帮你们跑事的。"2020年8月19日，习近平同志在安徽省合肥市参观了渡江战役纪念馆。他强调，淮海战役的胜利是靠老百姓用小车推出来的，渡江战役的胜利是靠老百姓用小船划出来的。任何时候我们都要不忘初心、牢记使命，都不能忘了人民这个根，永远做忠诚的人民服务员。

是啊，"人民的勤务员""人民的服务员""帮你们跑事的"，这样朴实的语言，形象地回答了中国共产党人"我是谁"的这个基本立场或角色定位的根本性问题。

"为了谁"是要解决年轻干部开展工作的出发点和落脚点问题。马克思、恩格斯在《共产党宣言》中明确指出，共产党始终坚持整个无产阶级的不分民族的共同利益，始终代表着整个无产阶级革命斗争的方向。因为共产

[①]《毛泽东文集》第3卷，人民出版社1996年版，第243页。

党是以科学的世界观和历史观作为自己的理论基础，所以，在实践方面，共产党人具有斗争的坚定性和彻底性，在理论方面，共产党了解无产阶级运动的条件、进程和一般目的，具有先进的理论作指导，这一切充分保证了共产党成为无产阶级的先锋队，成为工人运动的领导者。早在新民主主义革命时期，毛泽东指出："我们的共产党和共产党所领导的八路军、新四军，是革命的队伍。我们这个队伍完全是为着解放人民的，是彻底地为人民的利益工作的。"①中国共产党人用自己的实际行动回答了"为了谁"的问题。

中国共产党是中国工人阶级的先锋队，党的宗旨是全心全意为人民服务，党的奋斗目标是带领人民建设富强民主文明和谐美丽的社会主义现代化强国，让人民好上美好生活。立党为公、执政为民、以人民为中心，始终为人民的利益而奋斗，是中国共产党区别于其他任何政党的一个显著标志。中国共产党的全部工作的出发点和落脚点，归根到底就是全心全意为人民服务，把最广大人民群众的根本利益实现好、发展好、维护好，让人民群众拥有更多的获得感、幸福感、安全感。中国共产党除了工人阶级和最广大人民群众的利益，没有自己任何的特殊利益。

"依靠谁"是要解决年轻干部开展工作的依靠力量问题，也是解决党的工作的力量源泉问题。从哲学意义上说，"依靠谁"是要解决社会发展的主体问题，而这个问题是划分唯物史观和唯心史观的根本性标志之一。大家都知道，基督教等宗教哲学把"上帝"作为万物的创造者和历史的主宰，也就认定了"上帝"是社会发展的根本动力源泉；黑格尔哲学则认为历史是由"绝对观念"创造的，是"绝对观念"的"外化"或表现，是推动社会发展不可抗拒的神秘力量；英雄史观把社会发展的动力说成是来自英雄人物。马克思、恩格斯把对社会主体的研究置于唯物主义的基础之上，提出人民群众是历史创造者的思想。即人民群众是社会物质财富的创

---

① 《毛泽东选集》第3卷，人民出版社1991年版，第1004页。

造者，是社会精神财富的创造者，是社会变革的决定力量。马克思、恩格斯特别强调，工人阶级的解放应当是工人阶级自己的事情。"工人阶级的解放应该由工人阶级自己去争取；工人阶级的解放斗争不是要争取阶级特权和垄断权，而是要争取平等的权利和义务，并消灭一切阶级统治"①，实现全人类的解放。

中国共产党接受马克思、恩格斯关于人民群众是历史创造者的思想，并结合中国革命、建设和改革的实际情况赋予新的内涵，创立中国共产党的群众路线。毛泽东有一句家喻户晓的名言："人民，只有人民，才是创造世界历史的动力。"②这是毛泽东用中国式语言对马克思主义群众观点的经典表述，也是毛泽东提出党的群众路线的理论依据。他在《关于领导方法的若干问题》中明确阐述了党的群众路线的思想。他说："在我党的一切实际工作中，凡属正确的领导，必须是从群众中来，到群众中去。这就是说，将群众的意见（分散的无系统的意见）集中起来（经过研究，化为集中的系统的意见），又到群众中去作宣传解释，化为群众的意见，使群众坚持下去，见之于行动，并在群众行动中考验这些意见是否正确。然后再从群众中集中起来，再到群众中坚持下去。如此无限循环，一次比一次地更正确、更生动、更丰富。这就是马克思主义的认识论。"③毛泽东后来又强调："善于把党的政策变为群众的行动，善于使我们的每一个运动，每一个斗争，不但领导干部懂得，而且广大的群众都能懂得，都能掌握，这是一项马克思列宁主义的领导艺术。我们的工作犯不犯错误，其界限也在这里。"④

党的十八大以来，习近平同志更加重视人民群众的作用。他在纪念毛泽东同志诞辰120周年座谈会上的讲话中指出："坚持人民主体地位，充

---

① 《马克思恩格斯文集》第3卷，人民出版社2009年版，第226页。
② 《毛泽东选集》第3卷，人民出版社1991年版，第1031页。
③ 《毛泽东选集》第3卷，人民出版社1991年版，第899页。
④ 《毛泽东选集》第4卷，人民出版社1991年版，第1319—1320页。

分调动人民积极性,始终是我们党立于不败之地的强大根基。在人民面前,我们永远是小学生,必须自觉拜人民为师,向能者求教,向智者问策;必须充分尊重人民所表达的意愿、所创造的经验、所拥有的权利、所发挥的作用。我们要珍惜人民给予的权力,用好人民给予的权力,自觉让人民监督权力,紧紧依靠人民创造历史伟业,使我们党的根基永远坚如磐石。"①人民群众是改革的实践主体、价值主体、评价主体,只有依靠人民群众才能破解我国面临的发展难题。2019年5月,习近平同志在"不忘初心、牢记使命"主题教育工作会议上的讲话中提出:"人民是我们党执政的最大底气,是我们共和国的坚实根基,是我们强党兴国的根本所在。"②他说:"人民是历史的创造者。一切成就都归功于人民,一切荣耀都归属于人民。面向未来,要战胜前进道路上的种种风险挑战,顺利实现中共十九大描绘的宏伟蓝图,必须紧紧依靠人民。正所谓'大鹏之动,非一羽之轻也;骐骥之速,非一足之力也'。中国要飞得高、跑得快,就得汇集和激发近14亿人民的磅礴力量。"③

总之,树立正确的政绩观,在解决好"我是谁、为了谁、依靠谁"的基础上,才能确立群众性、实效性、全面性的政绩评价标准。所谓坚持用群众性的政绩评价标准,就是要忠实履行全心全意为人民服务的宗旨,把实现好、维护好、发展好最广大人民根本利益,把群众是否拥护、赞成、满意,是否拥有更多获得感、幸福感和安全感作为评价干部政绩的根本标准。坚持用实效性的政绩评价标准,就是充分认识到政绩是在社会实践中创造的,实践出政绩;就是要求真务实,说实话、办实事、出实招、求实效,使政绩经得起实践和历史的检验。坚持用全面性的政绩评价标准,就是既要看经济指标,又要看社会指标、环境指标和人文指标;既要看城市

---

① 《习近平谈治国理政》第1卷,外文出版社2018年版,第27页。
② 《习近平谈治国理政》第3卷,外文出版社2020年版,第137页。
③ 《习近平谈治国理政》第3卷,外文出版社2020年版,第323页。

发展，又要看农村变革；既要看经济总量增长，又要看人民群众得到的实惠；既要看主观努力，又要看客观条件；等等。正如习近平同志所说："业绩都是干出来的，真干才能真出业绩、出真业绩。面对新形势新任务，党员干部一定要真抓实干，务实功、出实招、求实效，善作善成，坚决杜绝口号式、表态式、包装式落实的做法。对当务之急，要立说立行、紧抓快办，不能慢慢吞吞、拖拖拉拉。对长期任务，要保持战略定力和耐心，坚持一张蓝图绘到底，滴水穿石，久久为功。要强化精准思维，做到谋划时统揽大局、操作中细致精当，以绣花功夫把工作做扎实、做到位。"[①]

（二）树立正确的权力观，为人民掌好权用好权

习近平同志历来重视领导干部的权力观问题。早在2010年9月1日秋季学期中央党校开学典礼上，他作为时任中央党校校长发表讲话的主题是"领导干部要树立正确的世界观权力观事业观"。他强调，树立正确的世界观权力观事业观，是领导干部加强党性修养和道德修养的基本要求。他说："权力观是关于国家和社会权力的根本观点。马克思主义权力观，概括起来是两句话：权为民所赋，权为民所用。前一句话指明了权力的根本来源和基础，后一句话指明了权力的根本性质和归宿。全心全意为人民服务，是我们党的唯一宗旨，也是马克思主义权力观同资产阶级权力观的根本区别。"[②] 他强调："我们共产党员和领导干部要树立马克思主义权力观，必须从理论上弄清楚和掌握几条：一是我们社会主义国家的一切权力，都是我们党领导全国各族人民经过新民主主义革命和社会主义革命取得和实现的，都是属于人民的；二是我们党作为执政党是代表工人阶级和全体人民在全国执掌政权，共产党员和领导干部手中的权力都是人民赋予

---

① 《筑牢理想信念根基立践行正确政绩观　在新时代新征程上留下无悔的奋斗足迹》，《人民日报》2022年3月2日。

② 习近平：《领导干部要树立正确的世界观权力观事业观》，《学习时报》2010年9月6日。

的；三是我们所有党员和领导干部手中的权力，只能用来为人民谋利益，而绝不允许搞任何形式的以权谋私。"① 应该肯定，这是习近平同志把马克思主义权力观与中国共产党领导全国各族人民进行的革命建设改革实践相结合，创立的中国共产党的权力观。此后，习近平同志在中央党校（国家行政学院）中青班开班式上多次谈论领导干部的权力观问题，可见他对这个问题的重视。

第一，立党为公、执政为民，是中国共产党人权力观的本质要求。马克思主义告诉我们，人民群众是物质生产和精神生产的主体，又是历史的价值主体；人民群众的需要和利益体现了历史发展的客观规律，是与历史发展的客观规律相一致的。因此，党制定的一切路线、方针和政策，都要体现最广大人民群众的要求和愿望，符合最广大人民群众的根本利益。这就决定着立党为公、执政为民是我们党的核心执政理念，是对广大领导干部掌权用权的本质要求。"领导干部无论官当多大、权有多重，都只有为人民服务的义务。而且官越大、权越重，为人民服务越应该作出成绩，越应该把人民群众利益放在行使权力的最高位置，把人民群众满意作为行使权力的根本标准。古人讲：'居官守职以公正为先，公则不为私所惑，正则不为邪所媚。'就是说，公正是为官之本、用权之绳。"②

习近平同志多次谈到我们党内的一些优秀人物，他们手握权力，却全心全意为人民谋取利益，从不打个人小算盘。他专门给学员们讲述了杨善洲的事迹。20世纪七八十年代，农村许多人家建起了土木结构的瓦房，但杨善洲家仍住在茅草房里。1992年，他在大亮山林场盖起了第一间砖瓦房，却让给了新来的技术员，自己仍住在油毛毡棚里。在一些人眼里，他是个"傻子"。他却说："如果说共产党人有职业病，这个病就是自讨苦吃。"习近平同志强调，这种艰苦奋斗、以苦为乐的精神永不过时，永远

---

① 习近平：《领导干部要树立正确的世界观权力观事业观》，《学习时报》2010年9月6日。
② 习近平：《领导干部要树立正确的世界观权力观事业观》，《学习时报》2010年9月6日。

需要发扬。他要求年轻领导干部"要坚守精神追求,见贤思齐,见不贤而内自省,处理好公和私、义和利、是和非、正和邪、苦和乐关系。要立志做大事,不要立志做大官,保持平和心态,看淡个人进退得失,心无旁骛努力工作,为党和人民做事"①。

第二,权力的行使与责任的担当紧密相连,有权必有责。习近平同志指出,少数领导干部事业心、责任感不强。有的只要不出事,宁可不干事,对工作敷衍应付、得过且过;有的遇到矛盾绕道走、碰到困难往后退,该抓的不抓、该管的不管、该改的不改,满足于当四平八稳的"太平官"。戏剧《七品芝麻官》中有一句台词,叫作"当官不为民做主,不如回家卖红薯"。共产党干部的境界和责任感,总不能连一个封建社会的七品官还不如。看一个领导干部,很重要的是看有没有责任感,有没有担当精神。肯干事、干成事的干部越多,党和人民事业就越有希望。党组织把我们放在领导岗位上,给我们提供为人民服务的大舞台,这是对我们的信任,一定要珍惜使命、不负重托,在难题面前敢于开拓,在矛盾面前敢抓敢管,在风险面前敢担责任,尽心尽力干好工作。

习近平同志给大家讲述了他在福建工作时搞林业改革的经历。他说:我在福建工作时,针对福建是林业大省、广大林农却守着"金山银山"过穷日子的状况,为解决产权归属不清等体制机制问题,推动实施了林权制度改革。当时,这项改革是有风险的,主要是20世纪80年代有些地方出现了乱砍滥伐的情况,中央暂停了分山到户工作。20多年过去了,还能不能分山到户,大家都拿不准。经过反复思考,我认为,林权改革关系老百姓切身利益,这个问题不解决,矛盾总有一天会爆发,还是越早解决越好,况且经济发展了、农民生活水平提高了,乱砍滥伐因素减少了,只要政策制定得好、方法对头,风险是可控的。决心下定后,我们抓住"山要

---

① 习近平:《在常学常新中加强理论修养 在知行合一中主动担当作为》,《人民日报》2019年3月2日。

怎么分""树要怎么砍""钱从哪里来""单家独户怎么办"这4个难题深入调研、反复论证，推出了有针对性的改革举措，形成了全国第一个省级林改文件。2008年中央10号文件全面吸收了福建林改经验。习近平同志以自己的亲身经历告诫广大年轻干部："担当和作为是一体的，不作为就是不担当，有作为就要有担当。做事总是有风险的，天底下哪有那么多四平八稳、顺风顺水的事。正因为有风险，才需要担当。如果工作都那么好干，谁上去都能干，那还要什么担当呢？事物往往就是这样，越怕事越容易出事，越想绕道走矛盾就越堵着道。相反，只有豁得出去、敢闯敢干，下定'明知山有虎，偏向虎山行'的决心，真刀真枪干，矛盾和困难才可能得到解决。"①

第三，有权力的地方必须有监督，没有监督的权力必然导致腐败。习近平同志指出，领导干部工作上要大胆开拓，用权上则要谨慎而行，常怀敬畏之心、戒惧之意，自觉接受纪律和法律的约束。有了监督，领导干部就可以在自律的同时再加上一把保险锁。不要以为组织监督、群众监督、舆论监督是对自己不信任，是跟自己过不去。如果排斥监督，一意孤行，出了问题，犯了错误，是谁跟谁过不去呢？还不是因为拒绝组织和群众的监督与帮助而自取其咎！在党内生活和党的工作中，领导干部要大力发扬民主，切实尊重和维护广大党员的知情权、参与权、选举权、监督权，鼓励广大党员讲真话、讲实话，坚决反对上下级和干部之间逢迎讨好、相互吹捧，坚决反对党内生活庸俗化，坚决反对搞"一言堂"、个人专断。"一把手"还要注意，不要把自己身边的人都搞得唯命是从。领导干部要敢于坚持原则，严肃地而不是敷衍地进行批评和自我批评，勇于坚持真理、修正错误，推动党内生活真正形成和保持是非功过分明和团结向上的风气。

习近平同志嘱托年轻干部："要守住权力关，始终保持对权力的敬畏

---

① 习近平：《努力成为可堪大用能担重任的栋梁之才》，《求是》2022年第3期。

感,坚持公正用权、依法用权、为民用权、廉洁用权"①,做好人民的勤务员。

(三)树立正确的事业观,殚精竭虑干好工作

习近平同志也非常重视领导干部的事业观问题。他认为:"事业观主要是关于事业方向和事业道路的看法,决定着人们采取什么样的事业态度、遵循什么样的事业精神、追求什么样的事业目标。中国共产党人的事业观,就是为人民利益不懈奋斗,为中国特色社会主义事业不懈奋斗。"②

第一,年轻干部要有政治自信,敢于做事业的能人。中国共产党团结带领全国各族人民奋斗了整整一个世纪,从新民主主义革命到社会主义革命和社会主义建设,再到改革开放和建设中国特色社会主义现代化强国,都是党和人民的伟大事业。毫无疑问,这项伟大事业需要无数有政治自信、敢于做事业的能人。一般来说,杰出人物通常站得高些,看得远些,能够把握社会发展规律,能够预见社会发展前景,指明社会发展趋势,形成一定的理论体系或理想信念,从而能够有效地动员、组织、引导广大人民群众,勇敢地同旧事物进行斗争,为自己的理想信念去奋斗。同时,我们要充分认识到,杰出人物的创新举动往往是与现存的思想观念、规章制度、方针政策相矛盾的,甚至相违背的;因此,我们要有政治智慧和政治胆量,认真判定每一种行为举动的性质;对于符合社会发展规律、造福人民的行为,给予积极地引导和充分的支持;使整个社会形成一种人人想当能人、人人争当能人、人人愿当能人的良好氛围。

---

① 《筑牢理想信念根基树立践行正确政绩观 在新时代新征程上留下无悔的奋斗足迹》,《人民日报》2022年3月2日。
② 习近平:《领导干部要树立正确的世界观权力观事业观》,《学习时报》2010年9月6日。

第二,有政治胸怀,相信和依靠人民群众推进事业的发展。当代中国正处在全面深化改革的关键时期。改革是由问题倒逼而产生的。中国40多年改革开放的实践证明,满足人民群众的期待和愿望是社会主义改革的目标,人民群众在实践中的探索创新是推动改革不断深化的动力。当下,我国社会发展进入新常态,经济发展由高速增长阶段转向高质量发展阶段,正处在转变发展方式、优化经济结构、转换增长动力的攻关期;特别是新冠肺炎疫情的暴发,给经济社会发展和人民生活带来许多的不确定性。在这个特殊的历史时期,我们依然要相信和依靠广大人民群众。当然,改革的过程必然会遇到来自方方面面的困难,遭受来自国内外的挑战。但是,"无论遇到任何困难和挑战,只要有人民支持和参与,就没有克服不了的困难,就没有越不过的坎"①。同时,我们还要充分认识到,"全面深化改革是立足国家整体利益、根本利益、长远利益进行部署的,要注意避免合意则取、不合意则舍的倾向,破除妨碍改革发展的那些思维定势。对党和人民事业有利的,对最广大人民有利的,对实现党和国家兴旺发达、长治久安有利的,该改的就要坚定不移改,这才是对历史负责、对人民负责、对国家和民族负责"②。

第三,有政治勇气,善于学习和汲取人民群众智慧推进事业前行。在古希腊神话中,巨人安泰是地神之子,他只要身不离地,就能从大地母亲那里不断吸取力量,所向无敌;但是,只要一离开大地,他就会毫无力量。他的对手赫拉克勒斯发现了他的弱点,在一次搏斗中把他举到空中使之脱离大地母亲,并最终将他扼死。这个神话告诫我们,中国共产党人要获取推进事业前行的力量,就必须时刻保持与人民群众的血肉联系,虚心向人民群众学习,从人民群众的实践中汲取智慧,纠正自己僵化的思维方式和方法,创新或完善自己的治国理政的路线方针政策。

---

① 《习近平谈治国理政》第1卷,外文出版社2018年版,第97页。
② 《习近平谈治国理政》第1卷,外文出版社2018年版,第107页。

这也是中国共产党人百年奋斗领导革命、建设和改革取得成功的宝贵经验。毛泽东曾多次强调，我们要尊重群众的历史作用，虚心向人民群众学习，要在人民群众面前放下架子，甘当小学生。毫无疑问，我们是高高在上当群众的"官老爷"，还是俯身下来当群众的"勤务员"，这直接关系到我们党的工作作风，关系到党和人民群众的感情，关系到我们事业的成败。

习近平同志强调："领导干部树立正确事业观，很重要的是对人民群众要充满感情，对工作对事业要富于激情。激情是一种可贵的工作状态和工作品质，往往能最大限度地发挥创造潜能。人是要有一点精神的，要始终保持那么一股劲，那么一股革命热情。作为领导干部，我们都要按照科学发展观的要求满怀激情投入工作，把干事创业作为自己的天职，努力创造出无愧于党、无愧于国家、无愧于人民的业绩。"[①]他曾经给中青班的学员讲述县委书记的好榜样谷文昌实事求是为民众解决了历史问题，从而在关键时刻赢得民众的支持、保证事业顺利推进的故事。东山县是1950年5月解放的，国民党在败退台湾前从东山疯狂抓壮丁、充兵源，仅有1万多户人家的东山就被抓走了4700多名青壮年，解放时这些壮丁家属被定为"敌伪家属"，背负着极大的精神压力和生活压力。时任东山县第一区工委书记的谷文昌则认为，壮丁们是被国民党绑走的，他们的家属是受害人，建议把"敌伪家属"改成"兵灾家属"，后来上级采纳了这个建议，并决定对这些家属政治上不歧视、经济上平等对待、生活困难给予救济，孤寡老人由乡村照顾。1953年7月，国民党部队1万多人突袭东山，而我们守岛部队不过千人，兵力悬殊，但东山军民众志成城，最终取得了保卫战胜利。兵灾家属说："国民党抓走我们的亲人，共产党把我们当成亲人养。哪怕做鬼，我也愿为共产党守岛！"所以，习近平同志要求，"干部要怀着强烈的爱民、忧民、为民、惠民之心，心里要始终装着父老乡亲，想问

---

① 习近平：《领导干部要树立正确的世界观权力观事业观》，《学习时报》2010年9月6日。

题、作决策、办事情都要想一想是不是站在人民的立场上,是不是有助于解决群众的难题,是不是有利于增进人民福祉,不断增强人民群众获得感、幸福感、安全感"①。

三、确立科学的世界观、人生观、价值观

年轻干部确立什么样的政绩观、权力观、事业观,是由其世界观、人生观、价值观决定的。换句话说,一个年轻干部拥有的政绩观、权力观、事业观是其世界观、人生观、价值观在如何看待政绩、使用权力、推进事业方面的具体体现。因此,习近平同志经常谈到年轻干部的世界观、人生观和价值观问题。早在2014年五四青年节之际,他在与北京大学师生座谈会上的讲话中就提出:"要树立正确的世界观、人生观、价值观,掌握了这把总钥匙,再来看看社会万象、人生历程,一切是非、正误、主次,一切真假、善恶、美丑,自然就洞若观火、清澈明了,自然就能作出正确判断、作出正确选择。正所谓'千淘万漉虽辛苦,吹尽狂沙始到金'。"②他在2021年秋季学期中央党校(国家行政学院)中青班开班式上的讲话中再次要求,年轻干部要把世界观、人生观、价值观的"总开关拧紧了",要为大公、守大义、求大我,始终把党和人民放在心中最高位置,做一个一心为公、一身正气、一尘不染的人。习近平同志把世界观、人生观、价值观称作"总钥匙""总开关",不仅突出地强调了世界观、人生观、价值观在人生旅途和干部成长过程中的重要性,而且说明树立正确的世界观、人生观、价值观能够为领导干部树立正确的政绩观、权力观、事业观提供有效的哲学支持、人生引导和价值追求。

---

① 《在常学常新中加强理论修养 在知行合一中主动担当作为》,《人民日报》2019年3月2日。
② 《习近平谈治国理政》第1卷,外文出版社2018年版,第173页。

（一）树立正确的世界观，拓展人生格局

世界观是一个哲学问题。习近平同志明确指出："世界观是人们关于世界的总体的和根本的看法，决定着人生追求与价值取向，指导和支配着理想信念、思想境界、道德操守与行为准则，具有'总开关'、'总闸门'的作用。共产党人坚持辩证唯物主义和历史唯物主义的马克思主义世界观。"[①] 什么是哲学？不知从何时起，一说起哲学，人们首先想到的是晦涩枯燥的语言、僵化呆板的体系、高深莫测的理论，让很多人不想学习、不愿学习、不敢学习。其实，自古以来，哲学一直被看成是"爱智慧"的学问，研究哲学的人被称为"爱智慧的人"。在我国，"哲"字最早出现在《尚书·皋陶谟》："知人则哲，能官人。安民则惠，黎民怀之。"很显然，有智慧、能安民，是对统治者治理国家的根本要求。

马克思主义哲学认为，哲学是理论化、系统化的世界观，属于意识形态范畴；也就是说哲学是关于世界观的学问。世界观是人们关于世界总的看法和根本观点。看到这个定义，总有人认为，世界那么宏大，个人那么渺小，世界怎么样与个人有关系吗？世界观这个词似乎太虚幻、太缥缈、太不着边际。真的是这样吗？

网络上曾经流传一个简单却充满哲学智慧的小故事。有三个人在建筑工地上搬砖。有好事者来了，问第一个人："你在干什么？"这个人回答："我在搬砖呀！"可见在他的眼界里只有砖。好事者去问第二个人："你在干什么？"这个人的手里也抱着砖，他却回答道："我在盖一栋美丽的高楼！"可见这个人的眼界里是由一块块砖按照某种设计而建筑起来的美丽大楼。好事者又去问第三个人："你在干什么？"这个人的手里同样抱着砖，他回答道："我在建设一座亮丽的城市！"可见他的眼界里是由一幢幢美丽的大楼而形成的一座亮丽的城市。许多年过去了。好事者又来了，

---

① 习近平：《领导干部要树立正确的世界观权力观事业观》，《学习时报》2010年9月6日。

他找到第一个人,这个人依然在搬砖;他找到第二个人,这个人成为建筑设计师;他找到第三个人,这个人成为他们的领导,带领他们一起规划和建设亮丽的城市。这个故事蕴涵的哲学道理是什么?

世界观绝不是空灵的、玄虚的、无主体的概念,更不是不着边际的说教。世界观是每个人站在特定的立场上、从特定的角度对于世界的总的看法和根本观点。可以说,一个人有什么样的世界观,就决定着这个人有什么样的眼界、胸怀、理想和追求,也就决定着这个人的人生的基本格局。所以,哲学作为关于世界观的学问,其最重要的是确立人生理想和拓展人生格局。而一个人的格局是在认识、处理人和世界的关系、人与人的关系、自己的灵与肉的关系的过程之中展示出来的。所以说,学习哲学,对于年轻干部是非常有用的。李瑞环曾经说:"学点哲学,终身受益。""哲学是'明白学',许多事情只有学了哲学才能真正明白;哲学是'智慧学',学了哲学可以使人变得聪明,脑子活、眼睛亮、办法多。不学哲学,天赋再好也不能算明白人。不懂哲学的领导者就不可能是一个清醒的领导。"① 他曾回顾自己由一个普通工人一步步成长为党和国家领导人的过程,总结其中的奥秘或诀窍有两条:一是社会主义制度的产物,二是不能否认个人的努力。他说:"光靠努力还不行,还要得法,得法就是要学习哲学。我这一生对我帮助最大的就是马克思主义哲学。"哲学这门学问说来也神,你的工作越变化、越新,它显得越有用;你的地位越高、场面越大,它的作用越大;你碰到的问题越困难、越复杂,它的效力越神奇;你面对的问题越关键,它发挥的作用越关键。

(二)树立正确的人生观,为事业鞠躬尽瘁死而后已

人生观是关于人生的根本观点和看法,其根本性问题是如何理解人生的意义,如何评价人生的价值。人的生命是有限的、宝贵的。人以几乎同

---

① 李瑞环:《学哲学用哲学》(上),中国人民大学出版社2005年版,第2页。

样的方式来到人间，又以几乎同样的方式离开世界。但是，在这两点之间每个人却以自己独特的践履描绘出不同的人生曲线，从而使人生具有完全不同的价值：有的人流芳百世，有的人遗臭万年；有的人虽死犹生，有的人虽生犹死。如何理解人生的意义，规划人生的蓝图，以便更好地实现人生价值，成为人们孜孜以求且常求常新的问题。

一个人有没有价值，有多大的价值，依据什么标准进行判断？不同的阶级、不同的群体有完全不同的标准。历史上一切剥削阶级都把权力、地位或金钱作为衡量人生价值的根本标准。在等级森严的封建社会，等级地位的高低和权力的大小成为衡量人生价值的尺度；在资本主义社会，资产阶级则把占有社会财富的多寡视为评价人生价值的唯一砝码。这些观点都是剥削阶级阶级利益的反映，是极端个人主义在人生观上的表现。

毫无疑问，中国共产党的性质和宗旨，决定着中国共产党人的人生观的基本要求：树立崇高的理想信念信仰，把对崇高理想信念信仰的追求作为人生的最高价值目标；执政为民，把全心全意为广大人民群众谋利益作为评价人生价值的最高标准；把艰苦奋斗、勤俭廉政、洁身自好、荣辱不惊作为人生的基本态度；把与时俱进、求真务实、勇于探索、开拓创新作为实现人生价值的基本途径。正是因为中国共产党人有这样的人生观，才能坚持局部服从全局、自觉为大局担当；才能心怀"国之大者"，站在全局和战略的高度想问题、办事情，一切工作都要以贯彻落实党中央决策部署为前提，不能为了局部利益损害全局利益、为了暂时利益损害根本利益和长远利益；才能在作科学决策时，有战略眼光，看得远、想得深，多打大算盘、算大账，少打小算盘、算小账，善于把地区和部门的工作融入党和国家事业大棋局，做到既为一域争光、更为全局添彩；才能不计较个人恩怨得失，党的工作需要就是最高命令，哪里需要哪里去，哪里艰苦哪里去，在艰苦的环境中自觉磨砺自己，在痛苦的磨砺中快速成长起来。

（三）树立正确的价值观，坚定理想信念信仰

在现实生活当中，人们的一切活动都永恒地具有两个方面的内容指向：一方面是认识和把握世界的发展规律，知道能够怎样改造世界，为人的活动提供"物"的尺度；另一方面是认识和把握世界同人的生存发展的关系，知道应该怎样改造世界，为人的活动提供"人"的尺度。前者是追求知识、科学和真理，后者是了解需要、把握价值、实现目的。这就决定着人类的活动过程实际上是实践活动、认识活动、价值活动三者的统一。其中，实践活动的结果是改造世界，认识活动的结果是获得真理，价值活动的结果是满足人的需要、实现人的目的。由此可见，价值活动贯穿于人类认识和实践活动的全过程，甚至为人的认识和实践活动提供根据、标准或尺度。价值观就成为我们必须学习和研究的重要内容。

马克思主义哲学认为，价值是主体需要与客体属性之间的效用关系。这句话表达了三层意思：

第一，主体需要是价值得以生成的基础。价值离不开主体。没有主体及其需要，就不会有价值。可以说，主体需要是价值产生的基础，主体需要的特点构成价值活动的主要内容，主体需要的偏好成为价值评价、价值选择的内在标准，主体对需要的追求是价值追求的内在动力，主体需要的满足是价值的实现。

第二，客体具有满足主体需要的属性是价值得以生成的客观条件。价值客体作为价值主体进行价值活动的对象，其基本属性、存在状况、发展规律为价值活动提供了客观内容，制约着人们价值活动的方向和可能达到的水平，规定着人们的价值追求和实现价值追求的手段。因此，作为一个唯物主义者，在进行价值活动时同样要坚持物质第一性的原则，否则，就会陷入唯心主义。

第三，客体属性满足主体需要是价值关系得以生成的实质。这存在

三种情况：(1)客体属性能否满足主体需要决定价值的性质。客体属性能够满足主体需要，就形成正价值；客体属性不能满足主体需要，就形成零价值；客体属性不仅不能满足主体需要，而且对主体的生存和发展产生危害，就形成负价值。(2)客体满足主体不同层次的需要及其满足的程度决定价值的量。对于同一层次的需要来说，满足主体需要程度高，其价值量就大；满足主体需要程度低，其价值量就小。对于不同层次的需要来说，客体满足高层次需要和满足低层次需要的价值量是不同的。一般来说，对于低层次需要和高层次需要都没有得到满足的主体来说，能够满足其低层次需要比满足其高层次需要具有更大的价值量；如果主体的低层次需要有所满足，那么满足其高层次需要就具有更大的价值量；当然，在很多情况下，主体对于自己的需要并不是完全按照个体生存的需要来简单划分层次的，其中有着丰富而复杂的内容。(3)主体需要的"度"决定价值的极限。当主体需要的满足尚没有达到其低限时，其效用关系随着满足主体需要的程度的增加而增大；当主体需要的满足已经达到"度"时，客体属性满足主体需要的效用关系就不是简单地随着满足主体需要的量的增大而增加；相反，其价值量可能会随之减少。

从价值概念的含义中，我们可以推出一系列的问题。如谁是价值主体？有个体主体、组织主体、人民群众主体、人类主体，等等。如何看待需要？有物质需要、精神需要，现实需要、潜在需要，个人需要、人民需要，真实需要、虚假需要，等等。用什么样的方法和标准来评价价值和价值量？有个体评价、社会评价，功利评价、道德评价、审美评价、学术评价，生产关系标准、生产力标准，等等。坚持什么样的基本原则来进行价值选择？如何确立社会的价值取向？如何进行价值分类？如何进行价值创造？……对这些问题的基本看法和根本观念，就是价值观。

价值观能够为人们提供行动方向和内在动力，其最高的境界是为人们确立崇高的理想信念信仰。这是因为，价值观具有社会规范功能，规定着价值主体所进行的价值评价、价值选择、价值创造等活动,成为价值主体从事一切社会活动的内在尺度;价值观具有社会定向功能,通过设立社会价值理想,引导社会成员把自己的价值追求与社会价值理想相协调,进而认同社会价值理想,并自觉为之奋斗;价值观具有内在驱动功能,即通过价值主体对价值理想的追求,以激发个体价值主体的内在或潜在的各种能力,并使之产生并保持从事价值活动的热情,保证社会充满蓬勃发展的活力。

第三章
贯彻党的群众路线 改进群众工作方法

群众路线是我们党的生命线和根本工作路线。习近平同志指出:"不论过去、现在和将来,我们都要坚持一切为了群众,一切依靠群众,从群众中来,到群众中去,把党的正确主张变为群众的自觉行动,把群众路线贯彻到治国理政全部活动之中。"① 在思想认识上解决好"我是谁、为了谁、依靠谁"的问题,需要广大年轻干部深入把握党的百年奋斗历史经验,看清楚过去我们为什么能够成功、弄明白未来我们怎样才能继续成功。

一、凝聚实现中华民族伟大复兴的磅礴力量

实现中华民族伟大复兴的中国梦,需要全体中国人民共同参与,而要汲取全体人民的智慧和力量实现中国梦的法宝就是要走好党的群众路线。新发展阶段,年轻干部要坚持人民至上,坚持全心全意为人民服务的根本宗旨,秉持以人民为中心的核心理念,在新时代新征程上把党的群众路线坚持好贯彻好,以凝聚起中华民族伟大复兴的磅礴力量。

(一)群众路线是党的生命线和根本工作路线

中国共产党根基在人民、血脉在人民、力量在人民。党的百年奋斗历

---

① 《十八大以来重要文献选编》(上),中央文献出版社2014年版,第697页。

程告诉我们，正是因为我们党坚持了群众路线，才攻克了一个又一个难关险滩，取得了一个又一个伟大胜利。《中国共产党章程》规定："党在自己的工作中实行群众路线，一切为了群众，一切依靠群众，从群众中来，到群众中去，把党的正确主张变为群众的自觉行动。"①早在1943年6月，毛泽东在《关于领导方法的若干问题》一文中，明确提出并系统阐述了"从群众中来，到群众中去"的工作方法，并强调这是在我党的一切实际工作中都必须实行的方法，是"基本的领导方法"。1945年党的七大把密切联系群众作为党的三大作风之一。邓小平高度重视人民群众的地位和作用，强调"群众是我们力量的源泉，群众路线和群众观点是我们的传家宝"②。习近平同志也一直高度重视贯彻群众路线，多次强调"群众工作是我们的看家本领，我们党靠群众工作起家，同样要靠群众工作实现长期执政"③，"无论作决策还是抓工作、促落实，都要体现宗旨意识、人民立场，都要贯彻党的群众路线"④。早在福建工作时，他就提出信访接待下基层、现场办公下基层、调查研究下基层和宣传党的方针政策下基层的"四下基层"理念，后来又提出"进万家门、知万家情、解万家忧、办万家事"的工作要求。习近平同志在纪念万里同志诞辰100周年座谈会上强调："人民立场是我们党的根本政治立场，群众路线是我们党的生命线和根本工作路线。我们要坚持一切为了人民、一切依靠人民，实现好、维护好、发展好最广大人民根本利益，充分发挥广大人民群众积极性、主动性、创造性，确保党始终同人民同呼吸、共命运、心连心，不断把为人民造福事业推向前进。"⑤

一般来说，"群众"一词泛指人民大众。在马克思、恩格斯看来，人

---

① 《改革开放三十年重要文献选编》（下），中央文献出版社2008年版，第1748页。
② 《邓小平文选》第2卷，人民出版社1994年版，第642页。
③ 《十九大以来重要文献选编》（中），中央文献出版社2021年版，第145页。
④ 《十九大以来重要文献选编》（中），中央文献出版社2021年版，第145页。
⑤ 习近平：《在纪念万里同志诞辰100周年座谈会上的讲话》，人民出版社2016年版，第11页。

民群众是指"工人和农民"。列宁认为，群众是指全体受资本剥削的劳动者，即"大多数劳动者"。斯大林正式提出群众是"全体社会主义劳动者"的概念。在中国革命建设改革的各个历史时期，群众范畴呈动态变化趋势。在新民主主义革命时期，人民群众主要指工人、农民和城市无产阶级、乡村流民等，简称"工农群众"；抗日战争时期，群众的内涵扩大为中国无产阶级、农民阶级、城市小资产阶级和其他中间阶级；新中国成立后，人民群众成为与敌人相对的政治范畴的概念；改革开放与社会主义建设新时期，群众的范畴逐步扩大到包括全体社会主义事业的劳动者、社会主义事业的建设者、拥护社会主义的爱国者、拥护祖国统一的爱国者；在中国特色社会主义新时代，群众范畴的内涵进一步扩大为"全体社会主义劳动者、社会主义事业的建设者、拥护社会主义的爱国者、拥护祖国统一和致力于中华民族伟大复兴的爱国者"[①]。这说明，党的群众路线随着时代的变化而不断发展，但始终是以维护人民群众的利益为出发点的。

群众路线是马克思主义群众史观的体现。马克思指出："历史活动是群众的活动，随着历史活动的深入，必将是群众队伍的扩大。"[②]人民群众是历史的创造者，不但创造了丰富的物质财富和精神财富，而且是社会变革的推动力量，这是马克思主义的基本观点。其一，群众路线凸显了马克思主义价值观。中国共产党人的初心和使命就是为中国人民谋幸福，为中华民族谋复兴。在中国共产党坚持初心的征程中，在不断践行群众路线过程中，必须处理好党、群众、社会环境之间的关系。正是由于牢记这个初心，中国共产党的具体目标就必须随着社会环境的变化、党自身的变化、群众的变化而不断发展变化。其二，群众路线体现了马克思主义的认识论。马克思主义认为群众是社会实践的主体，也是认识的主体。人民群众中蕴藏着无穷的智慧和力量，一切正确的理论、主张都来源于人民群众

[①]《中国共产党章程》，人民出版社2017年版，第16页。
[②]《马克思恩格斯文集》第1卷，人民出版社2009年版，第287页。

创造历史的伟大实践。要"把政治智慧的增长、治国理政本领的增强深深扎根于人民的创造性实践之中"①,并以"扩大人民有序政治参与,保证人民依法实行民主选举、民主协商、民主决策、民主管理、民主监督"②来维护人民利益,从人民群众的日常智慧中提取治国理政的宝贵经验,由此实现治国理政过程中民主决策和科学决策的统一。其三,群众路线体现了马克思主义的方法论。一切依靠群众是由马克思主义的价值观和方法论决定的。新时代所面临的错综复杂的群众需求、利益关系,要求中国共产党必须创新群众工作体制机制和方式方法;加强和改进党的群团工作,善于利用群团组织的桥梁纽带作用,组织动员广大人民群众;善于运用互联网技术和信息化手段开展工作,通过网络走群众路线;等等。通过多种方式、多种渠道联系人民群众,坚持问政于民、问需于民、问计于民。

(二)群众路线是党带领民众取得事业成功的重要法宝

《中共中央关于党的百年奋斗重大成就和历史经验的决议》指出:"党的最大政治优势是密切联系群众,党执政后的最大危险是脱离群众。"③年轻干部要始终牢记依靠人民创造历史伟业始终是中国共产党人克敌制胜、战胜任何困难的决定力量,群众路线是引领我们走向未来、取得胜利的重要法宝。

鸦片战争后,中华民族面临求得民族独立和人民解放、实现国家富强和人民幸福两大历史任务。无数仁人志士前仆后继,探索救国救民的道路,尝试种种改造中国社会的方案。这些方案虽然在一定历史条件下起到了积极作用,但最终都走向失败。其中一个深层次的原因在于这些方案都没有充分调动最广大人民群众的力量,没有赢得广大人民群众的支持和信

---

① 《十八大以来重要文献选编》(中),中央文献出版社2016年版,第76页。
② 《十九大以来重要文献选编》(上),中央文献出版社2019年版,第26页。
③ 《中共中央关于党的百年奋斗重大成就和历史经验的决议》,人民出版社2021年版,第66页。

任。中国共产党自成立之日起，就把为中国人民谋幸福、为中华民族谋复兴确立为自己的初心和使命，并进行了艰苦卓绝的斗争与探索。党的一大旗帜鲜明地把社会主义和共产主义确定为自己的奋斗目标，并坚持用革命的手段实现这个目标。党的二大制定了反帝反封建的民主革命纲领，强调党的一切运动都必须深入到广大的群众中去。党的四大提出了无产阶级在民主革命中的领导权问题与工农联盟问题，为北伐战争的胜利进军和工农群众运动的高涨打下了基础。

1927年，大革命失败后，党的八七会议得出"必须与工会农会建立密切的关系，指导他们，使党的中心工作转移到这方面去"的结论。[①]1927年10月，毛泽东在井冈山革命根据地开创了党领导之下的群众运动，开始探索群众路线。1928年6月，党的六大阐明"党的总路线是争取群众"[②]的观点。1929年9月28日，"九月来信"明确强调"关于筹款工作，亦要经过群众路线"[③]，"对于需用品可渐次做到由群众路线去找出路"[④]以解决军队的给养问题。1931年11月，中华苏维埃共和国临时政府通过的《中华苏维埃共和国宪法大纲》规定：中华苏维埃共和国实行工农兵代表大会制度，选举产生各级苏维埃政府，广泛吸收工农群众代表参加政权管理。这都体现了广大人民群众的根本利益和要求。

抗日战争时期开展的大生产运动不仅克服了根据地的困难，增强了党同人民的血肉联系，还支持了敌后的艰苦抗战。1942年开展的整风运动清理了错误的群众思想方法和作风，增强了党密切联系群众的力度。1947年，党在解放区颁布的《中国土地法大纲》公开废除封建地主土地所有制，使广大解放区人民的政治觉悟和组织程度空前提高，为人民解放战争

---

① 参见《建党以来重要文献选编（1921—1949）》第4册，中央文献出版社2011年版，第439页。
② 《建党以来重要文献选编（1921—1949）》第5册，中央文献出版社2011年版，第390页。
③ 《周恩来选集》上卷，人民出版社1980年版，第36页。
④ 《周恩来选集》上卷，人民出版社1980年版，第40页。

取得最后的胜利提供了源源不竭的人力和物力资源。

新中国成立后,为了更好地维护党的执政地位,保持党和人民群众良好关系,党有条不紊地领导全国各族人民巩固新生人民政权、医治战争创伤、恢复工农业生产,鼓励人民群众对党进行批评监督,重视人民群众的来信,组织开展党员贯彻实践群众路线的学习教育。1950年公布实施《中华人民共和国土地改革法》,从根本上解放了农村生产力,激发了广大农民的政治热情和生产积极性,促进了农业的迅速恢复和发展,为新中国的工业化开辟了道路。

从1953年开始,党通过发动群众,在群众自觉自愿基础上,以各种互助合作的形式,把以生产资料私有制为基础的个体农业经济,改造为以生产资料公有制为基础的农业合作经济,完成了对农业的社会主义改造,促进了党与人民群众的血肉联系。1954年制定的《中华人民共和国宪法》,把人民行使当家作主权利的政治制度用根本大法形式确定下来。

至1956年底,我国确立人民代表大会制度、中国共产党领导的多党合作和政治协商制度、民族区域自治制度等,不但有利于调动广大人民群众和社会各方面积极性、主动性和创造性,还为逐步实现国家富强和人民幸福提供了根本政治保障。毛泽东在《论十大关系》的报告中指出建设社会主义必须依靠群众,充分调动群众的积极性。党的八大也提出国内的主要矛盾"已经是人民对于建立先进的工业国的要求同落后的农业国的现实之间的矛盾,已经是人民对于经济文化迅速发展的需要同当前经济文化不能满足人民需要的状况之间的矛盾"。遗憾的是,党的八大形成的正确路线未能完全坚持下去,先后出现"大跃进"运动、人民公社化运动等错误,酿成十年内乱,给国家和人民带来了消极影响。

1978年党的十一届三中全会后,我们党恢复了实事求是的思想路线,继续坚持群众路线。1980年,党的十一届五中全会制定的《关于党内政治生活的若干准则》规定,为了保持党和广大人民群众的密切联系，必须采取自下而上和自上而下相结合、党内和党外相结合的方法，加强党组织和群众对党的领导干部和党员的监督。要监督他们是不是密切联系群众和为人民谋利益。各级领导干部要定期听取党员和群众的意见和评论，各级党组织都要重视群众来信来访中对干部和党员的批评和意见。

党的十三届四中全会以后，"三个代表"重要思想指出我们党要始终代表中国最广大人民的根本利益。1990年，党的十三届六中全会通过《中共中央关于加强党同人民群众联系的决定》，要求各级领导干部必须深入基层，深入群众，扎扎实实工作，把党的路线、方针、政策落到实处。2006年，中共中央办公厅印发《关于做好党员联系和服务群众工作的意见》，要求党员联系和服务群众必须做到：尊重和维护群众的合法权益，自觉同侵害群众合法权益的行为作斗争；听取和反映群众的意见，经常深入群众，了解群众情绪，倾听群众呼声，反映群众的意愿和要求；帮助群众解决实际困难，关心群众疾苦，为群众做好事、办实事、解难事；虚心向群众学习，尊重群众的首创精神，在联系和服务群众的过程中汲取营养、经受锻炼、接受监督；要做好群众的思想政治工作。可以说，自改革开放以来，党和国家每一个战略举措的推行，每一个历史成就的获得都是在人民群众的参与下实现的。

党的十八大以来，以习近平同志为核心的党中央始终坚持人民主体地位，作出"群众路线是我们党的生命线和根本工作路线"的新论断，开启了党的群众路线的新局面。2013年6月，中国共产党开展了历史上第一次大规模的以"为民、务实、清廉"为主题的党的群众路线教育实践活动，重点是要解决形式主义、官僚主义、享乐主义、奢靡之风的突出问题，总要求是"照镜子、正衣冠、洗洗澡、治治病"。教育实践活动持续了一年零四个月，取得了积极的成效，产生了深远的影响。党的十九大明确提出，"中国共产党人的初心和使命，就是为中国人民谋幸福，为中华民族

谋复兴。这个初心和使命是激励中国共产党人不断前进的根本动力"[1]。党的十九届五中全会明确把"坚持以人民为中心"作为"十四五"时期经济社会发展必须遵循的一项原则,强调坚持人民主体地位,坚持共同富裕方向,始终做到发展为了人民、发展依靠人民、发展成果由人民共享,维护人民根本利益,激发全体人民积极性、主动性、创造性,促进社会公平,增进民生福祉,不断实现人民对美好生活的向往。2019年6月,全党开展的"不忘初心、牢记使命"主题教育的目标和要求是,保持党同人民群众的血肉联系,继续教育引导广大党员干部自觉践行党的根本宗旨,把群众观点、群众路线深深植根于思想中、具体落实到行动上,着力解决群众最关心最现实的利益问题,不断增强人民群众对党的信任和信心,筑牢党长期执政最可靠的阶级基础和群众根基,使群众路线的新局面得以巩固和拓展。2020年,在抗击新冠肺炎疫情的伟大斗争中,在党中央的领导下,广大医务工作者、武警官兵和公安民警、应急救援人员、科技和新闻工作者、企事业单位职工、工程建设者、下沉干部、社区工作者、志愿者以及广大人民群众响应国家号召,积极投身、参与到抗疫斗争中来,自觉遵守防疫规定,自发组成疫情治理共同体,赢得了这场抗疫战争的伟大胜利,在全球抗击新冠肺炎疫情的战场上可谓一枝独秀。在抗击新冠肺炎疫情过程中,我们坚持运用群众路线这一优良传统和重要法宝,坚持疫情治理的目标是为了人民群众,疫情防控的过程依靠人民群众,疫情治理成果由人民群众共享。

习近平同志指出:"共同富裕是社会主义的本质要求,是人民群众的共同期盼。我们推动经济社会发展,归根结底是要实现全体人民共同富裕。"[2]实现共同富裕是一个在动态中向前发展的过程,不可能一蹴而就,也不可能齐头并进。2021年6月,党中央出台文件,支持浙江高质量发展

---

[1] 《十九大以来重要文献选编》(上),中央文献出版社2019年版,第1页。
[2] 习近平:《扎实推进共同富裕》,《求是》2021年第20期。

建设共同富裕示范区,以浙江省为改革试点,先在一个省实现共同富裕目标,总结出一些相对可复制、可推广的经验和做法,成熟一批,推广一批,稳中求进、循序渐进,最终惠及全体人民。这些成果的取得与目标的确立都是为了群众依靠群众走党的群众路线取得的。

历史充分证明,江山就是人民,人民就是江山。在全面建设社会主义现代化国家的新征程中,我们要毫不动摇坚持以人民为中心的发展思想,始终保持同人民群众的血肉联系,凝聚起众志成城的磅礴力量,团结带领人民共同创造历史伟业。

(三)传承好党的群众路线的历史经验

正确地实行群众路线,党的事业就会取得成功;违背群众路线,党的事业和人民的利益就遭受损失。年轻干部要立足于自身实际,贯彻好党的群众路线,必须传承好党的群众路线的历史经验,在具体的实践中更好地运用好党的群众路线。

第一,坚持马克思主义群众观,不断深化党的群众路线。年轻干部必须坚持从群众中来、到群众中去,深入了解民情,充分反映民意,广泛集中民智,切实珍惜民力,不断实现民利,保证党的路线方针政策和全部工作更好地体现人民群众的利益。我们想问题办事情,都要坚持"人民拥护不拥护、人民赞成不赞成、人民高兴不高兴、人民答应不答应"的衡量尺度。凡是对人民群众有利的事情都要全力做好,凡是对人民群众不利的事情都坚决不做。年轻干部在干事创业中把群众需要作为第一选择,把群众利益放在第一位置,把群众满意作为第一标准。

第二,一切群众工作都要从群众的需要出发。年轻干部做群众工作要注意,一切为了群众的工作都要从群众的需要出发,而不是从任何良好的个人愿望出发。为群众办好事、办实事,要尊重群众意愿,量力而行,尽力而为,不要搞那些脱离实际、脱离群众、劳民伤财、吃力不讨好的东

西。党的十八大以来,党始终坚持和践行群众路线不动摇,调动人民群众创造美好生活的主观能动性,经过八年多时间的奋斗,完成了近一亿人口的脱贫任务,为共同富裕目标实现打下了坚实基础。在共同富裕新征程上,群众诉求更加复杂多样,仍旧需要我们始终坚持群众路线,尽心尽力满足群众需要。共同富裕目标的实现就是要全心全意依靠人民群众。

第三,必须坚持群众路线的领导方法。"从群众中来,到群众中去","领导和群众相结合,一般和个别相结合","再从群众中集中起来,再到群众中坚持下去"是党的群众路线的基本领导方法,是广大年轻干部必须坚持和发展的。

首先,"从群众中来、到群众中去"。只有深入群众,到群众中去,才能体察民情,听取民意。"从群众中来、到群众中去",要求年轻干部必须虚心地向人民群众学习。虚心向群众学习,实地参加群众的各项活动,在群众中去感知和获取知识、经验。群众充满智慧与力量,蕴藏着丰富的来自实践的知识、经验,只有虚心地做群众的学生,才能获得有益的知识、经验。

其次,要懂得"领导和群众相结合,一般和个别相结合"。"领导和群众相结合"实现了领导与群众之间的密切互动,发挥党员干部和群众的两种积极性。"一般和个别相结合"则是在哲学上继承了马克思主义关于矛盾的普遍性和特殊性、共性和个性原理的根本方法。年轻干部要善于从整体上分析客观事物,然后在此基础上提出一般号召,在执行中还要从个别的、具体的单位取得实际经验。

最后,坚持政策策略与群众实际相结合,既反对命令主义又反对尾巴主义。制定和实行正确的政策策略是党领导群众的基本方式,是调动群众积极性、主动性、创造性,凝聚群众力量,实现党的奋斗目标和历史使命的重要途径。但是,年轻干部在群众工作中由于过于想把群众工作做好,害了急性病,很容易不顾群众觉悟的实际状况而强制推行,就会犯命令主义的错误。同时，年轻干部在制定相关的政策和工作目标时，满足不了群众对社会发展的需求，害了慢性病，就会犯尾巴主义的错误。因此，这要求广大年轻干部"一定要每日每时关心群众利益，时刻想到自己的政策措施一定要适合当前群众的觉悟水平和当前群众的迫切要求。凡是违背这两条的，一定行不通，一定要失败"[①]。

第四，注重群众工作方法的灵活性。要深入研究和把握新形势下群众工作的新特点、新要求，在总结运用成功经验和有效做法的基础上不断创新，综合运用法律、政策、经济、行政等手段和教育、协商、疏导等方法，注意运用现代科技，提高群众工作的针对性和实效性。开展好群众工作，年轻干部还要把握好群众工作的特点，做到具体问题具体分析。主要表现在方法的因时而变、因地制宜和因人而异等方面。因时而变是指不同时代背景下，群众工作的具体形式和实施会有所不同；对于不同时期而言，群众工作方法往往具有不同的个性特点。即使对于同一时期的不同阶段而言，群众工作方法也是不同的。因地制宜是根据工作实际情况而采取的适当措施。无论是为了群众、依靠群众，还是从群众中来、到群众中去，都是需要根据实际情况制定适当措施的。在联系群众、服务群众、维护群众根本利益的过程中，面对千差万别的具体情况，在方法上要具体问题具体分析，不能千篇一律，更不能搞"一刀切"。因人而异是因工作对象的不同而采取的不同工作方法，不同的环境和不同的成长经历决定着群众的不同。所以只有坚持因人而异的个性原则，走进群众的心里，才能说服群众，从而实现发动群众引导群众的工作目标。

二、依靠人民创造历史伟业

人民群众是历史的创造者，是中华民族历史伟业的创造者，也是实现

[①] 《毛泽东文集》第8卷，人民出版社1999年版，第33页。

第二个百年奋斗目标的主体力量。新发展阶段，党的历史伟业的实现必须依靠人民群众，必须在走群众路线中实现历史伟业。

（一）人民群众是历史的创造者

马克思说，历史活动是群众的活动。历史反复证明，人民群众是历史发展和社会进步的主体力量。波澜壮阔的中华民族发展史是中国人民书写的，博大精深的中华文明是中国人民创造的，历久弥新的中华民族精神是中国人民培育的。

"政之所兴在顺民心，政之所废在逆民心。"顺应民心、赢得人民的支持与拥护是维持一个政权长期稳定最重要的基础。历史唯物主义认为，人民群众是推动人类社会历史发展的最终决定性力量，是历史的创造者和书写者，是真正的英雄。马克思、恩格斯在《共产党宣言》中指出，共产党人"没有任何同整个无产阶级的利益不同的利益"[1]，"无产阶级的运动是绝大多数人的、为绝大多数人谋利益的独立的运动"[2]。毛泽东指出，"只要我们依靠人民，坚决地相信人民群众的创造力是无穷无尽的，因而信任人民，和人民打成一片，那就任何困难也能克服"[3]。习近平同志在党史学习教育动员大会上强调："我们党来自于人民，党的根基和血脉在人民。为人民而生，因人民而兴，始终同人民在一起，为人民利益而奋斗，是我们党立党兴党强党的根本出发点和落脚点。"[4]这实质上就是强调党的群众路线是我们获得胜利的根本路线。

坚持马克思主义群众史观。马克思主义群众史观认为，人民群众是历史的创造者。个别杰出人物之所以能成为英雄，是因为他们顺应了历史发展的趋势、得到了人民群众的拥护才成为英雄，是"时势"造就了

---

[1] 《马克思恩格斯文集》第4卷，人民出版社2009年版，第3页。
[2] 《马克思恩格斯选集》第1卷，人民出版社1995年版，第283页。
[3] 《毛泽东选集》第3卷，人民出版社1991年版，第1096页。
[4] 习近平：《在党史学习教育动员大会上的讲话》，人民出版社2021年版，第15页。

"英雄"。英雄人物对历史有着巨大的推动作用,但却不可能改变历史发展的方向。人民群众才是社会历史的主体,是历史的创造者,是真正的英雄。纵览历史,古今中外,人民群众都是社会革命的主力军。始终同人民在一起,为人民利益而奋斗,是马克思主义政党同其他政党的根本区别。因此,年轻干部要以全心全意为人民服务为己任,把人民对美好生活的向往作为奋斗目标,在为人民利益的不懈奋斗中书写人生华章。

坚持党的领导与依靠人民创造历史伟业的有机统一。党和国家的各项事业、各项方针政策和工作部署,只有得到人民群众的真心支持和拥护才能得以顺利贯彻、走向成功。新发展阶段,党开启了第二个百年奋斗目标的新征程,要实现这个远大目标,就要把坚持党的领导与人民创造有机统一起来。广大年轻干部要自觉提升各项能力,充分调动人民群众的积极性、主动性、创造性。坚定不移依靠人民,扎根于人民实践提升引领人民的科学方法,不断提高党带领和依靠人民创造历史伟业的能力和成效,同人民群众一道努力奋进、共创美好。

(二)坚持人民至上走好群众路线

党的根基在人民、血脉在人民、力量在人民,人民是党执政兴国的最大底气。党代表中国最广大人民根本利益,没有任何自己特殊的利益,从来不代表任何利益集团、任何权势团体、任何特权阶层的利益,这是党立于不败之地的根本所在。只要我们始终坚持全心全意为人民服务的根本宗旨,坚持党的群众路线,始终牢记江山就是人民、人民就是江山,坚持一切为了人民、一切依靠人民,坚持为人民执政、靠人民执政,坚持发展为了人民、发展依靠人民、发展成果由人民共享,坚定不移走全体人民共同富裕道路,就一定能够领导人民夺取中国特色社会主义新的更大胜利,任何想把中国共产党同中国人民分割开来、对立起来的企图就永远不会得逞。① 这是对党的群众路线的创新性表达，也是新时期群众路线的新见解。

第一，坚持人民至上是马克思主义政党的本质要求。马克思、恩格斯在《共产党宣言》中指出："过去的一切运动都是少数人的或者为少数人谋利益的运动。无产阶级的运动是绝大多数人的、为绝大多数人谋利益的独立的运动。"② 党的十八大以来，以习近平同志为核心的党中央，面对新的时代条件和新的实践，坚持党的执政为民理念，一切工作以最广大人民群众根本利益为检验标准，创造性提出"坚持以人民为中心"的发展思想，指出："我们党来自人民、植根人民、服务人民，一旦脱离群众，就会失去生命力。"③ 党的十九大报告又把"坚持以人民为中心"上升为新时代坚持和发展中国特色社会主义的基本方略。马克思主义政党的发展始终围绕人民利益而发展，作为马克思主义执政党先进代表的中国共产党，就是要牢牢坚守全心全意为人民服务的宗旨，从思想上、情感上、工作上保持与人民群众的血肉联系，不断满足人民群众日益增长的美好生活需要。

第二，坚持人民至上，必须以最广大人民群众的根本利益为最高标准。民心是最大的政治，得民心者得天下，失民心者失天下。广大年轻干部一切工作都要以人民为中心，要看人民是否真正得到了实惠、人民生活是否真正得到了改善、人民权益是否真正得到了保障，人民群众是否有了获得感、安全感和幸福感。这就要求年轻干部要敬畏人民，有权不任性、掌权不迷失、用权不逾矩，办事有原则、举止有分寸，深怀爱民之心、恪守为民之责、善谋富民之策、多办利民之事，始终为了人民幸福不懈奋斗。年轻干部要善于从人民群众的立场思考问题，让每一项决策部署都能符合人民群众的根本利益，始终赢得人民群众的拥护和爱戴。可以看到，自党的十八大以来，中国共产党为解决人民群众关心的基本问题，确立了

---

① 《中共中央关于党的百年奋斗重大成就和历史经验的决议》，人民出版社2021年版，第66页。
② 《马克思恩格斯选集》第1卷，人民出版社1995年版，第283页。
③ 习近平：《决胜全面建成小康社会 夺取新时代中国特色社会主义伟大胜利——在中国共产党第十九次全国代表大会上的报告》，人民出版社2017年版，第66页。

以"房子是用来住"的住房制度改革方向以解决人民群众住的问题，确立了"没有全民健康，就没有全面小康"的健康方向以解决人民群众的健康问题，确立了"老有所养"的养老方向以解决养老问题，确立了"公平正义"方向大力深化收入分配制度改革以解决人民群众的社会公平问题，等等。年轻干部要继续坚持以经济建设为中心，不断提高经济发展的质量和效益，让更多的社会财富涌流，不断提高全社会的富裕程度，努力"做大蛋糕"；要深化改革收入分配体制，改革完善社会保障制度，认真"分好蛋糕"，让人民群众更多更公平地获得改革发展成果；加大对精神文明建设和公共文化的投入，为人民群众提供更多的精神食粮，让人民生活得更有自由感、尊严感。

第三，坚持人民至上的核心是尊重人民主体地位和首创精神。人民群众是社会物质文明、政治文明、精神文明、社会文明、生态文明的创造者，是党开创伟大事业的依靠力量。党的力量源于人民，党员来自人民，党政干部的根基在人民，只有时刻把人民放在心中最高位置，充分发挥人民群众的积极性、主动性和创造性，运用人民群众的智慧战胜困难，用人民群众的力量去进行斗争，才能不断创造历史伟业。要深入基层、深入群众、深入实际，了解民情、倾听民意、集中民智，最大限度调动人民的积极性、主动性和创造性，最大限度激发和汇聚人民群众创造美好生活、推动发展的强大力量。

（三）实现第二个百年奋斗目标需要更好践行群众路线

实现第二个百年奋斗目标是一个长期而艰巨的历史任务。要完成这个任务，必须把人民群众充分调动起来，使其发挥更好、更多、更大的作用。具体来说，在政治建设领域，要使人民平等参与、平等发展权利得到充分保障，法治国家、法治政府、法治社会基本建成，各方面制度更加完善，国家治理体系和治理能力现代化基本实现；在经济建设领域，要使人民生活更为宽裕，中等收入群众比例明显提高，城乡区域发展差距和居民生活水平差距显著缩小，基本公共服务均等化基本实现，全体人民共同富裕迈出坚实步伐；在文化建设领域，要使社会文明程度达到新的高度，国家文化显著增强，中华文化影响更加广泛深入；在社会建设领域，要使现代社会治理格局基本形成，社会充满活力又和谐有序；在生态文明建设领域，要使生态环境根本好转，美丽中国目标基本实现。总之，党的群众工作本领提升的目标在于，把我国建成富强民主文明和谐美丽的社会主义现代化强国，使我国物质文明、政治文明、精神文明、社会文明、生态文明全面提升，实现国家治理体系和治理能力现代化，成为综合国力和国际影响力领先的国家。那时，全体人民共同富裕基本实现，我国人民将享有更加幸福安康的生活。

三、把党的群众路线贯彻到治国理政全过程

历史证明，党的群众路线是在党的执政实践中不断丰富发展向前推进的，新发展阶段背景下，贯彻党的群众路线必须把握群众工作的特点与新变化，必须更加有效地融入人民群众、改进群众工作方法，把党的群众路线贯彻到治国理政的全过程。

（一）新时代群众工作的新特点

群众工作，是指中国共产党通过各种有效手段和方法，宣传、教育、组织和引导广大人民群众共同实现伟大目标的过程。与新民主主义革命时期和社会主义建设探索时期相比，在改革开放所带来的经济体制深刻变革、社会结构深刻变动、利益格局深刻调整、思想观念深刻变化的大背景下，伴随着大数据、互联网等技术的发展，人民群众文化素养的提高，政治参与诉求的增强，群众工作呈现出了许多新特点。

首先，群众工作对象发生深刻变化。群众工作对象变化主要体现在三方面：一是群众工作对象多元化。社会主义市场经济体制造就了群众主体的多元化，既有工人、农民，也有技术人员、管理人员，还有合同工、临时工、离退休职工等社会群体。不同的社会群体的立场、利益诉求及利益诉求的表达有着很大的差别。二是群众思想多元化。互联网的勃兴对人的思想观念的冲击前所未有，高度发达的自媒体使人民比过去更容易对政治经济活动进行自主参与、自我表达、自由选择，民众主体意识、权利意识、消费意识发生了很大变化，导致群众的差异、诉求、兴趣、心理等需求的变化越来越快。这些都是党在过去的群众工作中所不曾面对的新问题。三是利益诉求多样化。人民群众需要的多样化，涵盖了经济、政治、文化、社会、生态等诸多领域和层面的利益诉求。这使群众工作的复杂程度和难度明显加大，对如何做好群众工作提出了新挑战新要求。

其次，群众工作重点是如何应对民众诉求的多样性。当前我国社会中出现的分配不公、贫富差距、社会保障体系还不完善等问题已成为当前群众工作的重点。特别是民众诉求的多样性增添了党的群众工作的复杂性。一方面，改革开放40多年来所形成的各个社会群体的利益诉求、价值取向、表达方式等都是不一样的；另一方面，随着互联网技术的发展与社会交往的深入，民众诉求表达的方式更加多元化、多维化，民众诉求得到回应与满足的要求更加紧迫。

最后，群众工作的难点是形成全社会的价值观共识。要妥善处理好群众工作中所遇到的各种问题，解决好人民群众的利益关切，维护好人民群众的切身利益，化解群众工作中的各种突出矛盾，其难点在于引导广大人民群众形成价值观共识。因为，在日益加深的阶层分化、利益固化的过程中，在社会各种思潮的不断激荡与冲击下，出现了多元化的社会信仰、道德观念、生活方式、交往方式、价值准则，人民群众因而被分化成不同的价值群体，各个群体之间经常围绕着某些社会问题进行交锋和争论。如果不能有效引导

或控制这种交锋和争论,很可能会把整个民族撕碎,把国家搞乱。

(二)改进群众工作方法,主动融入群众

群众工作是党的一项极端重要的基础性工作,事关党的前途命运,关乎党的事业成败。群众路线是我党的生命线和根本工作路线,我们要实现中华民族伟大复兴的中国梦,必须紧紧依靠广大人民群众,充分调动最广大人民群众的积极性、主动性和创造性。党的群众工作中"老办法不管用、新办法不会用、软办法不顶用、硬办法不敢用"的问题普遍凸现。面对新情况,解决新问题,年轻干部要凝聚起人民群众干事创业的磅礴力量,就必须改进群众工作方法,主动融入人民群众。

第一,坚持以人民为中心,树立正确的群众观。树立正确的群众观,就是要践行"以人民为中心"的核心价值理念,持续改进群众工作方法,践行党的群众路线。群众路线是一切为了群众,一切依靠群众,从群众中来,到群众中去,其核心是要保持党同人民群众的血肉联系。群众路线是党的生命线和根本工作路线,贯穿于党的一切工作之中。在实现第二个百年奋斗目标的新征程上,牢牢把握人民群众对美好生活的向往,实现共同富裕目标,必须始终坚持以人民为中心的发展思想,也就是在任何情况下,都必须坚持人民主体地位,坚持立党为公、执政为民,践行全心全意为人民服务的根本宗旨,把党的群众路线贯彻到治国理政全部活动之中,把人民对美好生活的向往作为奋斗目标,依靠人民创造历史伟业。习近平同志指出:"以人民为中心的发展思想,不是一个抽象的、玄奥的概念,不能只停留在口头上、止步于思想环节,而要体现在经济社会发展各个环节。"① 不断满足人民日益增长的美好生活需要,必须把以人民为中心的发展思想贯彻到经济社会发展的方方面面,拿出新举措,付诸新实践。

---

① 习近平:《在省部级主要领导干部学习贯彻党的十八届五中全会精神专题研讨班上的讲话》,人民出版社2016年版,第24—25页。

第二，构建和谐社会，创造群众工作的良好环境。和谐社会是指整个社会系统的全面和谐，不但要实现人自身、人与人、人与社会、人与自然的和谐，还要实现经济、政治、文化、社会、生态各系统间的和谐，以及经济、政治、文化、社会、生态系统内部各子系统的和谐；更要实现社会内部各阶层、各利益群体、各领域、各行业间的和谐及其内部系统的和谐。以此，才能为群众工作的开展创造良好的环境。新发展阶段复杂的群众工作环境对广大年轻干部的群众工作本领提出了新要求。最根本的就是如何在统筹社会资源、兼顾区域特征、考虑个人实际的情况下，满足人民群众的合理需求。一方面，要努力"做大蛋糕"以增加社会公共服务的存量。广大年轻干部一定要坚持从人民关心的事情做起，从让人民满意的事情做起，既尽力而为，又量力而行，一件事接着一件事办，一年接着一年干，使人民日益增长的美好生活需要不断得到满足，从而汇聚起全体人民同心共筑中国梦的磅礴力量。另一方面，需要"分好蛋糕"以最大限度地满足人民群众的合理需求，体现"公平正义"。要多谋民生之利、多解民生之忧，在发展中补齐民生短板、促进社会公平正义，在幼有所育、学有所教、劳有所得、病有所医、老有所养、住有所居、弱有所扶上不断取得新进展，使人民获得感、幸福感、安全感更加充实、更有保障、更可持续；要着力解决好发展不平衡不充分问题，使人民群众感受到发展过程中的公平正义；切实落实好党的乡村振兴战略，让农民切实感受到党的关怀；要满足人民群众需求多元性和差异性，让广大人民群众都公平地享受到改革发展成果；要持续推进反腐倡廉工作，回应百姓关切。

第三，提升领导艺术，增强群众工作的丰富性。新发展阶段，做好群众工作，还要求年轻干部更加注重提升领导艺术，丰富群众工作内涵。一要站稳"要使群众自愿地接受党的政治主张"这个立足点。在群众工作中发挥领导艺术，不但可以使群众工作得到切实有效地落实贯彻，还能拉近与人民群众的距离，增进与人民群众的感情，巩固党与人民群众的血肉联系。年轻干部提升群众工作艺术,必须从群众工作的具体对象、场所、时机、特点出发,因地制宜、因人而异、因时而变,采用灵活多样的方式和技艺,增强群众工作的成效。特别是针对不同行业、不同阶层人民群众的需求,更要有的放矢、对症下药,切实解决好人民群众的具体问题。二要将原则性与灵活性相结合。坚持原则是为了把握大的方向,讲究策略是为了更好地坚持原则,既不能为了执行政策而强迫命令群众,也不能因迁就某些群众的错误主张而放弃原则。要避免命令主义和尾巴主义,注重将群众工作的原则性与灵活性相结合。三要注意群众工作的特殊性。对待不同的群众工作要有的放矢,年轻干部要时刻牢记把领导党组织工作与领导群众工作、把领导群众工作与参与群众活动、把满足群众合理需求与应对群众非分需要、把领导群众工作与解决不同层面群众矛盾区分开来。切实从人民群众的需要出发找到工作的切入点,切实维护好人民群众的根本利益。四要坚持对人民群众分类指导。人民群众因其民族、区域、性别、年龄、受教育程度、职业等多方面因素的影响和制约,对于国家政策的认知不可能整齐划一,总会在思想行动上存在不一致、不协调的地方。年轻干部在做群众工作时要善于抓住重点和问题症结,选择典型人物、成功模式、典型案例,善于突破一点,带动多点和全局。

第四,切实杜绝群众工作中的"四风"问题。不可否认,年轻干部在具体的群众工作中,仍然存在着形式主义、官僚主义、享乐主义、奢靡之风的"四风"问题。"四风"造成了人民群众与党离心离德,严重危害党的执政基础。"四风"问题具体表现为:一是形式主义,群众反映最突出的是追求形式、不重实效,图虚名、务虚功、工作不抓落实;二是官僚主义,群众最不满意的是办事推诿扯皮,效率低下,不作为、不负责任;三是享乐主义,基层和群众反映最多的是一些年轻干部安于现状、贪图安逸,缺乏忧患意识和创新精神;四是奢靡之风,主要是条件好了,许多方面做过头,大手大脚、铺张浪费。"四风"问题是党的群众路线的死敌大敌顽敌，一方面使党脱离群众、丧失密切联系群众的最大政治优势，另一方面使群众同党若即若离乃至离心离德，在不同程度上严重影响了党在人民群众中的良好形象，严重败坏了社会风气，长此以往，破坏了党同人民群众的血肉联系，从根本上摧毁党。"四风"问题有些源于缺乏明确的制度或制度不健全、不合理，缺乏操作性。提高制度执行力、有效性，最关键的是领导带头。制度面前人人平等，执行制度没有例外，年轻干部必须做到有令必行、有禁必止，自觉把自己摆进去、置于制度的严格约束之下，做执行制度、遵守纪律的表率。要针对制度的薄弱环节和"真空地带"，抓紧立规矩、定制度。要明确对违反制度的处罚措施，做到制度严密，让党员干部转变作风有明确的遵循。制度制定后，就要严格执行。

第五，走好党的网上群众路线。随着移动互联网在我国的普及，网民人数不断增加，网络空间日益扩大，为群众生活带来多方面的便利，网络成为群众路线的新阵地，网上群众路线成为党密切联系群众、同人民群众保持血肉联系的新形式。年轻干部要学网、懂网、用网，了解群众所思所愿，收集好想法好建议，积极回应网民关切。截至2021年12月，我国网民规模达10.32亿，网络公共空间已经成为社会公众活动的重要场所。随着传播技术发展，几乎人人都是传播者和受众，民意及其背后的利益诉求表达，也就集中到了网络。群众在网络中的表达和呼声实质上是对现实社会问题的反映和折射，同时这些利益诉求是包括经济利益、政治参与、文化生活、公平正义、生态环境等在内的多维诉求。群众工作就是要奔着人去，人在哪儿，群众路线就应该延伸到哪儿。年轻干部要通过网络走群众路线，善于运用网络了解民意、通过网络收集民情民意，解决民生难题，创新群众路线实践形式。习近平同志指出："对广大网民，要多一些包容和耐心，对建设性意见要及时吸纳，对困难要及时帮助，对不了解情况的要及时宣介，对模糊认识要及时廓清，对怨气怨言要及时化解，对错误看法要及时引导。"①对于网民们集中反映的情绪强烈的问题，就要组织力量调查研究，及时回应。要运用互联网巩固扩大群众工作阵地，进一步创新群众工作载体，发挥和利用现有党务政务网站作用，拓展联系群众、服务群众的便捷渠道。

（三）把党的群众路线贯彻到治国理政全过程

是否重视做群众工作，是否善于做群众工作，是衡量年轻干部政治上是否合格、工作上是否称职、领导能力强不强的一个基本标准。年轻干部要落实好党的群众路线，就是要看其能否把党的群众路线贯彻到治国理政的全过程中。

第一，把群众路线落实到贯彻新发展理念、建设现代化经济体系全过程。党的十九大报告指出："实现'两个一百年'奋斗目标、实现中华民族伟大复兴的中国梦，不断提高人民生活水平，必须坚定不移把发展作为党执政兴国的第一要务，坚持解放和发展社会生产力，坚持社会主义市场经济改革方向，推动经济持续健康发展。"②把群众路线贯彻到经济发展全过程，年轻干部要在经济发展的各个环节贯彻新发展理念，做到老百姓关心什么、期盼什么，就抓住什么、推进什么，通过改革发展给人民群众带来更多实惠。紧紧抓住人民最关心、最直接、最现实的利益问题，从人民群众关心的事情做起，从让人民群众满意的事情做起，使人民获得感、幸福感、安全感更加充实、更有保障、更可持续。要在深化供给侧结构性改革、加快建设创新型国家、实施乡村振兴战略、实施区域协调发展战略、加快完善社会主义市场经济体制、推动形成全面开放新格局中贯彻党的群众路线，更好地激发全社会、全体人民的创造力，努力实现更高质量、更有效率、更加公平、更可持续的发展。

---

① 《习近平谈治国理政》第2卷，外文出版社2017年版，第336页。
② 《十九大以来重要文献选编》（上），中央文献出版社2019年版，第21页。

第二，把群众路线贯彻到健全人民当家作主制度体系、发展社会主义民主政治全过程。推动中国民主政治发展就是要不断健全人民当家作主制度体系，发展社会主义民主政治。党的十九大报告指出，"发展社会主义民主政治就是要体现人民意志、保障人民权益、激发人民创造活力，用制度体系保证人民当家作主……要长期坚持、不断发展我国社会主义民主政治，积极稳妥推进政治体制改革，推进社会主义民主政治制度化、规范化、程序化，保证人民依法通过各种途径和形式管理国家事务，管理经济文化事业，管理社会事务"[①]。广大年轻干部要明白，将党的群众路线贯彻到社会主义民主政治发展的过程中，就是要不断推进坚持党的领导、人民当家作主、依法治国有机统一，加强人民当家作主制度保障，发挥社会主义协商民主重要作用，深化依法治国实践，深化机构和行政体制改革，巩固和发展爱国统一战线等方面充分调动人民群众参与民主政治建设的积极性、主动性、创造性。

第三，把群众路线贯彻到坚定文化自信、推动社会主义文化繁荣兴盛全过程。没有高度的文化自信，没有文化的繁荣兴盛，就没有中华民族伟大复兴。要坚持为人民服务，为社会主义服务，坚持百花齐放、百家争鸣，坚持创造性转化、创新性发展，不断铸就中华文化新辉煌。广大年轻干部要牢记，坚定文化自信，推动社会主义文化繁荣兴盛，必须在牢牢掌握意识形态工作领导权、培育和践行社会主义核心价值观、加强思想道德建设、繁荣发展社会主义文艺、推动文化事业和文化产业发展等方面做好统筹协调工作，而要做好这些工作的关键在于发挥广大人民群众参与文化事业的积极性，重点在于调动广大文艺工作者的主动性与创造性，为人民群众创作更加优秀的文化产品。

第四，把群众路线贯彻到保障和改善民生水平、加强和创新社会治理全过程。保障和改善民生是为了实现人民群众最直接最现实的利益问题，

[①]《十九大以来重要文献选编》（上），中央文献出版社2019年版，第25页。

是党的群众路线的最好体现。要把群众路线在社会建设领域落实好，年轻干部必须注重在优先发展教育事业、提高就业质量和人民收入水平、加强社会保障体系建设、实施健康中国战略、打造共建共治共享社会治理格局、有效维护国家安全等方面，坚持以最广大人民根本利益为最高标准，坚持把人民群众的小事当成自己的大事，从人民群众关心的事情做起，从让人民群众满意的事情做起，带领人民不断创造美好生活。

第五，把群众路线贯彻到建设美丽中国全过程。党的十九大报告指出："我们要建设的现代化是人与自然和谐共生的现代化，既要创造更多物质财富和精神财富以满足人民日益增长的美好生活需要，也要提供更多优质生态产品以满足人民日益增长的优美生态环境需要。"[①] 广大年轻干部要认识到，建设美丽中国，必须坚持和贯彻好党的群众路线，切实做到生态为民、生态惠民、生态于民。喝上干净的水、呼吸上新鲜的空气、吃上放心的食品是人民群众生存发展的基础条件，扎扎实实地解决一批人民群众反映强烈的环境违法案件，切实保障人民群众的生态环境安全。要在推进绿色发展、解决突出环境问题、加大生态系统保护力度、改革生态环境监管体制等方面做好工作，推动形成人与自然和谐发展的新格局，为人民群众美好生活的梦想安上飞翔的翅膀。

---

① 《十九大以来重要文献选编》（上），中央文献出版社2019年版，第35页

第四章
努力提高七项能力
想干事能干事干成事

2020年10月,习近平同志在中央党校(国家行政学院)中青班开班式上指出:"面对复杂形势和艰巨任务,我们要在危机中育先机、于变局中开新局,干部特别是年轻干部要提高政治能力、调查研究能力、科学决策能力、改革攻坚能力、应急处突能力、群众工作能力、抓落实能力,勇于直面问题,想干事、能干事、干成事,不断解决问题、破解难题。"① 努力提高七项能力,想干事、能干事、干成事,不仅是对广大年轻干部干事能力方面的全新要求,而且也对如何创造良好的干事氛围,能够允许广大年轻干部发挥历史主动性积极干事提出了全新要求。

一、提升执政能力,不断解决问题、破解难题

中国共产党作为执政党,需要千千万万的党员在不同的岗位上发挥作用,年轻干部是党的干部队伍的中流砥柱,其执政能力的强弱在一定程度上决定着党的执政能力的强弱。

---

① 《年轻干部要提高解决实际问题能力　想干事能干事干成事》,《人民日报》2020年10月11日。

（一）执政能力是年轻干部干事创业的保障

能力是成功地完成某种活动所必需的个性心理特征。执政能力一般指以执政党为主体、以国家权力系统为客体的执政党执掌国家政权的能力。

对于执政能力的理解是一个不断发展的过程。新中国成立前夕，毛泽东就执政党建设问题就谈到要"提高做好经济工作的本领"，否则，"我们就不能维持政权，我们就会站不住脚，我们就会要失败"①。党的十一届三中全会后，邓小平多次强调要把党的执政能力和领导水平问题同改革开放和现代化建设任务密切联系起来。他说："几百个中央委员，几千个中央和地方的高级干部，要带头钻研现代化经济建设。"②在党的十四大报告中，江泽民提出要"努力提高党的执政水平和领导水平"③问题。党的十五大报告指出："从思想上、组织上、作风上全面加强党的建设，不断提高领导水平和执政水平，不断增强拒腐防变的能力。"④2000年5月，江泽民将"不断提高党的领导水平和执政水平，提高拒腐防变和抵御风险的能力"⑤明确为"两大历史性课题"。党的十六大报告在论述加强和改进党的建设问题的六项要求时，将"加强党的执政能力建设，提高党的领导水平和执政水平"⑥作为一项重要内容，并对"执政能力"进行了概括。

习近平同志在2020年秋季学期中央党校（国家行政学院）中青班开班式上的讲话中提出新时代年轻干部要不断提高政治能力、调查研究能力、科学决策能力、改革攻坚能力、应急处突能力、群众工作能力、抓落实能

---

① 《毛泽东选集》第4卷，人民出版社1991年版，第1428—1429页。
② 《邓小平文选》第2卷，人民出版社1994年版，第153页。
③ 《江泽民文选》第1卷，人民出版社2006年版，第245页。
④ 《十五大以来重要文献选编》（上），人民出版社2000年版，第45—46页。
⑤ 《江泽民论加强和改进执政党建设（专题摘编）》，中央文献出版社、研究出版社2004年版，第98页。
⑥ 《江泽民论加强和改进执政党建设（专题摘编）》，中央文献出版社、研究出版社2004年版，第176页。

第四章
努力提高七项能力 想干事能干事干成事

力等七项能力,这七项能力不是简单地讲干部的业务才能,同时也是对干部整体素质的要求,而这种整体素质,又是党的执政能力的重要体现和主要因素。也就是说,七项能力不是单个孤立的个体,而是相互联系、互相作用的有机整体。其中政治能力是根本,调查研究能力是基础,科学决策能力是核心,改革攻坚能力是危中求机、变中纳新的不二法门,应急处突能力是考验定力、智力和魄力的试金之石,群众工作能力是关键,抓落实能力是最终的落脚点。七大执政能力相辅相成,共同构成了年轻干部必备的新时代素质,并在中国特色社会主义建设的伟大实践中转化为国家和社会治理的效能,成为推进国家治理体系和治理能力现代化的助推器。新发展阶段,年轻干部要不断用新知识、新理念武装头脑,增长才干,全面提升自己的知识储备、能力结构和综合素质,在机遇和挑战中不断提高七项能力,做到想干事、能干事、干成事,为早日实现中华民族伟大复兴的中国梦贡献自己的力量。

提升执政能力也是由年轻干部的生理心理条件所决定的。1957年,毛泽东同志对青年人说:"世界是你们的,也是我们的,但是归根结底是你们的。你们青年人朝气蓬勃,正在兴旺时期,好像早晨八九点钟的太阳。希望寄托在你们身上。"[①]习近平同志历来重视年轻干部的培养选拔工作。他强调:"培养选拔优秀年轻干部是一件大事,关乎党的命运、国家的命运、民族的命运、人民的福祉,是百年大计。"[②]年轻干部年富力强,正处于生理心理的黄金期,精力充沛、思维活跃、创新能力强,正是干事创业的关键时期。遇到问题困难和挫折也能乐观面对,积极想办法去解决问题,有敢想敢干敢闯的拼劲。年轻干部如果能够抓住这个关键期,不断努力学习提高自身的工作能力,那么一定能更有作为。

我们党是一个在拥有14亿多人口的大国长期执政的马克思主义政党。

---

① 《毛泽东年谱(1949—1976)》第3卷,中央文献出版社2013年版,第248页。
② 《习近平谈治国理政》第3卷,外文出版社2020年版,第518页。

当前，我国正处于实现中华民族伟大复兴的关键时期，面临前所未有的挑战和考验，党要团结和带领全国人民坚持和完善中国特色社会主义制度、推进国家治理体系和治理能力现代化，就必须把广大年轻干部党的执政能力和领导水平提高到更高水平。

（二）提升执政能力事关党的历史伟业

实践证明，执政环境制约着执政能力的发挥和执政绩效的提高。新发展阶段，党的执政环境出现了新的深刻变化，我国正面临世界处于百年未有之大变局与中华民族伟大复兴战略全局的大环境下，这使党面临的执政环境更加复杂多变。党的十九届五中全会指出，2021年起我国进入新发展阶段。这是在全面建成小康社会、实现第一个百年奋斗目标之后，全面建设社会主义现代化国家、向第二个百年奋斗目标进军的发展阶段。从更大的时空范围看，这个新发展阶段是我国社会主义初级阶段整个历史进程中一个不同寻常的发展阶段。习近平同志强调："谋划和推进党和国家各项工作，必须深入分析和准确判断当前世情国情党情。"①"分析国际国内形势，既要看到成绩和机遇，更要看到短板和不足、困难和挑战，看到形势发展变化给我们带来的风险，从最坏处着眼，做最充分的准备，朝好的方向努力，争取最好的结果。"②因此，全党必须对我们面临的世情国情党情有着清醒的认识，决不能因为中国特色社会主义建设取得的伟大成就而沾沾自喜，忘记了使命和目标；也不能因为中国特色社会主义建设面临着如此尖锐的矛盾和复杂的问题而灰心丧气，丢掉了初心和责任。

从世情看，世界正处于百年未有之大变局，中国正在走向世界舞台的中央，实现了从融入全球化向塑造全球化、从输入型现代化向辐射型现代化的转变。首先。中美两国间的较量日益激烈。随着中国的快速发展，美

---

① 《习近平谈治国理政》第2卷，外文出版社2017年版，第60页。
② 《习近平谈治国理政》第2卷，外文出版社2017年版，第60页。

国认为中国是唯一能够挑战其霸权地位的国家。舆论上，美国主流媒体炮制"中国威胁论""中国崩溃论"等论调，以企指责或唱衰中国。军事上，美国在亚太部署重兵，苦心经营"远东岛链"，试图实现对华三面包抄、海陆夹击的战略围堵和地缘威慑。经济上，美国凭借雄厚的经济实力和技术优势，频繁制造贸易摩擦，对对外贸易施加限制，不惜展开贸易战，试图阻碍中国对外发展，损害中国国家利益，干扰中国现代化进程。其次，周边国家的多边局势存在着潜在威胁和冲击。中日争端、南海南沙争端，导致冲突频发、摩擦不断。越南、印度都与中国有边界纠纷，曾发生过边界战争。最后，敌对势力蠢蠢欲动，危害国家安全和社会稳定。少数"台独""疆独""藏独"分裂势力与"法轮功"邪教组织和"海外民运"等非法组织，多方勾连，沆瀣一气，不遗余力地歪曲丑化中国，企图从民族内部否认中华民族认同。总之，我国所面临的各种外部考验更加突出、各种危险更加凸显。

从国情看，中国发展方位发生了历史性变化，我国的发展进入了新发展阶段。新发展阶段就是我国社会主义初级阶段的一个高级阶段，不但是我国社会主义初级阶段的必然环节和最后阶段，而且是实现我国社会主义初级阶段向社会主义更高阶段发展的过渡性阶段。我国社会主要矛盾已经转化为人民日益增长的美好生活需要和不平衡不充分的发展之间的矛盾。年轻干部必须认识到，我国发展阶段的变化，社会主要矛盾的变化是关系全局的历史性变化，对党和国家工作提出了许多新要求，也对年轻干部的工作提出了新要求。

从党情看，党员队伍规模在不断扩大、结构在优化、素质在提高。但是，党面临的执政考验、改革开放考验、市场经济考验、外部环境考验是长期的、复杂的、严峻的，党内存在的精神懈怠危险、能力不足危险、脱离群众危险、消极腐败危险更加尖锐地摆在全党面前。同时，还要看到中国共产党面临着诸如中等收入陷阱、制度陷阱、塔西佗陷阱和修昔底德陷

阱的制约与束缚，在某种程度上影响了党的事业的推进。

面对世情国情党情的新变化，年轻干部必须公正客观地看待世界形势和发展中遇到的各种矛盾和问题，不断提升自身执政能力，随时准备与党面临的各种风险挑战作斗争。

（三）为想干事能干事干成事提供能力支撑

总的来说，年轻干部提升执政能力的目的是为了做事，是为了推动中国特色社会主义事业不断向前发展。因而，提升执政能力，为年轻干部想干事能干事干成事提供能力支撑，是做好当前工作的迫切要求。

第一，想干事能干事干成事彰显年轻干部的执政能力。想干事能干事干成事，是党和人民群众的期盼，也是年轻干部健康成长之必然。首先，要有想干事的状态与激情。对年轻干部来说，获得权力就要有干事的责任和使命。有的年轻干部错误地认为，有了职位就进入了晋升的安全通道，即使不干也不会影响升迁。有的年轻干部得过且过不想干事，有的年轻干部心态失衡不愿干事，有的年轻干部怕承担风险规避干事，有的年轻干部对事情因"利"择之是否干事。因此，想干事，就必须有好的精神状态，有一种对党、对人民事业高度负责的精神。其次，要有能干事的能力与胆识。想不想干事是态度问题，能不能干事则是水平问题、能力问题、胆识问题。能不能干成事则是执政环境和执政氛围的问题。但是，年轻干部要注意，干事是一个系统的推进过程。事前，搞好调研，抓好谋划，明确干事的目标、措施、要求；事中，把握住事物发展的内在规律，抓好组织协调，明确工作重点，善于发现新情况、新问题，及时地提出新对策、新办法；事后，有评价反馈，听一听群众的反映，看一看办事的效果，及进总结经验教训。最后，干成事是一种追求与效益。干成事，是想干事与能干事的综合反映。想干事而不去干、坐而论道不行；能干事而干不成、没有效果也不行。有些事，初衷虽好但动机与效果背离；有些事徒有虚表，形式大于内容；还有的事虽办了，老百姓却不满意。因而，干成事，必须使事让人民群众满意，经得起历史检验。

第二，想干事能干事干成事还要做到"不出事"。"不出事"与"想干事能干事干成事"相辅相成、不可或缺。不出事是年轻干部必须坚守的底线。有的年轻干部因失职渎职、贪污腐化等原因而出事，但无论是因何原因出事，都是执政能力上存在偏失不足，背离了党和国家执政能力的需要，从而走向了邪路。因而，必须把"不出事"作为想干事、能干事、干成事的保障，在确保"不出事"的基础上实实在在地为党和人民的事业而干事、干成事。

第三，要想干事能干事干成事"不出事"，就必须不断提升执政能力。习近平同志指出："当前，我国进入了全面建设社会主义现代化国家、向第二个百年奋斗目标进军的新征程，我们比历史上任何时期都更加接近实现中华民族伟大复兴的宏伟目标，也比历史上任何时期都更加渴求人才。"[①]中华民族伟大复兴不是仅凭一腔热血和美好愿望就可以实现的，必须付出实实在在的努力。能干事不是"莽干事"，而是会干事，这并不是仅凭一腔热情就可以做到的，而要善于掌握所从事专业领域事物发展规律的"牛鼻子"，才能成为所在领域的"专家"和"行家"，说内行话办专业事，真正做到想干事、能干事、干成事，并且"不出事"。

二、提升执政能力，筑牢党的执政基石

提升党的执政能力的关键，在于不断提升年轻干部的执政能力。因为，广大年轻干部不仅是党和国家的接班人，而且很多人已经身居重要岗位、手握相当权力。这就使得年轻干部执政能力的高低，不仅决定着党和

[①] 习近平：《深入实施新时代人才强国战略　加快建设世界重要人才中心和创新高地》，《求是》2021年第24期。

国家事业是否能长治久安,而且也决定着党的执政能力是否能适应自身事业发展的要求。执政党执政的全面性、系统性、长期性,决定着年轻干部的执政能力也是全面的、系统的,并呈现出逐步提高的过程。习近平同志从七个方面全面阐述了年轻干部的执政能力问题。

(一)政治能力是第一位的

习近平同志指出:"年轻干部要提高政治能力。在干部干好工作所需的各种能力中,政治能力是第一位的。有了过硬的政治能力,才能做到自觉在思想上政治上行动上同党中央保持高度一致,在任何时候任何情况下都能'不畏浮云遮望眼''乱云飞渡仍从容'。"[1]年轻干部要把提升政治能力放在首位,有了过硬的政治能力,其他能力才会起到正向作用,发挥更大积极效应。

习近平同志指出,政治能力是把握方向、把握大势、把握全局的能力,辨别政治是非、保持政治定力、驾驭政治局面、防范政治风险的能力。[2]这要求年轻干部要从两个方面理解政治能力的内涵。

一方面,要认识到"把握方向、把握大势、把握大局"是政治能力在战略谋划上的体现。"把握方向"的方向就是政治方向。"把握正确政治方向,坚持中国共产党领导和我国社会主义制度。在这个问题上,决不能有任何迷糊和动摇!"[3]"把握大势"要求年轻干部要有历史眼光和全球视野,懂得抓住机遇、顺势而为,善于因势利导、化危为机,更好地推动事业发展。"把握大局"要求年轻干部考虑问题要善于从"两个大局"出发,强调要以全面系统联系的观点来认识问题、分析问题、处理问题,统筹谋划各

---

[1] 《年轻干部要提高解决实际问题能力 想干事能干事干成事》,《人民日报》2020年10月11日。
[2] 参见习近平《增强推进党的政治建设的自觉性和坚定性》,《求是》2019年第14期。
[3] 《年轻干部要提高解决实际问题能力 想干事能干事干成事》,《人民日报》2020年10月11日。

项事业。

另一方面,要认识到"保持政治定力、驾驭政治局面、防范政治风险"是政治能力在工作层面上的体现。"保持政治定力"要求年轻干部在大是大非和政治原则问题上,毫不动摇、旗帜鲜明地与各种腐朽思想、不法行为和敌对势力作斗争,坚决捍卫党和人民的利益。"驾驭政治局面"要求年轻干部站在党和国家的政治大局上思考和决策,善于把控突发事件,维护安定团结的政治局面。"防范政治风险"要求年轻干部始终把维护党的政治纪律和政治规矩放在首位,坚决将各种政治隐患化解在萌芽状态,坚定不移维护党中央权威和党中央集中统一领导。现实中,仍有少数年轻党员干部在政治能力提升方面与当前形势任务需要不相适应的地方,存在政治理想不牢、政治方向不明、政治立场不稳、政治纪律不严的问题。因此,提升年轻干部的政治能力,需要从以下方面入手。

第一,坚持政治方向,把牢政治定力。习近平同志指出,年轻干部必须坚守一条,凡是有利于坚持党的领导和我国社会主义制度的事就坚定不移做,凡是不利于坚持党的领导和我国社会主义制度的事就坚决不做。①方向正,则定力稳;方向偏,则定力乱。年轻干部要坚决维护党中央权威和集中统一领导,自觉在党和国家工作大局下想问题、做工作,切实提高辨别政治是非、保持政治定力、防范政治风险的能力。

第二,要不断提高政治敏锐性和政治鉴别力,观察分析形势首先要把握政治因素,特别是要能够透过现象看本质,做到眼睛亮、见事早、行动快。年轻干部增强政治敏锐性和政治鉴别力,就要练就火眼金睛,做到"眼睛亮",在政治是非面前保持清醒的政治头脑和正确的政治方向,有效抵制腐朽思想文化和各种错误思潮的侵蚀和影响,确保改革开放和经济建设健康、顺利地发展;要明察秋毫、见微知著,做到"见事

---

① 参见《年轻干部要提高解决实际问题能力 想干事能干事干成事》,《人民日报》2020年10月11日。

早",及时发现一些潜在性、隐蔽性、苗头性问题,切实把问题和矛盾解决在萌芽状态,有效防范和化解政治风险,确保国家长治久安和人民幸福安康。

第三,提高政治能力必须对党的政治纪律和政治规矩怀有敬畏之心。年轻干部要始终把讲政治摆在首位,谋事多想政治标准、办事多想政治要求、处事多想政治影响,在贯彻执行中央决策部署上不打折扣、搞变通,决不能当"人前一套人后一套"的两面派,不能以改革创新之名自行其是,更不能背离中央要求另搞一套,要始终做到中央提倡的坚决响应,中央决定的坚决执行,中央禁止的坚决不做,确保各项决策部署落地见效。

第四,要注重提高马克思主义理论水平,学深悟透,融会贯通。首先,学习党章党规。年轻干部提升政治能力最终要体现在行动上,党章是党员干部必须遵循的根本行为规范。只有时刻对照党章,查找问题,才能不断促进年轻干部政治能力提升。其次,学习党的理论。习近平新时代中国特色社会主义思想是马克思主义中国化的最新成果。年轻干部要积极学习习近平新时代中国特色社会主义思想,同时要在学思践悟中,将理论成果转化为社会实践,为党和国家发展贡献力量。最后,学习历史。年轻干部要提升政治能力是现实政治问题,必须学好历史,特别是学习党史、新中国史、改革开放史、社会主义发展史,做到以史为鉴,走好新的长征路。

(二)调查研究能力是谋事之基成事之道

习近平同志指出:"年轻干部要提高调查研究能力。调查研究是做好工作的基本功。一定要学会调查研究,在调查研究中提高工作本领。调查研究要经常化。要坚持到群众中去、到实践中去,倾听基层干部群众所想所急所盼,了解和掌握真实情况,不能走马观花、蜻蜓点水,一得自矜、以偏概全。对调研得来的大量材料和情况,要认真研究分析,由此及

第四章 努力提高七项能力 想干事能干事干成事

彼、由表及里。对经过充分研究、比较成熟的调研成果，要及时上升为决策部署，转化为具体措施；对尚未研究透彻的调研成果，要更深入地听取意见，完善后再付诸实施；对已经形成举措、落实落地的，要及时跟踪评估，视情况调整优化。"[1]调查研究能力是指在对客观实际了解的基础上，充分掌握客观实际的历史、现状和发展趋势，从中获得某些规律性的认识，用以指导客观实际的能力。年轻干部要做好具体工作，解决具体工作中的难题、怪题、新题，克服决策部署时遇到的拍脑袋决策惯性，必须始终把调查研究作为做好工作的基本功。

第一，调查研究要"深"入人民群众。"深"，"就是要深入群众，深入基层，善于与工人、农民、知识分子和社会各界人士交朋友，到田间、厂矿、群众和各社会层面中去解决问题"[2]。年轻干部要带着问题深入群众、深入基层、深入实际，把发现问题、研究问题、解决问题作为调查研究的第一要务；坚持从群众中来、到群众中去，广泛听取群众意见，对问题既要全面掌握又要突出重点。年轻干部还要适应当今社会信息网络化的特点，拓展调研渠道、丰富调研手段、创新调研方式，学习和运用现代科学技术含量高的调研方法。

第二，调查研究要见"实"效。"实"，"就是要调查研究的作风要实，做到轻车简从，简化公务接待，不搞层层陪同，不给基层增加额外负担，真正做到听实话、摸实情、办实事"[3]。调查研究的目的是为了把"实事"搞清楚、弄明白，进而探寻事物发展的规律。调查研究要脚踏实地把从基层群众中获取来的素材，通过"去伪存真""由表及里"，变成合理化意见

---

[1] 《年轻干部要提高解决实际问题能力 想干事能干事干成事》，《人民日报》2020年10月11日。
[2] 习近平：《干在实处走在前列——推进浙江新发展的思考与实践》，中共中央党校出版社2016年版，第535页。
[3] 习近平：《干在实处走在前列——推进浙江新发展的思考与实践》，中共中央党校出版社2016年版，第535页。

和建议。要坚决克服调研报告由他人代劳，甚至让基层提交报告，把他人的作品作为自己的杰作，把他人的意见当成自己的思想等不良行为。同时，也要克服把调研报告当结果，当成资料归档搁置一边，严重违背调查研究的目的和初衷。

第三，调查研究工作要做"细"。"细"，"就是要认真听取各方面的意见，深入分析问题，掌握全面情况"①。年轻干部深入开展调查研究，就要真正把群众所思所想、真知灼见挖掘出来，面临困难和问题梳理清楚。开展调查研究不能蜻蜓点水、大而化之，也不能以偏概全。要深入到工厂、车间、地头、社区，把调查研究搞准做细。

第四，调查研究方式方法要"准"。"准"，"就是不仅要全面深入细致地了解实际情况，更要善于分析矛盾、发现问题，透过现象看本质，把握规律性的东西"②。调查研究要找准问题、有的放矢，年轻干部要把调查研究作为经常性活动，找准问题点，把调查研究贯穿于想问题、办事情、作决策的全过程，实现常态化。

第五，调查研究要有"效"果。"效"，"就是提出解决问题的办法要切实可行，制定的政策措施要有较强操作性，做到出实招，见实效"③。调查研究成果只有运用于实践、落到实处，才有意义。对比较成熟的调研成果，要及时通过法定程序，上升为国家意志；对尚未研究透彻地调研成果，要进一步获得可靠资料、深化调查研究，完善后再付诸实施；对那些已经形成举措、落实落地的，要及时跟踪评估并总结经验，为今后的调查研究提供经验借鉴。

---

① 习近平：《干在实处走在前列——推进浙江新发展的思考与实践》，中共中央党校出版社2016年版，第535页。
② 习近平：《干在实处走在前列——推进浙江新发展的思考与实践》，中共中央党校出版社2016年版，第535页。
③ 习近平：《干在实处走在前列——推进浙江新发展的思考与实践》，中共中央党校出版社2016年版，第535页。

（三）提升科学决策能力练就真功夫

习近平同志指出："做到科学决策，首先要有战略眼光，看得远、想得深。领导干部想问题、作决策，一定要对国之大者心中有数，多打大算盘、算大账，少打小算盘、算小账，善于把地区和部门的工作融入党和国家事业大棋局，做到既为一域争光、更为全局添彩。要深入研究、综合分析，看事情是否值得做、是否符合实际等，全面权衡，科学决断。作决策一定要开展可行性研究，多方听取意见，综合评判，科学取舍，使决策符合实际情况。"[①]科学决策能力就是制定正确政策的能力。科学决策是一个系统性和整体性的过程，牵涉到方方面面，必须做到全盘谋划、统筹兼顾。年轻干部要做到科学决策，在工作中既要突出重点，又要抓住主要矛盾，既要统筹全盘，又要综合平衡，以凝聚各方力量、推动工作进展、取得工作实效。

第一，把握科学决策规律。科学的决策往往是理性、宏观、果断的，这不但考验着年轻干部的水平与能力，更要求年轻干部科学掌握决策规律。科学决策要做到目标与方法的统一，既要确定目标，又要计划好实现目标的路径；科学决策要做到可能性与可行性的统一，既能看到成功的希望，又要立足现有条件量力而行；科学决策要做到定量与定性的统一，要尽量用数据进行定量分析，还要在定量分析后作出定性的结论；科学决策要做到全局与局部的统一，既要兼顾整体利益，又要兼顾局部利益。年轻干部要准确把握科学决策的客观规律，才能实现决策的科学化。

第二，掌握科学决策方法。年轻干部要进行科学决策，必须掌握几种科学决策方法：一是现状调查法。在决策之前必须经过周密的调查研究，弄清决策对象系统各要素之间的现实情况。二是对比优选法。对获得的资

---

① 《年轻干部要提高解决实际问题能力 想干事能干事干成事》，《人民日报》2020年10月11日。

料和提出的方案进行分析,结合时间、地点等因素对方案价值进行评定,权衡各类方案,从中选定最佳方案。三是全面系统分析法。把决策过程当成一个全面的系统进行研究,明确目标,寻求目标达成的途径和方法,进而选择最优方案。四是未来预测法。综合判断各类信息,对未来趋势进行预测并作出决策。年轻干部可通过学习和实践,不断掌握科学决策方法,最终实现科学决策目的。

第三,培养科学决策素养。培养科学决策素养,既要注重外在科学决策能力的提升,又要注重内在科学决策心态的养成。年轻干部要提高科学决策素养,可从以下几方面突破。一是用马克思主义立场观点方法分析解决问题。具体而言,就是用习近平新时代中国特色社会主义思想武装头脑、指导实践。年轻干部要明白,其职权范畴内管辖区域内的每一项科学决策都是对习近平新时代中国特色社会主义思想的有效贯彻落实。二是站稳人民立场。要牢记共产党人的初心和使命,坚持以人民为中心,把人民拥护不拥护、赞成不赞成、高兴不高兴、答应不答应作为衡量一切工作得失的根本标准。三是深入调查研究。年轻干部要善于学习和继承中国共产党人关于调查研究的相关论述及开展调查研究的扎实作风。习近平同志在福建工作期间,每到一地任职,就把调查研究作为开展工作的第一步,时常用一两个月的时间对所在区域进行细致的实地调研,掌握实际情况。四是积累经验。年轻干部要到改革发展的主战场、维护稳定的第一线、服务群众的最前沿,接一接"烫手山芋"、当几回"热锅上的蚂蚁",经受吃劲岗位、重要岗位的磨练,在实践中不断提高自身科学决策能力。

第四,培养科学决策情怀。年轻干部的干事创业情怀主要体现在两个方面,一个是"心怀祖国",一个是"胸怀人民"。"心怀祖国"就是开展调查研究要立足"两个大局"。年轻干部要立足于中华民族复兴战略全局与世界发展百年未有之大变局,时刻关注党中央在关心什么、强调什么,善于把握和驾驭各种风险和挑战,善于逆势而为、顺时而动,在危机中育新机,于变局中开新局。"胸怀人民"要求年轻干部开展调查研究时要做到心中装着人民群众,将人民至上理念落实到每一项具体决策和工作中。新发展阶段,我国发展不平衡不充分问题突出,人民对发展的期待、对治理水平的要求也在逐步提高。年轻干部要用好群众路线这一"法宝",坚持问题导向,想群众之所想、办群众之所需,使作出的每一项决策、制定的每一个举措,都能真正造福百姓。

(四)提高改革攻坚能力持续推进深化改革

习近平同志指出:"年轻干部要提高改革攻坚能力。面向未来,我们要全面推进党和国家各项工作,尤其是贯彻新发展理念、推动高质量发展、构建新发展格局,继续走在时代前列,仍然要以全面深化改革添动力、求突破。"[①]年轻干部提高改革攻坚能力,事关党的改革发展事业向纵深发展,要有革故鼎新、披荆斩棘的勇气和魄力,彻彻底底地将改革进行到底。

第一,"改革必须有勇气和决心,保持越是艰险越向前的刚健勇毅"[②]。改革是一场实打实动刀子、触利益的革命,必定会触动到某些阶层和集团的利益,遭受到各种挑战和阻挠。一要敢于冲破思想观念的障碍。年轻干部要勇于打破思维局限,使思想"阀门"最大限度打开,让思想活水不断奔涌,荡涤一切与新发展阶段不相适应的陈旧理念、思维定势和观念束缚,为推动改革攻坚打牢思想基础。二要敢于突破利益固化的藩篱。我国改革已经进入攻坚期和深水区,需要解决的问题格外艰巨,年轻干部要做到敢字当头、敢于担当,以"明知山有虎,偏向虎山行"的勇气,在干事创业中迎难而上,敢于对固化的利益集团、官僚集团、腐败团体动真

[①] 《年轻干部要提高解决实际问题能力 想干事能干事干成事》,《人民日报》2020年10月11日。

[②] 《年轻干部要提高解决实际问题能力 想干事能干事干成事》,《人民日报》2020年10月11日。

碰硬。

第二,"要把干事热情和科学精神结合起来,使出台的各项改革举措符合客观规律、符合工作需要、符合群众利益"①。习近平同志强调,要"坚持实事求是,就要不断推进实践基础上的理论创新"②,"只有聆听时代的声音,回应时代的呼唤,认真研究解决重大而紧迫的问题,才能真正把握住历史脉络、找到发展规律,推动理论创新"③。年轻干部必须立足我国社会主要矛盾的变化,把人民对美好生活的向往作为工作的出发点和落脚点,牢固树立为人民服务的宗旨意识,增强人民的获得感、幸福感和安全感。

第三,"改革攻坚要有正确方法,坚持创新思维,跟着问题走、奔着问题去,准确识变、科学应变、主动求变,在把握规律的基础上实现变革创新"④。改革攻坚能力是以新思路破解新问题、以新作为开创新局面的能力,其核心内容就是要"创新"。面对复杂的改革环境、艰巨的发展任务,年轻干部必须具备主动创新的能力,有挑战传统观念和固有路径的信心,抓紧机遇历练开拓创新能力,在遵循客观规律基础上充分发挥主观能动性,为改革打开局面,为群众带来利益,开创工作新局面。

第四,"要尊重群众首创精神,把加强顶层设计和坚持问计于民统一起来,从生动鲜活的基层实践中汲取智慧"⑤。习近平同志强调:"好的方针政策和发展规划都应该顺应人民意愿、符合人民所思所盼,从群众中来、到群众中去。"⑥尊重群众首创精神,必须深入群众、扎根群众,在解决思

---

① 《年轻干部要提高解决实际问题能力 想干事能干事干成事》,《人民日报》2020年10月11日。
② 《习近平谈治国理政》第1卷,外文出版社2018年版,第26页。
③ 习近平:《在哲学社会科学工作座谈会上的讲话》,人民出版社2016年版,第14页。
④ 《年轻干部要提高解决实际问题能力 想干事能干事干成事》,《人民日报》2020年10月11日。
⑤ 《年轻干部要提高解决实际问题能力 想干事能干事干成事》,《人民日报》2020年10月11日。
⑥ 习近平:《在基层代表座谈会上的讲话》,人民出版社2020年版,第3页。

想问题与解决实际问题相结合中调动人民群众的积极性、主动性、创造性，让人民群众得实惠、增信心。从生动鲜活的基层实践中汲取智慧。习近平同志指出："要把激发创新活力同凝聚奋进力量结合起来，强化激励机制，充分调动各方面推进改革的积极性、主动性、创造性，推动改革在新发展阶段打开新局面。"①新征程上，我国经济社会发展面临许多前所未有的问题，迫切需要把激发创新活力同凝聚奋进力量结合起来，把亿万人民的智慧和力量凝聚到推动经济社会发展中，汇聚到全面建设社会主义现代化国家的宏伟目标上，让基层实践的涓涓细流汇聚成推动改革创新的强大势能、强劲动能，形成改革创新活力竞相迸发、充分涌流的生动局面。

第五，"要注重增强系统性、整体性、协同性，使各项改革举措相互配合、相互促进、相得益彰"②。习近平同志指出："改革开放是一个系统工程，必须坚持全面改革，在各项改革协同配合中推进。"③全面深化改革涉及经济社会发展各领域，每一领域的改革都会牵动其他领域，也需要其他领域密切配合。经验表明，改革进入深水区、攻坚期，更要注重政策协调、整体效果，注重各项改革之间的协同联动程度。只有注重协同共进，同步推进配套改革，聚合协调共进的正能量，才能确保改革纵深推进，取得预期成效。只有更加注重改革协同配套，才能形成改革合力，产生"一加一大于二"的整体效果。

（五）提高应急处突能力防范化解各类风险

习近平同志指出："年轻干部要提高应急处突能力。预判风险是防范

---

① 习近平：《论把握新发展阶段、贯彻新发展理念、构建新发展格局》，中央文献出版社2021年版，第468页。
② 《年轻干部要提高解决实际问题能力　想干事能干事干成事》，《人民日报》2020年10月11日。
③ 《习近平谈治国理政》第1卷，外文出版社2018年版，第68页。

风险的前提,把握风险走向是谋求战略主动的关键。要增强风险意识,下好先手棋、打好主动仗,做好随时应对各种风险挑战的准备。要努力成为所在工作领域的行家里手,不断提高应急处突的见识和胆识,对可能发生的各种风险挑战,要做到心中有数、分类施策、精准拆弹,有效掌控局势、化解危机。要紧密结合应对风险实践,查找工作和体制机制上的漏洞,及时予以完善。"①提高应急处突能力是年轻干部的"必修课",是应对错综复杂的国际形势和推进国家治理现代化的必然要求,必须立足于我国所处的时代背景,对各类风险的特点及发展趋势进行合理的研究,才能有效防范化解各类风险。

首先,"预判风险是防范风险的前提,把握风险走向是谋求战略主动的关键"②。当代中国进入全面深化改革的关键时期,面临着许许多多的风险。风险的多发突发、时效性强、决策时间短、控制难度大、力量多元、协调复杂、媒体参与广、信息传播快等特点,要求年轻干部必须善于预判风险,把握战略主动。一要确立前瞻意识。年轻干部要从国家总体安全观的角度来审视应急管理各环节、各阶段的问题,把各种应急管理中所遇到的可能性都考虑在内,对国家应急管理的领域、类型、风险的程度等进行总的掌控,以便在风险发生时做到心中有数、胸中有策、手中有法。二要树立全局观念。年轻干部要善于从"两个大局"的高度出发,将应急决策、决定、预案及应急培训提升到国家治理的角度,将应急治理的要求与理念落实在具体的应急管理过程中。三要保持战略定力。年轻干部要充分认识到,在国家治理的各个环节之中,应急治理是困难最多、问题最大、争议最多的治理环节,必须始终保持强大战略定力,头脑清醒、判断准确、谋划科学、赢得主动。

---

① 《年轻干部要提高解决实际问题能力　想干事能干事干成事》,《人民日报》2020年10月11日。

② 《年轻干部要提高解决实际问题能力　想干事能干事干成事》,《人民日报》2020年10月11日。

其次,"要增强风险意识,下好先手棋、打好主动仗,做好随时应对各种风险挑战的准备"①。不打无准备之仗,在风险出现时,能够马上拿出行之有效、行之有力且又能根据风险的实际情况进行调整的预案,并及时针对风险发生的区域进行科学预警,最大限度地减少人民群众的生命与财产损失,提升领导干部应急治理的科学化水平。一要优化应急预案的制订能力。把各种可能性考虑在内,确保应急预案严密周到、科学合理,确保在风险发生时,能够按照应急预案的总体框架,结合风险的具体特点,开展应急管理工作。二要提升应急预案演练能力。针对各类应急预案进行针对性的演练,提升在具体实操中掌握应急预案的可操作性。三要扩大应急预案宣传力。在社会中形成"人人具有应急观念,人人参与应急管理,人人争做应急人员"的氛围。

再次,"要努力成为所在工作领域的行家里手,不断提高应急处突的见识和胆识,对可能发生的各种风险挑战,要做到心中有数、分类施策、精准拆弹,有效掌控局势、化解危机"②。面对突发事件,能否快速高效地对突发事件进行处置应对,是对年轻干部的见识和胆识的双重考验。

一方面,年轻干部要在提高应急处突的意识上下功夫。一要注重提升理论素养。必须以习近平新时代中国特色社会主义思想为指导,认真学习习近平同志关于总体国家安全观、公共安全、防范化解重大风险、应急管理体系和能力现代化、防灾减灾救灾、统筹发展与安全、公共卫生事件等重要论述,为提升应急处突能力奠定坚实的理论基础。二要注重积累应急管理专业知识。年轻干部要在掌握一般基础知识的基础上,努力积累应急处突专业知识,加快知识更新、优化知识结构、丰富知识储备。三要注重

---

① 《年轻干部要提高解决实际问题能力　想干事能干事干成事》,《人民日报》2020年10月11日。

② 《年轻干部要提高解决实际问题能力　想干事能干事干成事》,《人民日报》2020年10月11日。

开阔眼界、拓宽视野。年轻干部在研判、分析、解决各类突发事件时,既要着眼国内、也要着眼世界,既要着眼现实、也要着眼未来。找准自己所处的历史方位,才能准确应对和防范党和国家事业所可能面临的重大风险。

另一方面,年轻干部要在提高应急处突的能力上下功夫。一要提升临危不惧、当机立断的决断能力。对突如其来的事件,必须研判形势、作出决策、组织指挥、有效沟通,这些都是真正的实战考验。二要培养逢山开路、遇河架桥的进取精神。习近平同志指出,年轻干部"要有逢山开路、遇河架桥的精神。锐意进取,大胆探索,敢于和善于分析回答现实生活中和群众思想上迫切需要解决的问题"①。面对应急处突这场"大考",年轻干部必须具有敢闯、敢干、敢试的进取精神,战胜一切困难,取得最终胜利。三要展现敢于碰硬、敢于动真的政治勇气和责任担当。应急处突具有高负荷、高压力、高风险的特点,奉献很多、牺牲很大。年轻干部应勇于啃硬骨头、勇于涉险滩,努力提高应急处突的胆识。

最后,"要紧密结合应对风险实践,查找工作和体制机制上的漏洞,及时予以完善"②。年轻干部必须站在国家治理现代化的高度,认真对待各类风险的影响,做到以真情动人、以真理服人,既讲道理又办实事,使"了解人、关心人、帮助人、影响人、凝聚人"成为应急事件善后处置中的重要准则。一方面,要查缺补漏,健全各种应急保障机制;另一方面,要提升年轻干部的沟通协调能力。

(六)提高群众工作能力巩固党的执政基础

习近平同志指出:"年轻干部要提高群众工作能力。要坚持从群众中

---

① 《习近平谈治国理政》第1卷,外文出版社2018年版,第21页。
② 《年轻干部要提高解决实际问题能力 想干事能干事干成事》,《人民日报》2020年10月11日。

来、到群众中去,真正成为群众的贴心人。要心中有群众,时刻把群众安危冷暖放在心上,认真落实党中央各项惠民政策,把小事当作大事来办,切实解决群众'急难愁盼'的问题。要落实党中央关于逐步实现全体人民共同富裕的要求,带领群众艰苦奋斗、勤劳致富,在收入、就业、教育、社保、医保、医药卫生、住房等方面不断取得实实在在的成果。要注意宣传群众、教育群众,用群众喜闻乐见、易于接受的方法开展工作,提高群众思想觉悟,让他们心热起来、行动起来。要自觉运用法治思维和法治方式深化改革、推动发展、化解矛盾,维护社会公平正义。"[1]群众工作能力就是调动群众的积极性、主动性、创造性,动员群众参加党所领导的各项工作的能力。虽然广大年轻干部在做好群众工作中能够准确研判新形势、立足新问题、掌握新特点、提升新能力。然而,也有一些年轻干部在开展群众工作中仍然存在沟通协调能力不足、服务群众能力不足、引导掌控群众能力不足、化解矛盾能力不足的情况。因而,提升群众工作能力,必须做到以下几个方面。

第一,"要坚持从群众中来、到群众中去,真正成为群众的贴心人"[2]。一要在感情上贴近群众。年轻干部只有带着感情做群众工作,才能打开群众的"心门",群众才会把你当贴心人,有话对你说、有苦对你诉、有难向你讲,才能了解群众的真实想法。二要有接受群众批评的勇气。年轻干部要学会放下身段、接受批评,当好群众的"出气筒"。三要有能容纳群众提出不同意见的胸怀,才能把问题化解在萌芽状态、把矛盾化解在爆发之前。

第二,"要心中有群众,时刻把群众安危冷暖放在心上,认真落实党中央各项惠民政策,把小事当作大事来办,切实解决群众'急难愁盼'的

---

[1] 《年轻干部要提高解决实际问题能力 想干事能干事干成事》,《人民日报》2020年10月11日。

[2] 《年轻干部要提高解决实际问题能力 想干事能干事干成事》,《人民日报》2020年10月11日。

问题"①。一要认真地对待群众现实的、具体的利益问题。这些具体利益如果没有被认真对待,有时候可能会带来群体性事件,甚至引发犯罪,带来社会的不稳定。二要善于引导群众形成合理的利益观。年轻干部还要有高超的群众工作能力,把群众凝聚起来。在各项工作中,广大年轻干部要身先士卒、率先垂范,用群众易于接受的方法开展工作,走进群众发现问题、解决难题,充分调动人民群众战胜困难的信心和斗志。三要善于解决群众"急难愁盼"的问题。民生无小事,枝叶总关情。年轻干部把群众的事当作天大的事,把工作做到群众的心坎上,才能真正为群众办实事办好事。

第三,"要落实党中央关于逐步实现全体人民共同富裕的要求,带领群众艰苦奋斗、勤劳致富,在收入、就业、教育、社保、医保、医药卫生、住房等方面不断取得实实在在的成果"②。习近平同志指出:"共同富裕是社会主义的本质要求,是中国式现代化的重要特征。我们说的共同富裕是全体人民共同富裕,是人民群众物质生活和精神生活都富裕,不是少数人的富裕,也不是整齐划一的平均主义。"③落实好共同富裕的目标,关键的一步就是要做好基本民生保障,搞好公共服务。做好基本民生保障工作,要锚定"十四五"时期经济社会发展目标,补短板、堵漏洞、强弱项,有利于进一步统筹保障资源、强化兜底功能、提升服务能力,推进高质量发展,使发展成果更好地惠及困难群众,推进实现困难群众对美好生活的向往。年轻干部要把工作重点放在"实现巩固拓展脱贫攻坚成果同乡村振兴有效衔接""健全分层分类的社会救助体系""完善帮扶残疾人、孤儿等社会福利制度""健全老年人、残疾人关爱服务体系和设施"等方面。

第四,"要注意宣传群众、教育群众,用群众喜闻乐见、易于接受的

---

① 《年轻干部要提高解决实际问题能力　想干事能干事干成事》,《人民日报》2020年10月11日。
② 《年轻干部要提高解决实际问题能力　想干事能干事干成事》,《人民日报》2020年10月11日。
③ 《扎实推进共同富裕》,《求是》2021年第20期。

方法开展工作，提高群众思想觉悟，让他们心热起来、行动起来"①。要让人民群众乐于跟随，主动追随，年轻干部要注意群众工作方法的提升与改善。一要善于改进工作方法。既要坚持教育群众，又要做到尊重帮助群众。把人民群众当亲人，把自己当成是群众实现利益的工具。真正和人民群众融为一体，了解群众所思所想，赢得群众的理解和支持，实实在在地帮助群众提高分析问题和解决问题的能力。二要善于把群众组织起来。善于把群众组织起来，要发挥好群团组织的作用。年轻干部要争当"全心全意为人民服务宗旨的忠实践行者、党的群众路线的坚定执行者、党的群众工作的行家里手"②。三要善于发现并培养"群众领袖"。一方面，把党内的优秀人才派到群众中去，让他们首先成为群众领袖，也就成为凝聚群众力量、积累群众经验、吸收群众智慧、带领群众去实现党的意志和目标的核心力量；另一方面，培养群众中的积极分子，让他们成为群众领袖，成为党的"帮手""助力"。

第五，"要自觉运用法治思维和法治方式深化改革、推动发展、化解矛盾，维护社会公平正义"③。年轻干部要善于运用法治思维塑造社会秩序。党领导立法、保证执法、支持司法、带头守法，主要是通过各级领导干部的具体行动和工作来体现和实现的，但"一些党员、干部仍然存在人治思想和长官意识，认为依法办事条条框框多、束缚手脚，凡事都要自己说了算，根本不知道有法律存在"④。因此，年轻干部还要提升运用法治思维和法治方式深化改革、推动发展、化解矛盾、维护稳定能力，领导干部要以身作则、以上率下，就能有效化解各类矛盾，维护社会公平正义。

---

① 《年轻干部要提高解决实际问题能力 想干事能干事干成事》，《人民日报》2020年10月11日。
② 《习近平谈治国理政》第2卷，外文出版社2017年版，第309页。
③ 《年轻干部要提高解决实际问题能力 想干事能干事干成事》，《人民日报》2020年10月11日。
④ 《习近平谈治国理政》第2卷，外文出版社2017年版，第116页。

（七）提高抓落实能力把蓝图变美景

习近平同志指出："年轻干部要提高抓落实能力。干事业不能做样子，必须脚踏实地，抓工作落实要以上率下、真抓实干。特别是主要领导干部，既要带领大家一起定好盘子、理清路子、开对方子，又要做到重要任务亲自部署、关键环节亲自把关、落实情况亲自督查，不能高高在上、凌空蹈虚，不能只挂帅不出征。干事业就要有钉钉子精神，抓铁有痕、踏石留印，稳扎稳打向前走，过了一山再登一峰，跨过一沟再越一壑，不断通过化解难题开创工作新局面。"[①]年轻干部在自己的岗位上务必要以敢于迎难而上、勇于负责的实际行动干工作、抓落实。但现实中存在选择性落实、媚上化落实、形式化落实、虚假性落实等情况，使美丽的蓝图成为"空中楼阁"、绝妙的思路成了"纸上谈兵"、完善的举措难以"落地生根"。因而，提高抓落实的能力，是检验年轻干部内功的一个重要标准。

第一，必须在"实"上下苦功夫、练真功夫。坚持说实话、谋实事、出实招、求实效，才能确保党和人民事业取得成功。一要坚持说实话。讲真话是一个领导干部真理在身、正义在手和有公心、有正气的重要体现。要做到说实话，要求年轻干部对工作、对上下级、对自己、对人民群众要说实话，有一说一，不忽悠推诿。若照本宣科，说套话、空话、假话、气话、过头话、无用话，势必会影响、弱化、割断党和人民群众之间的血肉联系。二要坚持谋实事。习近平同志指出："谋事要实，就是要从实际出发谋划事业和工作，使点子、政策、方案符合实际情况、符合客观规律、符合科学精神，不好高骛远，不脱离实际。"[②]年轻干部既要有"愚公移山"的苦干精神，也要有"敢教日月换新天"的气魄，更要有"四两拨千斤"

[①]《年轻干部要提高解决实际问题能力　想干事能干事干成事》，《人民日报》2020年10月11日。

[②]《习近平谈治国理政》第1卷，外文出版社2018年版，第381页。

的巧干能力。真干才能出业绩、出威信、出形象，才能出优秀干部；只有真干事的优秀干部，才能真正赢得人民群众的信任，才会有更大的舞台服务人民。三要坚持出实招。一方面，要尊重客观实际。切实抓好牵连大事的"小事"和关系全局的"细节"，以小见大、见微知著，始终坚持细、严、紧、实。另一方面，要统筹各方。年轻干部统筹各方，必须在搞清楚情况的基础上，统筹兼顾、综合平衡，突出重点、带动全局，将抓大放小、以大见小与以小带大、小中见大有机结合起来。四要坚持求实效。年轻干部无论职位高低，都要在其位，谋其事，在工作中主动作为，切实达到落实的目标。要树立结果导向，强化责任意识，确保落实质量。

第二，抓铁有痕、踏石留印，发扬钉钉子精神。年轻干部提高贯彻落实党中央决策部署的自觉性和主动性，不等不靠，真抓实干，敢于担当，发扬钉钉子精神。

一要找准钉入点。钉入点就是要钉的位置和方向，想好往哪里"钉"，让实干的"榔头"敲得稳、敲得准、敲到位、敲到点子上，把钉子钉上，把事情办成。二要持久发力。面对落实中遇到的诸多棘手问题与困难，绝不能规避躲闪，妥协退让，找准问题所在，持续发力，不达目的绝不罢休。三要有耐心与恒心。钉钉子不会一锤定音，需要足够的耐心逐步实现，这样才能把钉子钉得更加牢固。年轻干部必须以锲而不舍的精神状态，一锤接着一锤敲，要注重"跬步"的积累。对每一项重点任务都要全过程进行把控，对每一项工作的深度、广度要考虑更全面些、更细致些，一锤一锤钉稳钉深入，才能真正把自己的工作抓实抓好。

第三，树立坚持真理、捍卫真理的大无畏作风。抓落实，还要求年轻干部树立坚持真理、捍卫真理的大无畏作风。在面临涉及根本利益，涉及个人利益与集体利益的重大抉择时，不仅考验年轻干部个人抓落实的能力，而且考验其有没有一抓到底的决心与勇气，有没有坚持落实、捍卫落实、必定落实的无畏精神，考验其对中国特色社会主义事业的坚定信心、社会主义现代化国家建设的坚定信念、对共产主义远大理想的坚定信仰。年轻干部在干事创业的最好时代中,在具体的实践工作中,必须要有坚持真理、捍卫真理的政治勇气,要有共产党人"敢教日月换新天"的浩然正气。在抓落实的实践过程中,要敢于对那些对社会主义建设事业指手画脚的人亮剑,要敢于对那些质疑、攻击党和国家路线方针政策的论调进行坚持地回应与斗争,要敢于给那些企图颠覆党和国家政权的人和行为给予坚决的回击。

三、提升执政能力,必须增强理论素养、政治品格、实践本领和专业训练

年轻干部在学习工作实践中全面提高解决实际问题的七项能力,关键是要持之以恒自觉增强理论素养、政治品格、实践本领和专业训练。

(一)增强理论素养夯实思想基石

年轻干部要成长起来,必须走好学习之路,注重理论武装。政治上的坚定、党性上的坚定都离不开理论上的坚定。要把学习习近平新时代中国特色社会主义思想作为重中之重,舍得下功夫读原著、学原文、悟原理,深刻认识和领会其重大意义和精髓要义,学会用马克思主义立场、观点、方法观察问题、分析问题、解决问题,不断深化对共产党执政规律、社会主义建设规律、人类社会发展规律的认识。年轻干部朝气蓬勃,肩负着祖国未来,只有不断加强思想淬炼,才能时刻保持清醒头脑和坚定立场,才能不断提高理论水平和实践能力,更好地完成党和人民赋予的职责使命。

培养理想信念是加强理论素养的灵魂所在。习近平同志指出,理想信念是共产党人精神上的"钙",没有理想信念,理想信念不坚定,精神上就会"缺钙",就会得"软骨病"。理想信念不会随着党龄的增长、职位的

上升而自然获得，必须经过后天不断地学习、磨练、修正、强化。这种后天的培养，主要来自三个方面：一是在学习中自我净化。重点学习马克思主义的基本原理，用马克思主义的立场、观点和方法看待历史发展的基本规律，深刻认识共产主义理想的必然性、长期性和艰巨性；学习党的革命历史，全面了解党的奋斗历程、光荣传统和优良作风，巩固马克思主义的精神家园；学习党的理论知识，不断增强道路自信、理论自信、制度自信和文化自信，不走封闭僵化的老路，也不走改旗易帜的邪路，朝着共产主义的理想阔步迈进。二是在群众工作中砥砺升华。年轻干部只有把自己融入群众，才能汲取更多的营养，长成参天大树。年轻干部作决策、办事情都要多想着群众，多到群众当中去，问政于民、问需于民、问计于民，经常地、自觉地反思责任是否尽到，决策是否符合群众利益，工作成效群众是否满意，确保各项工作始终沿着正确的方向前行。三是在监督中自我校准。自觉接受党内监督，积极参加党的组织生活，以整风精神开展批评与自我批评，纠正自己的缺点和错误，不断进步；自觉接受群众监督，把工作的评判权、监督权交给群众，积极听取各方面意见，及时补缺补位，堵塞漏洞；自觉接受舆论监督，自觉、坦诚、自然、客观地面对媒体和记者，在舆论监督中正心、正行、正言。

提升品德操守是增强理论素养的重点。年轻干部提升品德操守，就是要通过理论学习，能够把知识转化为智慧，从而做到明大德、守公德、严私德。明大德就是要掌握好马克思主义这个看家本领，站稳政治立场，坚持正确政治方向，恪守政治原则，坚守政治定力。守公德就是要恪守公权不私用的道德信条，做到执政为民、勤勉为官。严私德就是要慎独、慎始、慎微，不放纵、不逾矩，严格约束自身的操守和行为。

（二）培养高尚政治品格铸就政治忠诚

习近平同志强调，年轻干部"要自觉加强政治历练，接受严格的党内

政治生活淬炼，不断提高政治判断力、政治领悟力、政治执行力，使自己的政治能力同担任的工作职责相匹配。要立志为党分忧、为国尽责、为民奉献，勇于担苦、担难、担重、担险，以实际行动诠释对党的忠诚"①。

培育对党忠诚的政治品格。习近平同志指出："对党忠诚，是共产党人首要的政治品质。"②对党忠诚，就要严守党的政治纪律和政治规矩，始终在政治立场、政治方向、政治原则、政治道路上同党中央保持高度一致。这种一致必须是发自内心、坚定不移的，任何时候任何情况下都要站得稳、靠得住。这就要求年轻干部必须严格党内政治生活。一方面，严格组织生活。要认真贯彻党章、准则、条例的规定要求，从严格执行"三会一课"、定期向组织汇报思想、自觉交纳党费做起，使党内政治生活真正严起来、实起来。另一方面，加强思想交锋。坚持开展批评和自我批评这一有力武器，本着对组织、对同志、对自己高度负责的态度，在拉耳扯袖、红脸出汗中开展思想交锋，不断增强自身的"政治免疫力"。

培养良好的政治品格，不断提高政治判断力、政治领悟力、政治执行力。具体来说，年轻干部要做到：增强政治判断力，就要以国家政治安全为大、以人民为重、以坚持和发展中国特色社会主义为本，增强科学把握形势变化、精准识别现象本质、清醒明辨行为是非、有效抵御风险挑战的能力。增强政治领悟力，必须对党中央精神深入学习、融会贯通，坚持用党中央精神分析形势、推动工作，始终同党中央保持高度一致。对"国之大者"了然于胸，明确自己的职责定位。增强政治执行力，就是要把坚持底线思维、坚持问题导向贯穿工作始终，做到见微知著、防患于未然。要强化责任意识，知责于心、担责于身、履责于行，敢于直面问题，不回避

---

① 《立志做党光荣传统和优良作风的忠实传人　在新时代新征程中奋勇争先建功立业》，《人民日报》2021年3月2日。

② 《立志做党光荣传统和优良作风的忠实传人　在新时代新征程中奋勇争先建功立业》，《人民日报》，2021年3月2日。

矛盾，不掩盖问题，出了问题要敢于承担责任。①

（三）增强实践本领做可堪大用人才

刀在石上磨，人在事上练。年轻干部要想真正成长起来，没有捷径可走，只有在复杂严峻的斗争中经风雨、见世面、壮筋骨，才能真正锻造成烈火真金。

把基层一线作为实践锻炼的主阵地。过硬本领不是与生俱来的，不接几个"烫手的山芋"，不当几回"热锅上的蚂蚁"，是练不出过硬本领的。年轻干部只有主动到基层去、到一线去、到各种斗争中去，经受大风大浪考验，经受急事难事锻炼，才能在各种重大斗争考验面前始终保持初心、不辱使命。基层实践丰富多彩，历练执政能力就得让年轻干部懂得基层实际的复杂性，在基层增长才干。不论是政治能力、调查研究能力、科学决策能力，还是改革攻坚能力、应急处突能力、群众工作能力、抓落实能力都是在实践中不断得到考验与提升的，也只有在基层实践中经过考验的能力，才最终成长为年轻干部自身的专属能力。

把急难险重任务作为实践锻炼的集训地。疫情防控、脱贫攻坚、防污治污、防汛减灾、安全生产等改革发展的"火山口"，是练就过硬本领的磨刀石。越是艰险越向前，越是急难险重任务越需要年轻干部冲锋在前，只有这样才能使其学会处变不惊、从容应对，坚持原则、敢于斗争，熟练驾驭局面、稳妥审慎处理，磨砺出每临大事有静气的政治定力、沧海横流显本色的政治胆魄。

（四）加强专业训练提升专业水平

广大年轻干部作为党的干部队伍的主力军，作为单位上的主要领导，

---

① 参见《加强政治建设提高政治能力坚守人民情怀　不断提高政治判断力政治领悟力政治执行力》，《人民日报》2020年12月26日。

其专业水平的高低决定了其所谋划事项的推进程度,也决定了其所管理业务的专业化程度。必须注重提升专业能力与水平,推动事业的专业化发展。

自觉在专业训练上下功夫。党的十九大报告要求:"注重培养专业能力、专业精神,增强干部队伍适应新时代中国特色社会主义发展要求的能力。"① 年轻干部要努力成为岗位上的行家里手,以更高的专业能力和专业精神来迎接挑战、应对风险、破解难题。还要广泛学习经济、政治、文化、社会、生态文明以及哲学、历史、法律、科技、国防、国际等各方面知识,自觉为专业水平的提升寻求辅助。

提升专业能力培育专业精神。年轻干部要适应国际化、法治化、信息化的环境,不断提升自己的专业能力,要坚持"干什么学什么、缺什么补什么",以提升执政能力为重点,注重丰富专业知识、提升专业能力、锤炼专业作风,不断增强适应新时代发展要求的专业化能力。干事业、做工作,一定要有专业精神,做到专心、专注、专一。要把工作当事业干,干一行、爱一行、钻一行、精一行,把爱岗敬业作为一种基本素养、一种责任担当,始终保持一钻到底、专注做事的韧劲和追求卓越、一丝不苟的严谨。如此,才会持续集中精神,不断激发自身潜能;才能把工作状态调到最佳,把工作效果做到最好。

---

① 《习近平谈治国理政》第3卷,外文出版社2020年版,第50页。

第五章
破解本领恐慌难题
切实增强执政本领

中国共产党人历来重视领导干部的本领问题。党的十九大报告明确要求：“领导十三亿多人的社会主义大国，我们党既要政治过硬，也要本领高强"，并全面阐述了领导干部必须具备的八个本领，从而向全体党员干部发出了"增强本领"的动员令。2022年3月1日，习近平同志在中央党校（国家行政学院）中青班开班式上的讲话中再次强调："年轻干部要胜任领导工作，需要掌握的本领是很多的。……要坚持理论和实践相结合，注重在实践中学真知、悟真谛，加强磨练、增长本领。"[①]应该讲，全面增强本领动员令的发出，不仅为全体党员干部特别是年轻干部不断提高执政能力和执政水平指明了方向，而且为全面实现"两个一百年"奋斗目标提供了充分的执政本领保证。

一、增强执政本领体现了对执政规律认识的新境界

增强本领，最根本的是增强执政本领。习近平同志在庆祝改革开放40周年大会上的讲话中指出："前进道路上，我们必须按照新时代党的建设总要求，以政治建设为统领，不断推进党的建设新的伟大工程，不断增

[①] 《筑牢理想信念根基树立践行正确政绩观　在新时代新征程上留下无悔的奋斗足迹》，《人民日报》2022年3月2日。

强全党团结统一和创造活力,不断增强全党执政本领,把党建设得更加坚强、更加有力。"①增强执政本领说到底是提高执政主体的综合素质和执政能力;广大年轻干部作为我国干部队伍构成的主要部分,责无旁贷成为增强执政本领的主体。

(一)增强本领是年轻干部的神圣职责

全面增强党的执政本领,必须明确增强执政本领的主体。毫无疑问,中国共产党作为执政党是增强执政本领的主体。办好中国的事情,关键在党。中国共产党是中国特色社会主义事业的领导核心。中国共产党领导是中国特色社会主义最本质的特征,是中国特色社会主义制度的最大优势。党政军民学,东西南北中,党是领导一切的。中国共产党执政本领的高低,不仅决定着中国共产党的执政水平,也决定着中国特色社会主义事业的发展,决定着中华民族的兴衰。因此,只有全面增强中国共产党的执政本领,才能提高党的执政能力和执政水平,保持党的先进性和纯洁性;才能坚持以人民为中心,不断实现人民对美好生活的向往,让人民群众有更多的获得感、幸福感和安全感;才能坚定不移走中国特色社会主义道路,丰富和发展中国特色社会主义理论体系,构建和完善中国特色社会主义制度,铸就和繁荣中国特色社会主义文化;才能坚持扩大开放,不断推动共建人类命运共同体。正如习近平同志指出的:"坚决维护党中央权威和集中统一领导,把党的领导贯彻和体现到改革发展稳定、内政外交国防、治党治国治军等各个领域。改革开放每一步都不是轻而易举的,未来必定会面临这样那样的风险挑战,甚至会遇到难以想象的惊涛骇浪。我们党要总揽全局、协调各方,坚持科学执政、民主执政、依法执政,完善党的领导方式和执政方式,提高党的执政能力和领导水平,不断提高党把方向、谋大局、定政策、促改革的能力和定力,确保改革开放这艘航船沿着正确航

---

① 《习近平谈治国理政》第3卷,外文出版社2020年版,第188页。

第五章
破解本领恐慌难题　切实增强执政本领

向破浪前行。"①

中国共产党是由9500多万名党员组成的政治组织。中国共产党的执政能力和领导水平是通过无数党员干部的执政能力和领导水平来体现的，中国共产党执政本领的高低取决于广大党员干部执政本领的高低。这就决定着各级党员干部也是增强执政本领的主体。习近平同志指出："'褚小者不可以怀大，绠短者不可以汲深。'我们处在前所未有的变革时代，干着前无古人的伟大事业，如果知识不够、眼界不宽、能力不强，就会耽误事。"②因为，党和国家的路线方针政策最终是通过每一位党员干部的辛勤工作得到贯彻执行的。如果每一位党员干部的执政本领都很强，必然决定着党的执政本领也很强。反之亦然。各级党员干部本领大，我们就能干成大事；各级党员干部本领小或者没本领，我们就可能干不成大事，甚至干错事。习近平同志在中央党校建校80周年庆祝大会暨2013年春季学期开学典礼上的讲话中曾再次提出中国共产党的"本领恐慌"问题，并对年轻干部掌握本领的情况作出客观分析。他认为，从总体上看，与我们今天党和国家事业发展的要求相比，我们的本领有适应的一面，也有不适应的一面。特别是随着形势和任务不断发展，我们适应的一面正在下降，不适应的一面正在上升。如果不抓紧增强本领，久而久之，我们就难以胜任领导改革开放和社会主义现代化建设的繁重任务。很多同志有做好工作的真诚愿望，也有干劲，但缺乏新形势下做好工作的本领，面对新情况、新问题，由于不懂规律、不懂门道，缺乏知识、缺乏本领，还是习惯于用老思路老套路来应对，蛮干盲干，结果不是不对路子，就是事与愿违。"这就叫新办法不会用，老办法不管用，硬办法不敢用，软办法不顶用。"③因此，全党同志特别是年轻干部，都要有本领不够的危机感，都要努力增强本

---

① 《习近平谈治国理政》第3卷，外文出版社2020年版，第182页。
② 习近平：《努力成为可堪大用能担重任的栋梁之才》，《求是》2022年第3期。
③ 《习近平谈治国理政》第1卷，外文出版社2018年版，第403页。

领，克服本领不足、本领恐慌、本领落后的问题。习近平同志特别强调，年轻干部的本领大小不仅仅是自己的事情，而且是关乎党和国家事业发展的大事情。

（二）增强本领是中国共产党取得成功的基本经验

中国共产党的建党理论是把马克思列宁主义的建党思想与中国革命、建设和改革的实际相结合，与中国共产党建设的实际相结合，在长期的浴血奋战、艰苦斗争的过程中构建起来的。毫无疑问，要赢得奋战和斗争的胜利，就必须具备并不断增强相应的本领。因此，增强党员干部各项本领的思想，构成中国共产党建党理论的重要组成部分。

毛泽东作为中国共产党的缔造者，非常重视党的领导干部的本领问题。早在1939年5月20日，毛泽东在延安在职干部教育动员大会的讲话中提出"本领恐慌"的问题。他说："我们队伍里边有一种恐慌，不是经济恐慌，也不是政治恐慌，而是本领恐慌。"这就把"本领恐慌"与经济恐慌、政治恐慌相提并论，摆在必须及时解决的诸多问题的首位。毛泽东风趣而幽默地说："过去学的本领只有一点点，今天用一些，明天用一些，渐渐告罄了。好像一个铺子，本来东西不多，一卖就完，空空如也，再开下去就不成了，再开就一定要进货。我们干部的'进货'，就是学习本领，这是我们许多干部所迫切需要的。"[①]从这段话可以看，毛泽东十分重视党的领导干部的本领问题，充分认识到党的领导干部的本领"只有一点点"，具有深刻的忧患意识；同时，对增强党的领导干部的本领，具有十分强烈的迫切感。增强党的领导干部本领的思想，成为毛泽东建党思想的重要内容，成为中国共产党宝贵的精神财富。

党的十一届三中全会以后，中国共产党所面临的客观环境和历史条件发生了根本性的变化，党的自身状况、所面临的任务、党建所要解决的主

---

① 《毛泽东文集》第2卷，人民出版社1993年版，第178页。

要问题与战争年代和建设时期也有很大不同；特别是"文化大革命"造成了党的思想、组织、作风严重不纯。以邓小平、江泽民、胡锦涛为代表的中国共产党人洞察世界风云，科学分析时代特征，敏锐把握时代发展的脉搏，深刻总结无产阶级政党建设过程中所出现的正反两方面的经验教训，围绕着"建设一个什么样党，怎样建设党"的重大理论和实践问题进行思考，提出了一系列新观点、新论断、新举措、新本领，极大地丰富和发展中国共产党的建党理论。1989年12月，江泽民在党建理论研究班上的讲话中明确提出："我们党是执政的党，党的领导要通过执政来体现。我们必须强化执政意识，提高执政本领。"①这是新时期中国共产党人明确提出"提高执政本领"问题。党的十六大报告向全党发出号召："面对执政条件和社会环境的深刻变化，各级党委和领导干部要不辱使命、不负重托，就要适应新形势新任务的要求，在实践中掌握新知识，积累新经验，增长新本领。"②2004年9月，党的十六届四中全会通过的《中共中央关于加强党的执政能力建设的决定》指出："党的执政能力，就是党提出和运用正确的理论、路线、方针、政策和策略，领导制定和实施宪法和法律，采取科学的领导制度和领导方式，动员和组织人民依法管理国家和社会事务、经济和文化事业，有效治党治国治军，建设社会主义现代化国家的本领。"③很显然，党的执政能力在实践过程中有效地展示出来，就是本领。2005年2月19日，胡锦涛在省部级主要领导干部提高构建社会主义和谐社会能力专题研讨班上的讲话中，围绕着党的执政能力提出"六个本领"：各级党委、政府和领导干部要不断提高激发社会创造活力本领、管理社会事务本领、协调利益关系本领、处理人民内部矛盾本领、开展群众工作本领、维护社会稳定本领，把构建社会主义和谐社会要求落到实处。④他在庆祝中

---

① 《江泽民文选》第1卷，人民出版社2006年版，第92页。
② 《江泽民文选》第3卷，人民出版社2006年版，第568页。
③ 《中共中央关于加强党的执政能力建设的决定》，人民出版社2004年版，第2页。
④ 《胡锦涛文选》第2卷，人民出版社2016年版，第297页。

国共产党成立90周年大会上的讲话中指出:"每一个共产党员都要把人民放在心中最高位置,尊重人民主体地位,尊重人民首创精神,拜人民为师,把政治智慧的增长、执政本领的增强深深扎根于人民的创造性实践之中。"①这些讲话不仅揭示了党员干部增强执政本领的动力源泉,也说明党员干部增强执政本领的目的,从而初步构建起中国共产党增强执政本领的理论体系。

(三)中国特色社会主义新时代对增强执政本领提出新要求

习近平同志历来关注党政领导干部的执政本领问题。早在2005年1月31日,作为浙江省委书记,他在浙江省委保持共产党员先进性教育活动专题报告会上的讲话中,就明确提出增强八个方面的本领。其一,致力于巩固党执政的思想基础,加强理论武装和党对意识形态工作的领导,不断增强用发展着的马克思主义指导新实践的本领;其二,致力于巩固党执政的经济基础,全面推进经济强省建设,不断增强驾驭社会主义市场经济的本领;其三,致力于巩固党执政的政治基础,全面推进法治社会建设,不断增强发展社会主义民主政治的本领;其四,致力于巩固党执政的文化基础,全面推进文化大省建设,不断增强建设社会主义先进文化的本领;其五,致力于巩固党执政的社会基础,全面推进"平安浙江"建设,不断增强构建社会主义和谐社会的本领;其六,致力于巩固党执政的体制基础,健全和完善党的领导制度和领导方式,不断增强地方党委总揽全局、协调各方的本领;其七,致力于巩固党执政的组织基础,加强干部队伍建设和基层组织建设,不断增强提高自身素质和团结带领广大群众干事业的本领;其八,致力于巩固党执政的群众基础,密切党同人民群众的血肉联系,不断增强拒腐防变和抵御风险的本领。②围绕着党执政的八个基础,提

---

① 胡锦涛:《在庆祝中国共产党成立90周年大会上的讲话》,人民出版社2011年版,第15页。
② 参见习近平《干在实处,走在前列》,中共中央党校出版2013年版,第393—394页。

出必须增强的八个本领，不仅说明习近平同志非常关注增强执政本领问题，而且对增强执政本领问题的思考非常深刻、系统和全面，完整地构建起中国共产党关于增强执政本领的思想体系。

党的十八大召开之后，习近平同志作为党的总书记更加重视对增强执政本领问题的研究。2013年3月1日，在中央党校建校80周年庆祝大会暨2013年春季学期开学典礼上的讲话中，他明确提出"本领恐慌"问题，号召全党要努力增强本领、破解本领恐慌的问题。同年6月28日，习近平同志在全国组织工作会议上的讲话中提出了"怎样成长为好干部"的问题，强调"好干部除了要加强学习，还要加强实践"，"干部要深入基层、深入实际、深入群众，在改革发展的主战场、维护稳定的第一线、服务群众的最前沿砥砺品质、提高本领"[①]。2015年2月，习近平同志为第四批全国干部学习培训教材作序时指出，各级党政领导干部要努力学习各方面知识，加快知识更新，优化知识结构，拓宽眼界和视野，着力避免陷入少知而迷、不知而盲、无知而乱的困境，着力克服本领不足、本领恐慌、本领落后的问题。

党的十九大报告向全党提出"全面增强执政本领"的要求，并围绕着执政本领提出要具体增强八个本领，即学习本领、政治领导本领、改革创新本领、科学发展本领、依法执政本领、群众工作本领、狠抓落实本领、驾驭风险本领，从而构建起中国共产党人关于执政本领的理论体系。在2018年7月初召开的全国组织工作会议上，习近平同志发表重要讲话，提出"优秀年轻干部要有足够本领来接班"。党的十九届六中全会通过的《中共中央关于党的百年奋斗重大成就和历史经验的决议》强调："要源源不断培养选拔德才兼备、忠诚干净担当的高素质专业化干部特别是优秀年轻干部，教育引导广大党员、干部自觉做习近平新时代中国特色社会主义思想的坚定信仰者和忠实实践者，牢记空谈误国、实干兴邦的道理，树立

---

① 《习近平谈治国理政》第1卷，外文出版社2018年版，第417页。

不负人民的家国情怀、追求崇高的思想境界、增强过硬的担当本领。"①

广大党员干部要自觉提高增强执政本领的意识,把增强执政本领作为自己的神圣责任。习近平同志在庆祝改革开放40周年大会上告诫全党:"古人说:'事者,生于虑,成于务,失于傲。'伟大梦想不是等得来、喊得来的,而是拼出来、干出来的。我们现在所处的,是一个船到中流浪更急、人到半山路更陡的时候,是一个愈进愈难、愈进愈险而又不进则退、非进不可的时候。改革开放已走过千山万水,但仍需跋山涉水,摆在全党全国各族人民面前的使命更光荣、任务更艰巨、挑战更严峻、工作更伟大。在这个千帆竞发、百舸争流的时代,我们绝不能有半点骄傲自满、固步自封,也绝不能有丝毫犹豫不决、徘徊彷徨,必须统揽伟大斗争、伟大工程、伟大事业、伟大梦想,勇立潮头、奋勇搏击。"②建成社会主义现代化强国,实现中华民族伟大复兴,是一场接力跑,我们要一棒接着一棒跑下去,每一代人都要为下一代人跑出一个好成绩。这就要求全党和各级党员干部特别是年轻干部,必须自觉努力增强执政本领,提高党的执政能力和执政水平。

二、执政本领的基本理论和逻辑系统

当代中国共产党人关于执政本领的理论体系,为广大年轻干部增强本领提供了着力点和抓手。

(一)增强执政本领的基本理论

什么是本领?本领是和能力相类似的一个词,甚至在日常生活中经常被混用。从学术角度来说,本领与能力是有区别的。一般来说,所谓能

---

① 《中国共产党第十九届中央委员会第六次全体会议文件汇编》,人民出版社2021年版,第105页。
② 《习近平在庆祝改革开放40周年大会上的讲话》,《人民日报》2018年12月19日。

力，是社会主体在认识或实践过程中完成一项目标或任务所表现出来的综合素质的度量；一个人的能力强，就意味着其综合素质高；反之，则意味着其综合素质弱。本领也是主体的能力。但是，本领通常指主体所拥有的主要的、根本性的能力。如《朱子语类》卷十二："人之为学，千头万绪，岂可无本领"；《朱子全书》卷十二："本领若是，事事发出来皆是；本领若不是，事事皆不是也"；王守仁《传习录》卷上："若泥文逐句，不识本领，即支离决裂，工夫都无下落。"由此可见，本领是社会主体在长期的社会实践过程中所形成的，在完成一项目标或者任务的过程中所表现出来的，能够直接影响活动结果或效率的综合素质。

这个定义表明以下几个意思：

其一，本领不是主体天生就具有的，而是在长期的实践活动过程中通过学习、感悟、积淀而逐渐形成的；有没有本领，有什么样的本领，有多么高的本领，是主体一种自觉活动的结果。可以说，主体增强本领的愿望越强烈，主体本领就提高得越快，其本领就越大、越全面；主体增强本领的愿望低，主体本领就提高得慢，其本领就越小、越片面。当然，主体增强本领愿望的强烈程度，取决于主体对社会发展规律的认识、对理想信念信仰的追求、对自身所承担的历史使命的担当。所以，习近平同志对年轻干部反复强调要增强执政本领，体现了当代中国共产党人对社会主义建设规律、对执政党建设规律、对人类社会发展规律的充分认识，对共产主义远大理想和中国特色社会主义共同理想的追求，对让人民过上美好生活、实现中华民族伟大复兴的历史使命的担当，体现了新时代中国共产党人和广大年轻干部的自觉追求。

其二，主体的本领不是一维的，而是多维本领按照一定结构形成的有机系统。党的十九大通过对党和国家前途命运的深刻把握、对社会主义革命和建设实践考验教训的深刻总结、对时代潮流的深刻洞察、对人民群众期盼和需要的深刻体悟，明确提出中国共产党和各级党员干部要增强学习本领、政治领导本领、改革创新本领、科学发展本领、依法执政本领、群众工作本领、狠抓落实本领、驾驭风险本领。增强八个本领的提出,表明中国共产党对于加强党的执政能力建设的重点和难点问题的再认识,也向全体党员干部特别是年轻干部提出了全面增强执政本领的新要求,解决了新时代中国共产党人增强"什么本领"的问题,吹响了新时代中国共产党人增强执政本领的集结号。

其三,主体增强本领是一个长期的艰苦的过程,体现了合规律性与合目的性的统一。从某种意义上说,广大年轻干部在实践中磨砺成长的过程,就是自身执政本领不断增强的过程。然而,为什么有的人本领增强得快一些,能力提高得大一些,而有的人本领增强得慢一些,能力提高得小一些?其重要原因在于,增强执政本领的活动是一种自觉能动的创造性活动,这种活动不仅要遵循执政党建设所设定的尺度,按照执政党建设规律办事,还要遵循由时代要求和人民群众的诉求所设定的尺度,满足人民群众的各项需要。如果说合规律性讲的是增强执政本领的科学性,合目的性讲的则是增强执政本领的价值性。广大年轻干部在增强执政本领的过程中,必须把这两个尺度自觉地统一起来,即把遵循客观规律与实现主体目的统一起来,把增强执政本领和让人民过上美好生活的愿望统一起来。同时,我们还必须清醒地认识到,增强执政本领是一个长期的历史性过程。由于中国共产党执政要求和世情国情党情经常发生变化,我们对中国共产党执政要求和世情国情党情及其相互关系的认识也在发生变化;因此,增强执政本领只有进行式,没有完成式,增强执政本领永远在路上;广大年轻干部应该做好充分的思想准备,为增强执政本领、提高执政综合素质、完成人民所交给我们的神圣任务而不懈努力。

(二)八个本领构成执政本领有机系统

党的十九大报告围绕执政本领提出具体八个本领,在中国共产党的历史上第一次完整地构建起当代中国共产党执政本领的有机系统。

增强学习本领的具体要求是:"在全党营造善于学习、勇于实践的浓厚氛围,建设马克思主义学习型政党,推动建设学习大国。"①学习是文明传承之途、人生成长之梯、政党巩固之基、国家兴盛之要。增强学习本领是中国共产党在长期的革命建设改革实践过程中总结出来的重要经验,是中国共产党永葆青春的密码,是增强执政本领的根本路径。从某种意义上来说,中国共产党发展的历史就是学习的历史,就是不断增强学习本领的历史。习近平同志在2022年春季学期中央党校(国家行政学院)中青班开班式上的讲话中再次强调:"年轻干部要胜任领导工作,需要掌握的本领是很多的。最根本的本领是理论素养。"②

增强政治领导本领的具体要求是:"坚持战略思维、创新思维、辩证思维、法治思维、底线思维、科学制定和坚决执行党的路线方针政策,把党总揽全局、协调各方落到实处。"③政治领导本领是年轻干部掌控全局、审度大势、把握方向的综合素质,直接关系到举什么旗帜、走什么道路、建什么制度、培育什么文化的根本性问题。习近平同志在庆祝中国共产党成立100周年大会上的讲话中强调:"历史和人民选择了中国共产党。中国共产党领导是中国特色社会主义最本质的特征,是中国特色社会主义制度的最大优势,是党和国家的根本所在、命脉所在,是全国各族人民的利益所系、命运所系。"④坚持战略思维,增强总揽全局本领;坚持创新思维,增强开拓前进本领;坚持辩证思维,增强协调发展本领;坚持法治思维,

---

① 习近平:《决胜全面建成小康社会 夺取新时代中国特色社会主义伟大胜利——在中国共产党第十九次全国代表大会上的报告》,人民出版社2017年版,第68页。
② 《筑牢理想信念根基树立践行正确政绩观 在新时代新征程上留下无悔的奋斗足迹》,《人民日报》,2022年3月2日。
③ 习近平:《决胜全面建成小康社会 夺取新时代中国特色社会主义伟大胜利——在中国共产党第十九次全国代表大会上的报告》,人民出版社2017年版,第68页。
④ 习近平:《在庆祝中国共产党成立100周年大会上的讲话》,人民出版社2021年版,第10—11页。

增强依法治国本领；坚持底线思维，增强守住边界本领。增强政治领导本领，是中国共产党人在长期革命、建设和改革实践过程中总结出的成功经验，是提高党的执政能力与领导水平的核心路径。

增强改革创新本领的具体要求是："保持锐意进取的精神风貌，善于结合实际创造性推动工作，善于运用互联网技术和信息化手段开展工作。"①改革创新是时代精神的核心。增强改革创新本领，激发全体全民族的创造精神和创造活力，是中国共产党带领中国人民在新时代战胜各种风险挑战、实现中华民族伟大复兴的必由之路，是实现中国由富起来、强起来再到美起来的必然举措，更是广大年轻干部干好各项工作的必备本领。广大年轻干部要在解放思想中统一思想，增强自我超越的本领；正确判断世情国情党情，增强求真务实的本领；科学认识社会主义建设规律，增强整体推进的本领；善于把上级精神与工作实际相结合，增强解决问题的本领；运用互联网技术和信息化手段开展工作，增强应用现代技术的本领。

增强科学发展本领的具体要求是："善于贯彻新发展理念，不断开创发展新局面。"②发展是永恒的主题。中国共产党的发展史是带领全国各族人民围绕着解决发展过程中重大理论和实践问题砥砺前行的过程，是不断总结发展经验、概括发展理念、获得发展智慧、增强科学发展本领的过程。广大年轻干部增强科学发展本领，必须以五大发展理念为指导，贯彻创新发展理念，增强发展质量和效益统一的本领；贯彻协调发展理念，增强统筹兼顾发展的本领；贯彻绿色发展理念，增强人与自然和谐共生的本领；贯彻共享发展理念，增强带领人民共同富裕的本领；贯彻开放发展理念，增强合作共赢的本领。

增强依法执政本领的具体要求是："加快形成覆盖党的领导和党的建

---

① 习近平：《决胜全面建成小康社会　夺取新时代中国特色社会主义伟大胜利——在中国共产党第十九次全国代表大会上的报告》，人民出版社2017年版，第68页。

② 习近平：《决胜全面建成小康社会　夺取新时代中国特色社会主义伟大胜利——在中国共产党第十九次全国代表大会上的报告》，人民出版社2017年版，第68—69页。

设备方面的党内法规制度体系,加强和改善对国家政权机关的领导。"①俗话说:"立善法于天下,则天下治;立善法于一国,则一国治。"增强依法执政本领,是实现依法治国的必然要求。广大年轻干部要增强依法执政本领,善于运用法治思维和法治方式谋划工作、实施管理,为党和国家事业的健康发展提供根本性、长期性、全局性的制度保障;要正确处理党的政策和国家法律的关系,增强善于使党的主张通过法定程序成为国家意志的本领;构建依法执政制度体系,增强完善党内法规制度体系的本领;完善依法执政的机构建设,增强领导国家政权机关的本领;筑牢依法执政的社会基础,增强创建和谐社会的本领;组织动员人民群众坚定不移跟党走,增强群众工作引领力;善于把党的主张变成群众的自觉行动,增强群众工作组织力;创新群众工作机制和工作方法,增强群众工作科学性;推动群团组织增强政治性、先进性、群众性,增强群众工作凝聚力。

增强群众工作本领的具体要求是:"创新群众工作体制机制和方式方法,推动工会、共青团、妇联等群团组织增强政治性、先进性、群众性,发挥联系群众的桥梁纽带作用,组织动员广大人民群众坚定不移跟党走。"②增强群众工作本领,体现了依靠人民创造历史伟业的群众史观,表达了党与人民群众血肉联系的内在价值,体现了中国共产党人带领和团结亿万人民群众实现中华民族伟大复兴中国梦的坚强决心。增强群众工作本领,就是把党的群众路线贯彻到治国理政活动中,要善于组织动员人民群众坚定不移跟党走,增强群众工作引领力;善于把党的主张变成群众的自觉行动,增强群众工作组织力;善于创新群众工作机制和工作方法,增强群众工作科学性;善于推动群团组织增强政治性、先进性、群众性,增强群众工作感染力,凝聚起实现中华民族伟大复兴的磅礴力量。

---

① 习近平:《决胜全面建成小康社会 夺取新时代中国特色社会主义伟大胜利——在中国共产党第十九次全国代表大会上的报告》,人民出版社2017年版,第69页。
② 习近平:《决胜全面建成小康社会 夺取新时代中国特色社会主义伟大胜利——在中国共产党第十九次全国代表大会上的报告》,人民出版社2017年版,第69页。

增强狠抓落实本领的具体要求是:"坚持说实话、谋实事、出实招、求实效,把雷厉风行和久久为功有机结合起来,勇于攻坚克难,以钉钉子精神做实做细做好各项工作。"①古语说:"道虽迩,不行不至;事虽小,不为不成。"增强狠抓落实本领,就是要解决党的路线方针政策如何得到贯彻执行的问题。习近平同志曾给中央党校中青班学员讲述他自己狠抓落实精准扶贫的故事。他说,脱贫是贫困群众的殷切希望,也是老一辈革命家的长期愿望。如果不能做好脱贫工作,我们就对不起贫困地区的老百姓,也对不起老一辈革命家。党的十八大闭幕不久,他就到河北阜平县考察脱贫工作。党的十八大以来,他走遍14个集中连片特困地区,而且年年去、常常去,直接到贫困户看真贫、扶真贫,直接听取贫困地区干部群众意见,不断完善扶贫思路和扶贫举措,不断推进工作,带着感情去抓,带着践行宗旨的承诺去抓,最终在全党全国共同努力下打赢了脱贫攻坚战,贫困地区广大群众高兴了,老一辈革命家在九泉之下也会感到安慰。②广大年轻干部要确立狠抓落实意识,增强驾驭复杂局面、处理复杂问题的本领;要深入研究改革发展的基本规律,增强按照客观规律办事的本领;要关注改革开放的重点领域,增强抓住和解决主要矛盾的本领;要将雷厉风行与久久为攻相结合,增强落实速度与效率统一的本领;要坚持敢啃硬骨头、敢闯难关的劲头,增强攻坚克难本领:真正打造一支敢于落实、善于落实的年轻干部队伍。

增强驾驭风险本领的具体要求是:"健全各方面风险防控机制,善于处理各种复杂关系,勇于战胜前进道路上的各种艰难险阻,牢牢把握工作主动权。"③能不能驾驭风险,能驾驭多大的风险,既体现了中国共产党

---

① 习近平:《决胜全面建成小康社会 夺取新时代中国特色社会主义伟大胜利——在中国共产党第十九次全国代表大会上的报告》,人民出版社2017年版,第69页。

② 参见习近平《努力成为可堪大用能担重任的栋梁之才》,《求是》,2022年第3期。

③ 习近平:《决胜全面建成小康社会 夺取新时代中国特色社会主义伟大胜利——在中国共产党第十九次全国代表大会上的报告》,人民出版社2017年版,第69页。

人驾驭风险本领的大小,也体现了中国共产党人执政能力和执政水平的高低。因此,增强驾驭风险本领,成为当代中国共产党人增强执政本领的重要内容。习近平同志强调:"党员干部特别是领导干部要发扬历史主动精神,在机遇面前主动出击,不犹豫、不观望;在困难面前迎难而上,不推诿、不逃避;在风险面前积极应对,不畏缩、不躲闪。"[1]年轻干部要科学认识各类风险,增强识别和预测风险本领;正确把握改革开放中的各类风险,增强驾驭风险本领;集中解决各领域重大风险,增强防范重大风险本领;善于调动一切积极因素,增强处置风险本领;努力增强驾驭风险本领,牢牢把握驾驭风险主动权。

(三)八个本领之间的逻辑关系

马克思主义哲学告诉我们,所谓系统是指由相互联系、相互作用的若干要素按一定方式组成,并同周围环境相互联系、相互作用的统一体。八个本领构成执政党执政本领的八个要素,八个要素各有自己的功能和地位。

增强学习本领排在首位,是因为学习是增强执政本领的唯一途径。中国共产党人历来重视抓全党特别是领导干部的学习,这是推动党和人民事业发展的一条成功经验。在每一个重大历史转折时期,面对新形势新任务,党总是号召全党要加强学习,善于学习,善于重新学习。习近平同志曾说:"增强本领就是加强学习,既把学到的知识运用于实践,又在实践中增长解决问题的新本领。"[2]要向实践学习,提升认识世界和改造世界本领;向书本学习,提升理论与实际相结合本领;向人民学习,提升凝聚集体智慧本领;向先进文明学习,提升吸收借鉴本领;向历史学习,提升总

---

[1] 《筑牢理想信念根基树立践行正确政绩观 在新时代新征程上留下无悔的奋斗足迹》,《人民日报》2022年3月2日。

[2] 《习近平总书记重要讲话文章选编》,中央文献出版社、党建读物出版社2016年版,第31页。

结历史经验本领。

增强政治领导本领是增强执政本领的核心要求。中国共产党是个有着崇高理想信念信仰的政治组织。增强政治领导本领,是坚持和完善党的领导,永远保持党的先进性和纯洁性,提高党的执政能力和执政水平,在坚持和发展中国特色社会主义的历史进程中始终成为坚强领导核心的根本保证。习近平同志要求年轻干部:"要守住政治关,时刻绷紧旗帜鲜明讲政治这根弦,在大是大非面前、在政治原则问题上做到头脑特别清醒、立场特别坚定,决不当两面派、做两面人,决不拿党的原则做交易。"①

增强改革创新本领和增强科学发展本领,是增强执政本领的根本体现。增强改革创新本领和科学发展本领,是中国共产党带领中国人民在新时代战胜各种风险挑战,实现中华民族伟大复兴的必由之路,是实现中国由富起来、强起来再到美起来的必然举措,更是广大党政领导干部干好各项工作的必备本领。因为,改革创新和科学发展会遇到各种各样的困难,遭受来自各个方面的挑战。面对这些困难和挑战,年轻干部是消极无为、做官享福,还是积极有为、干事担当?习近平同志要求年轻干部:"要牢记空谈误国、实干兴邦的道理,坚持知行合一、真抓实干,做实干家。"②年轻干部一定要下定决心做愿意干事、能够干事、能干成事的好干部。

增强依法执政本领和增强群众工作本领,是增强执政本领得到实现的具体方法。就是说要把党的意志以路线、方针、政策的形式通过合理、合法、合规的渠道、方式、手段使得贯彻落实,并获得人民群众的拥护和支持,解决中国共产党为谁执政、依靠谁执政、如何执政等带有根本性的问题,为党和国家的事业发展奠定坚实的法理基础和群众基础。

增强狠抓落实本领和增强驾驭风险本领,是增强执政本领得到施展的

---

① 《筑牢理想信念根基树立践行正确政绩观　在新时代新征程上留下无悔的奋斗足迹》,《人民日报》2022年3月2日。
② 《在常学常新中加强理论修养　在知行合一中主动担当作为》,《人民日报》2019年3月2日。

根本保障。增强狠抓落实本领就是要求各级党政领导干部凝神静心、狠抓落实，完成建设社会主义现代化强国各个阶段的具体目标，为中国特色社会主义这艘航空母舰能在时而风平浪静、时而风狂雨骤的大海中迎难而上奋勇前进提供根本保障。

总之，中国共产党的执政本领不是某种单一的、僵化的本领，而是多维本领按照党的执政要求的最佳结合，是一个多层次全方位的立体结构，是一个相互提升相互促进的实现过程，实现了党的执政本领的倍增效应。因此，广大年轻干部要以增强学习本领为路径，以增强政治领导本领为核心，以增强改革创新本领和增强科学发展本领为目标，以增强依法执政本领和增强群众工作本领为具体方法，以增强落实本领和增强驾驭风险本领为落脚点，使自己真正成为政治过硬、本领高强的中国特色社会主义事业的合格接班人。

三、学真知、悟真谛、增本领

习近平同志指出："怎样成长为好干部？好干部不会自然而然产生。成长为一个好干部，一靠自身努力，二靠组织培养。从干部自身来讲，个人必须努力，这是干部成长的内因，也是决定性因素。"[1]因此，年轻干部必须依靠自身努力，在学习和实践的过程中，充分发挥主体能动性，不断增强自己的执政本领。习近平同志在中共中央党校建校80周年庆祝大会暨2013年春季学期开学典礼上的讲话中全面系统地阐述了年轻干部学习的重要性、学习什么、怎样学习等问题。

（一）学习是增强执政本领的最佳途径

习近平同志指出，我们党历来重视抓全党特别是领导干部的学习，这

---

[1] 《习近平谈治国理政》第1卷，外文出版社2018年版，第416—417页。

是推动党和人民事业发展的一条成功经验。在中国共产党领导革命、建设和改革的每一个重大转折时期,面对新形势、新任务,都总是号召全党同志加强学习;而每一次这样的学习热潮,都能推动党和人民事业实现大发展大进步。他要求"全党同志一定要善于学习,关于重新学习。同过去相比,我们今天学习的任务不是轻了,而是更重了"①。

(二)年轻干部应该学什么

既然"本领不是天生的,是要通过学习和实践来获得的"②,那么,广大年轻干部应该学习什么?

首先,要认真学习马克思主义理论,这是我们做好一切工作的看家本领,也是领导干部必须普遍掌握的工作制胜的看家本领。还要学习作为马克思主义中国化的最新理论成果——习近平新时代中国特色社会主义思想。习近平同志在2019年春季学期中央党校(国家行政学院)中青班开班式的讲话中指出,在学习理论上,干部要舍得花精力,全面系统学,及时跟进学,深入思考学,联系实际学。学习习近平新时代中国特色社会主义思想,要深刻认识和领会其时代意义、理论意义、实践意义、世界意义,深刻理解其核心要义、精神实质、丰富内涵、实践要求。要紧密结合新时代、新实践,紧密结合思想和工作实际,有针对性地重点学习,多思多想、学深悟透,知其然又知其所以然。学习理论最有效的办法是读原著、学原文、悟原理,强读强记,常学常新,往深里走、往实里走、往心里走,把自己摆进去、把职责摆进去、把工作摆进去,做到学、思、用贯通,知、信、行统一。

其次,学习党的路线方针政策和国家法律法规,这是领导干部开展工作要做的基本准备,也是很重要的政治素养。同时,年轻干部还要认真学

---

① 《习近平谈治国理政》第1卷,外文出版社2018年版,第401页。
② 《习近平谈治国理政》第1卷,外文出版社2018年版,第403页。

习党史、国史，知史爱党、知史爱国。要了解我们党和国家事业发展的来龙去脉，汲取我们党和国家的历史经验，正确了解党和国家历史上的重大事件和重要人物。这对正确认识党情、国情十分必要，对开创未来也十分必要，因为历史是最好的教科书。

最后，学习经济、政治、历史、文化、社会、科技、军事、外交等方面的知识，结合自己的工作需要进行学习，不断提高自己的知识化、专业化水平。习近平同志说：在农耕时代，一个人读几年书，就可以用一辈了；在工业经济时代，一个人读十几年书，才够用一辈子；到了知识经济时代，一个人必须学习一辈子，才能跟上时代前进的脚步。所以，"如果我们不努力提高各方面的知识素养，不自觉学习各种科学文化知识，不主动加快知识更新、优化知识结构、拓宽眼界和视野，那就难以增强本领，也就没有办法赢得主动、赢得优势、赢得未来"[①]。

（三）年轻干部应该怎么学

学习应该是全面的、系统的、有探索精神的学习。我们正在从事的中国特色社会主义事业是伟大而波澜壮阔的，是前人没有做过的事业。这就决定了我们的学习是全面的、系统的、有探索精神的学习：既要抓住学习重点，也要注意拓展学习领域；既要向书本学习，也要向实践学习；既要向人民群众学习，向专家学者学习，也要向国外有益经验学习；既有理论知识的学习，也有实践知识的学习。习近平同志特别强调："向书本学习，是丰富知识、增长才干的重要途径。"[②]要多读书、读好书，从书本中汲取智慧和营养，不能自我感觉良好、不屑学习，不能借口工作太忙、放松学习，不能为了装点门面、应付学习。当然，"一个人的精力有限，不可能什么都去学，干部要结合工作需要学习，做到干什么学什么、缺什么补什

---

① 《习近平谈治国理政》第1卷，外文出版社2018年版，第403页。
② 习近平：《努力成为可堪大用能担重任的栋梁之才》，《求是》2022年第3期。

么"①，要通过学习不断完善履职尽责必备的知识体系。

学习应该发扬"挤"和"钻"的精神，不能以工作忙、时间紧为借口而放松学习。早在延安时期，毛泽东就批评过这种现象。他说："'没有功夫'，这已成为不要学习的理论、躲懒的根据了。共产党员不学习理论是不对的，有问题就要想法子解决，这才是共产党员的真精神。在忙的中间，想一个法子，叫做'挤'，用'挤'来对付忙。好比开会的时候，人多得多，就要挤进去，才得有座位。又好比木匠向木头师傅钉一个钉子到木头上，就可以挂衣裳了，这就是木匠向木头一'挤'，木头让了步，才成功的。""'挤'是一个好办法。现在工作忙得很，也可以叫它让让步，就用'挤'的法子，在每天工作、吃饭、休息中间，挤出两小时来学习，把工作向两方面挤一挤，一个往上一个往下，一定可以挤出两小时来学习的。"②习近平同志要求广大年轻干部，要发扬这种"挤"和"钻"的精神，抓好学习，尽快掌握同做好本职工作相关的新知识新技能。

习近平同志特别重视从实践中学习。他指出，实践出真知，实践长真才。党和国家事业涉及面很广，领导干部也不是总在一个岗位上工作，都要学过了、学好了再来干是不现实的。坚持在干中学、在学中干是领导干部成长成才的必由之路。他举例说，新中国成立之初组建海军，党中央决定肖劲光同志担任海军司令员。肖劲光同志从没接触过海军，自己还是个"旱鸭子"，但他边干边学，使我国海军从无到有、迅速壮大，出色完成了党中央交给他的任务。许多从战争年代走来的老一辈革命家也都是在实践中成长为经济、科技、外交等领域的行家里手的。"学所以益才也，砺所以致刃也。"有同志经过一番实践历练后说了一句话：越干越会干、越干越能干、越干越想干。当然，同样是实践，是不是真正上心用心，是不是善于总结思考，收获大小、提高快慢是不一样的。如果忙忙碌碌，只是机械

---

① 习近平：《努力成为可堪大用能担重任的栋梁之才》，《求是》2022年第3期。
② 《毛泽东文集》第2卷，人民出版社1993年版，第180—181页。

做事，陷入事务主义，是很难提高认识和工作水平的。①

学习的目的全在于应用。习近平同志指出，领导干部加强学习，根本目的是增强工作本领、提高解决实际问题的水平。"空谈误国，实干兴邦"，要反对学习工作中的"空对空"。战国赵括"纸上谈兵"、两晋学士"虚谈废务"的历史教训大家都要引为鉴戒。读书是学习，使用也是学习，并且是更重要的学习。领导干部要发扬理论联系实际的马克思主义学风，带着问题学，拜人民为师，做到在干中学、在学中干，学以致用、用以促学、学用相长，千万不能夸夸其谈、成为"客里空"。他提醒广大年轻干部："学习需要沉下心来，贵在持之以恒，重在学懂弄通，不能心浮气躁、浅尝辄止、不求甚解。领导干部一定要把学习放在很重要的位置上，如饥似渴地学习，哪怕一天挤出半小时，即使读几页书，只要坚持下去，必定会积少成多、积沙成塔、积跬步以至千里。"②

总之，好学才能上进。中国共产党人依靠学习走到今天，也必然要依靠学习走向未来。我们的干部要上进，我们的党要上进，我们的国家要上进，我们的民族要上进，就必须大兴学习之风，坚持学习、学习、再学习，坚持实践、实践、再实践。

---

① 参见习近平：《努力成为可堪大用能担重任的栋梁之才》，《求是》2022年第3期。
② 《习近平谈治国理政》第1卷，外文出版社2018年版，第407页。

第六章
确立完善八种思维 谋划大局操作精当

习近平同志历来重视年轻干部的思维方式问题。2013年3月,他在中央党校建校80周年庆祝大会暨2013年春季学期开学典礼上的讲话中就提出:"很多同志有做好工作的真诚愿望,也有干劲,但缺乏新形势下做好工作的本领,面对新情况新问题,由于不懂规律、不懂门道、缺乏知识、缺乏本领,还是习惯于用老思路老套路来应对,蛮干盲干,结果是虽然做了工作,有时做得还很辛苦,但不是不对路子,就是事与愿违,甚至搞出一些南辕北辙的事情来。这就叫新办法不会用,老办法不管用,硬办法不敢用,软办法不顶用。我看这种状态,在党内相当一个范围、相当一个时期都是存在的。"[1]这里讲的老思路,就是指陈旧、僵化的思维方式。在同年6月召开的全国组织工作会议上,他提出领导干部要"提高战略思维、创新思维、辩证思维、底线思维能力"[2]。此后,习近平同志在不同场合提出系统思维、历史思维、法治思维。2022年3月1日,习近平同志在中央党校(国家行政学院)中青班开班式上的讲话中又提出,"要强化精准思维,做到谋划时统揽大局、操作中细致精当,以绣花功夫把工作做扎实、做到位"[3]。至此,习近平同志关于八大思维方法的理论就构建起来了。他

---

[1]《习近平谈治国理政》,外文出版社2014年版,第402—403页。
[2]《习近平谈治国理政》,外文出版社2014年版,第417页。
[3]《筑牢理想信念根基 树立践行正确政绩观 在新时代新征程上留下无悔的奋斗足迹》,《人民日报》2022年3月2日。

多次要求年轻干部,要深入学习党的理论创新成果,前后贯通学、及时跟进学,运用党的科学理论优化思想方法,解决思想困惑,检视自身思想作风和精神状态,牢固树立正确的世界观、人生观、价值观和权力观、政绩观、事业观,使自己的思维方式和精神世界更好适应事业发展需要。① 人的思维方式决定着人的行为方式和行为模式,进而决定着工作的得失和事业的兴衰。因此,年轻干部要在新发展阶段有所作为,就必须树立科学的思维方法,谋划大局有所作为。

一、树立正确思维方式,解放思想再创新业

每一位年轻干部都有自己的思维方式。但是,由于年轻干部文化层次、知识含量、职业性质、岗位规范的不同,其思维方式又呈现出不同的特点,同时,由于多方面的原因,年轻干部在思维方式上难免存在着弱点和偏颇。因此,年轻干部树立正确的思维方式就显得极为重要。

(一)思维方式决定行为方式

思维是指人们借助于语言对所获得信息的转换加工、分析、存储、输出的活动过程,是人们运用概念进行分析、综合、判断、推理的活动过程,是人脑对客观事物间接的、概括的反映。思维方式是指经过长期对客观对象的分析、判断和反映的思维活动,就形成了某种比较稳定的思维模式,即定型的思想形式和方法。思维方式一旦形成,就对人们的认识和行为具有重要的影响作用。正确的思维方式有助于人们开拓思路、掌握方法、发现真理,增强思维的准确性和敏感度,就能使年轻干部智慧出众,高瞻远瞩,高屋建瓴,事半功倍;错误的思维方式会把年轻干部的思想

---

① 《立志做党光荣传统和优良作风的忠实传人 在新时代新征程中奋勇争先建功立业》,《人民日报》2021年3月2日。

引入歧途，使思想僵化，失去活力，事倍功半，对党和国家的事业造成损失。社会中不同阶层、不同职业的人有不同的思维方式，很难说哪一种思维方式最好。对年轻干部来说，最重要的则是要掌握和运用唯物辩证的思维方式，也就是马克思主义的思维方式。

年轻干部的思维方式直接影响其思想水平、能力发挥、工作效果和公众形象，影响到人民利益和党的事业。如果一位年轻干部思想僵化保守，加之工作作风懒散，整天无所事事，遇着问题和矛盾绕着走，这个干部就不会有什么工作能力，也不会有什么前途。因此，年轻干部的思维方式和思维能力直接影响其工作思路、工作成效，影响其在人民群众中的地位与形象，影响其个人的发展与进步，影响到人民群众根本利益的实现和中华民族伟大复兴事业的前程。

（二）树立科学的思维方式是谋划工作的前提

人的一切思想和行为都要受到一定的思维方式支配，有什么样的思维方式，就产生什么样的行为方式。回顾历史，我们可以看到，每一次社会的重大变革和发展、每一次进步都得益于思想解放，得益于观念更新、与时俱进。思想方式解放到什么程度，取得什么样的成果，直接影响一个单位、一个部门、一个地方的发展走向，决定着本单位、本部门、本地方改革创新的力度。

年轻干部要想推进工作，从根本上说，就是要树立新观念、学习新知识、应用新方法、克服旧习惯，特别是要注意思维方式的转变。在思维方式的转变上，主要是要从形而上学思维转变为辩证思维。辩证思维方式要求我们要用对立统一的、联系和发展的原则去观察问题、分析问题，才能正确地认识世界和有效地改造世界。党的十八大以来，习近平同志多次强调，年轻干部要学习掌握科学的思维方法，以科学的思维方式保证改革发展稳定、各项任务顺利推进。

科学的思维方式,就是人们自觉地遵循逻辑规律和正确地运用各种思维方式的能力。在具体的实践中,只有唯物辩证的思维方式是最科学的思维方式,能够指导人们正确地认识事物的内在矛盾、相互联系及发展的规律性。年轻干部如果主观主义思想作风严重,不深入调查研究,不倾听群众和下属的意见,单凭主观经验考虑问题,必然不能制定正确的战略方针。即使年轻干部能够做到调查研究,但对大量的客观材料不善于分析综合、抽象概括,抓不出本质的东西来,甚至以次要的、非本质的东西代替主要的、本质的东西,当然也不能制定正确的战略方针。

(三)解放思想开创新局面

新发展阶段,我国正处于第二个百年目标的开局之时,年轻干部作为干事创业的中坚力量,需要及时转变思维方式,形成与时代相一致的科学思维方式,需要不断解放思想、更新观念。当前,思想不解放,思维方式僵化,观念保守落后,已经成为制约我国社会经济进一步发展的瓶颈。解放思想,就是把思想从对马克思主义的错误的和教条式的理解中、从那些不合时宜的观念做法体制中、从主观主义和形而上学的桎梏中进一步解放出来。使我们的思想与实际相符合、与新发展阶段的国情相符合、与时代发展的要求相符合。解放思想要坚持以马克思主义为指导,打破习惯势力和主观偏见束缚,实现主观与客观相符合、思想与实际相符合。

首先,从对马克思主义错误的和教条式的理解中解放出来,积极推进马克思主义中国化。马克思主义真理性在于实现了世界观和方法论、科学性和价值性、现实性和超越性、阶级性和人民性的有机结合,从而表现出旺盛的生命力、跨越时空的影响力和异乎寻常的吸引力。同时,我们必须深刻意识到,当下有些人抱着错误的和教条式的马克思主义理解不放,用僵化的眼光看待改革开放中出现的新事物,试图用陈旧的思维方式思考改革开放中出现的新问题,其结果必然导致思想界的混乱。

其次，自觉地把思想认识从那些不合时宜的观念、做法和体制的束缚中解放出来，全面推进改革开放的伟大事业。我国的社会变革主要表现在两大方面：一是社会结构转型，即由农业社会向工业社会转变，并通过信息革命向信息社会跃进；二是社会体制转轨，即由高度集中的计划经济体制向新型的市场经济体制转变、由高度集权的政治体制向新型协商民主政治体制转变。这两个方面交织在一起，相互制约，相互促进，必然引起人们的思维方式、价值观念、道德准则、生活方式等一系列的深刻变化。然而，与这种社会转型和深刻变化极不相适应的是，尚存在着许多不合时宜的观念、做法和体制，不仅严重阻碍了社会的进步，而且搞不好就形成一个个"陷阱"。

最后，从主观主义和形而上学的桎梏中解放出来，实现主体的自我解放和自我超越。拿破仑有一句名言："征服世界不难，难的是征服自己。"人的大脑不是一块白板，人在长期的实践过程中会积累许许多多的经验、判断或认识，它们既可能是人们获得新知识的起点或工具，也有可能是人们获得新知识的束缚或障碍。就当代中国社会来说，改革开放前的29年与改革开放40多年来积累了大量的经验、判断或认识，不容置疑，这是下一步改革开放宝贵的精神遗产；同样不容置疑，这些经验在某些人的头脑中已生根发芽，搞不好就会成为精神包袱。因此，新发展阶段，年轻干部面对这种错综复杂的局面，必须通过思想再解放，确立科学的马克思主义观，用马克思主义立场观点方法指导第二个百年目标的奋斗历程，同时在这个实践过程中丰富和发展马克思主义。必须通过思想再解放，自觉超越地域的、民族的界限，站在经济全球化的高度，用世界性眼光、战略性思维、人类命运共同体的胸怀思考问题；通过深入细致的调查研究，真正找出目前存在的不合时宜的观念、做法和体制到底是哪些，用改革的办法来解决发展过程中出现的问题。必须通过思想再解放，摆脱各种陈旧过时的经验、判断和认识的束缚，用批判精神分析所有的精神遗产，用理性态度重新审视当下社会,用战略眼光规划美丽中国的宏伟蓝图,全面实现自我超越。

应该说,相对于克服外在的束缚来说,克服内在的束缚,即克服来自主体自身思想观念习惯势力的束缚,将是更加困难的,需要自我意识更加自觉、思维定式根本转变。从这个意义上说,思想再解放说到底是主体完成自我解放、自我转变、自我超越的过程。这就要求年轻干部必须解放思想,转变思维方式,树立唯物辩证的思维方式,对中华民族伟大复兴全局的系统性、全局性、战略性有正确认识,对其艰难性、复杂性、长期性有充分把握,对其曲折性、危机性、风险性有高度的防范,确保中国特色社会主义的航船乘风破浪永远向前。

二、准确把握、正确运用科学思维方式

党的十八大以来,习近平同志就思维方式进行了系列论述,指出党的年轻干部要想在推进伟大事业的过程中取得成就有所作为,必须确立科学的思维方式。具体要求是:注重确立战略思维做好顶层设计,确立系统思维统筹兼顾发展,确立历史思维把握历史主动,确立创新思维稳步开拓前进,确立辩证思维善于解决矛盾,确立法治思维贯彻依法治国,确立底线思维守住为政边界,确立精准思维有效精准施策。

(一)确立战略思维做好顶层设计

不谋万世者,不足谋一时;不谋全局者,不足谋一域。战略思维是指高瞻远瞩、总揽全局、善于把握事物发展总体趋势和前进方向,对带有全局性、长远性、整体性、根本性的重大问题,能够进行分析、综合、判断、预见和决策的思维方法。全局性要求从全局角度看问题,既见树木,更见森林;长远性要求从发展趋势上看问题,深谋远虑,立足当前,放眼

未来；整体性要求从整体视角看问题，统筹兼顾，既注重单元要素，又重视结构系统，强调要素、结构、系统间的协调；根本性要求从本质上看问题，明察秋毫，把握主流，高屋建瓴。

坚持战略思维，要求广大年轻干部紧跟时代前进步伐、紧扣时代脉搏，因势而谋、应势而动、顺势而为，善于站在战略制高点谋划全局、研判形势、掌控未来。新发展阶段，以习近平同志为核心的党中央统筹把握中华民族伟大复兴战略全局和世界百年未有之大变局，统筹推进"五位一体"总体布局、协调推进"四个全面"战略布局，对关系新时代党和国家事业发展的一系列重大理论和实践问题进行了深邃思考和科学判断。党的十九大对实现第二个百年奋斗目标作出分两个阶段推进的战略安排：从2020年到2035年基本实现社会主义现代化，从2035年到本世纪中叶把我国建成社会主义现代化强国。这一重大战略部署，明确的时间表、清晰的发展路径，绘就了我们向着第二个百年目标奋进的宏伟蓝图。党的百年奋斗历程告诉我们：战略问题事关党和国家的兴衰成败，战略上判断得准确，战略上谋划得科学，战略上赢得主动，党和人民的事业就大有希望。因而，年轻干部必须在提升战略思维上下功夫。

坚持战略思维，不断增强工作的原则性、系统性、预见性、创造性。习近平同志指出："全党要提高战略思维能力，不断增强工作的原则性、系统性、预见性、创造性。"[1]增强工作的原则性，就是要求年轻干部在面临一系列挑战、考验以及进行艰苦卓绝的斗争中，保持清醒的头脑，大是大非问题上坚持原则，顾大局识大体明大义。年轻干部"应当强化自我约束，经常对照党章检查自己的言行，自觉遵守党内政治生活准则、廉洁自律准则，加强党性修养，陶冶道德情操，永葆共产党人政治本色"[2]。增强

---

[1]《习近平谈治国理政》第2卷，外文出版社2017年版，第62页。
[2]《〈关于新形势下党内政治生活的若干准则〉〈中国共产党党内监督条例〉》，法律出版社2016年版，第48页。

工作的系统性，就是要求年轻干部对全局性、长远性、整体性、根本性问题进行系统谋划，正确处理好局部与全局、部分与整体的关系。新发展阶段，我国经济、社会、政治、文化、生态文明建设和党的建设面临前所未有的机遇和挑战，各项事务、各类要素、各种矛盾纵横交织，牵一发而动全身，只有坚持系统思考、科学统筹，才能把各项工作有机衔接起来，形成强大合力，将改革事业协调有序向前推进。增强工作的预见性，就是要求年轻干部准确认识事物发展的本质和现状，把握其发展趋势，以新的精神状态和奋斗姿态进行具有许多新的历史特点的伟大斗争，深入推进党的建设新的伟大工程。增强工作的创造性，就是要求年轻干部对事物做全新思考，对结构做全新调整，对工作做全新谋划，力求寻找新思路，打开新局面，开创新境界。无论是坚持和发展中国特色社会主义，还是实现中华民族伟大复兴的中国梦，都是前所未有的全新实践，没有现成道路可走，没有固定模式可循，必须坚持战略思维，从全局着手，从大局思考，不断探索创新。

树立提升战略思维的前瞻意识。战略思维能力并不是与生俱来的，而是在掌握科学方法的基础上并经过长期训练和实践逐步形成的。新发展阶段，年轻干部更要善于运用整体性、过程性、创新性和开放式思维方式，把全局、整体作为分析问题、解决问题的出发点和落脚点，把具体问题上升到原则上去思考，把局部问题放在整体中去思考，把当前的问题放在过程中去思考；统筹兼顾、全面安排，兼顾到各个局部，使各个局部有机协调起来；对各种矛盾做到了然于胸，紧紧围绕主要矛盾和中心任务，重心放在对全局有决定性意义的问题上，优先解决主矛盾和矛盾的主要方面，以此带动其他矛盾的解决；兼顾做好薄弱的环节和其他方面的工作；要有宽广的视野、敏锐的洞察力和丰富的想象力。

树立提升战略思维的全局意识。战略思维要求年轻干部要从其自身所处的全局来思考问题。全局与局部是相对的，年轻干部工作所面临的环境既是全局又是局部，在处理复杂问题时既要注重全局与局部、国内与国外、当前与长远、优势与劣势、机遇与挑战的结合，更要注重个体与组织、集体与国家、中国与世界的结合，不断提升工作的大局观与整体观，不断增强战略思维的系统性与协调性。就是要自觉把工作放到所涉及的全局中去思考、定位、摆布，做到正确认识全局、自觉服从全局、坚决维护全局。在确定工作思路、工作部署、政策措施时，要自觉同党的理论和路线方针政策及上级决策对标对表、及时校准偏差，确保不偏向、不变通、不走样，不断提高政治判断力、政治领悟力、政治执行力。

坚持战略思维，必须注重战略谋划。年轻干部要认识到，战略思维意识的培养只是开始。要想在战略工作上做好、做细、做精，还必须注重战略谋划。"谋定而后动""三思而后行"说的就是这个意思。如果一个战略方案草草投入实施就有可能"欲速则不达"，较晚投入实施则有可能丧失其时效性。因此，战略谋划应具有前瞻性、超前性。要做到这一点就必须以科学的世界观和方法论为指导，遵循基本原则，讲究基本方法，注重统筹兼顾，把握基本要求，总揽全局、突出重点、解决瓶颈、抢抓机遇。注重战略谋划，一要进行战略分析。战略分析就是运用系统思考和特定的分析工具，对影响组织的外部系统进行分析，认识组织在这一特定外部系统背景下的优势与不足，了解外部的机会和威胁，从而奠定战略规划的基础。二要进行战略规划。战略规划是将战略意图转变为战略决策的过程，主要任务是在环境分析的基础上形成战略。战略规划包括以下活动：确认重要的环境变化及趋势的议题；提出问题，确认目标和任务；明确组织定位及组织发展方向、组织的对象及其需求、组织服务的领域等；决定组织在一定时期内强调的主要价值；选择组织应当进入的领域，并设定明确的策略方向；确定组织应当采取的战略类型；设定执行所选择战略的行动方案。三要进行战略执行。战略执行是将战略规划转化为实际行动的过程。包括确定实际目标与实施的具体指标；进行功能战略的选择；进行有效的资源配置；根据战略规划的要求，建立有效的组织结构，使组织结构与战略相匹配；建立有效的沟通与协调机制；促进改革，克服变革的阻力；通过政府及社会营销，促进战略实施等过程。四要进行战略评估。战略评估就是对战略实施进行监控，并对战略实施的绩效进行系统评估的过程。战略评估包括：检查战略基础——了解构成现行战略的机会与威胁、优势与弱点等是否发生了变化，发生了什么变化，以及发生这些变化的原因，从而为战略调整奠定基础；衡量战略绩效——将战略规划中的目标与实际结果进行比较；战略的修正与调整——对已有战略进行重新决策的过程，即通过战略基础检查和战略绩效评估，决定是否继续实施战略、调整战略、重组战略或是终止战略。

（二）确立系统思维统筹兼顾发展

系统具有鲜明的整体性、关联性、层次结构性、动态平衡性、开放性和时序性等特征。系统思维要求我们全面地而不是片面地、系统地而不是零散地、普遍联系地而不是孤立地观察事物、分析问题、解决问题。广大年轻干部在实践中必须坚持和运用系统思维。2012年12月，习近平同志在广东考察时指出："我国改革已经进入攻坚期和深水区，进一步深化改革，必须更加注重改革的系统性、整体性、协同性，统筹推进重要领域和关键环节改革。"[①] 2013年9月17日，他在跟党外人士座谈时再次指出："全面深化改革是一项复杂的系统工程，需要加强顶层设计和整体谋划，加强各项改革关联性、系统性、可行性研究。"[②] 这对年轻干部来说，要想把全面深化改革进行到底，取得改革上的成功，没有系统思维是不行的，不能很好地运用系统思维，也是不行。

现实生活中，面对层出不穷的新问题，年轻干部会出现"只见局部、

[①]《习近平关于全面深化改革论述摘编》，中央文献出版社2014年版，第30页。
[②]《习近平关于全面深化改革论述摘编》，中央文献出版社2014年版，第38页。

第六章 确立完善八种思维 谋划大局操作精当

不见全局,仅专注于个别事物或某个细节,习惯于头痛医头、脚痛医脚,整天打乱仗;有的只顾眼前、不顾长远,总是着眼于当下,目光短浅,甚至急功近利,做出竭泽而渔、杀鸡取卵的傻事;有的只看现象、不看本质,被问题的表象牵着鼻子走,被假象所迷惑,抓不住主要矛盾"等缺乏系统思维的情况,往往会使工作陷入顾此失彼、进退失据的境地,更难以推动社会事业持续健康发展。

树立系统思维,要做到身在兵位、胸有帅谋。任何一项改革都不是孤立的,而是相互联系的。年轻干部要在自身所处的位置以系统思维的方式来思考工作,才能在做事过程中把握好"度"。首先,要注重改革措施整体效果,聚合各项改革措施协调推进的正能量。对涉及面广的改革,应在基本确定主要改革举措基础上,深入研究各领域改革的关联性和各项改革举措的耦合性,同时推进配套改革,使各项改革举措在政策取向上相互配合、实施过程中相互促进、实际成效上相得益彰。其次,抓工作要注意区分层次、分类指导。既要有顶层设计和总体目标,也要有具体的任务分解,做到"立治有体、施治有序",避免零敲碎打、碎片化修补。假如年轻干部习惯于头痛医头、脚痛医脚,工作缺乏整体筹划,整天打乱仗,不仅个人苦不堪言,而且工作效率低下。最后,推进工作,要把握好力度与节奏,既要有雷厉风行的作风,也要有闲庭信步的定力。应加强不同时期改革的配套和衔接,防止畸重畸轻、单兵突进、顾此失彼。该中央统一安排的地方不能抢跑,该尽早推进的不能拖延,该试点的不能急于在面上推开,该先得到法律授权的不能超前推进,不能以既成事实绑架中央和法律,避免各行其是、相互掣肘。

树立系统思维、坚持科学谋划,年轻干部要学会全面把握、历史认知我国经济社会发展的阶段性特点及其面临的重大理论与实践问题。中国特色社会主义进入新时代,我国社会主要矛盾发生了转化,年轻干部要尽快适应社会主要矛盾的变化和党的中心工作的新要求。经济社会发展是一个系统工程,生产力与经济基础的进步,必然要求生产关系的变革与思想观念的革新。在新时代的背景下,各级年轻干部必须直面经济发展的新特点、新形势、新需要,立足整体、着眼长远,系统综合考虑政治和经济、现实和历史、物质和文化、发展和民生、资源和生态、国内和国际等多方面因素,正确认识什么是中国式现代化、如何实现共同富裕、辩证看待资本问题、有序推进碳达峰碳中和、高科技自立自强、发展壮大数字经济等重大理论与实践问题,这是推动经济高质量发展的思想前提。

以系统思维推进全面深化改革。广大年轻干部要注意,在全面深化改革的过程中要特别注意系统思维。一要把握改革开放的系统性。改革开放是一场全面而深刻的社会变革,每一项改革都是全面深化改革这一大系统中相互联系、相互作用的组成部分,每一项改革都会对其他改革产生重要影响,要更加注重全面改革的系统性,才能使大系统与子系统相互促进、良性互动、全面推进。二要把握改革开放的整体性。习近平同志指出,全面深化改革是关系党和国家事业发展全局的重大战略部署,不是某个领域、某个方面的单项改革。我们提出全面深化改革的方案,是因为要解决的突出矛盾和问题,仅仅依靠单个领域、单个层次的改革难以奏效,必须加强顶层设计、整体谋划。要加强宏观思考和顶层设计,更加注重改革的整体性,同时也要继续鼓励大胆试验、大胆突破,不断把改革开放引向深入。三要把握改革开放的协同性。年轻干部要在确定主要改革举措的基础上深入研究各领域改革的关联性和各项改革举措的耦合性,使各项改革在政策取向上相互配合、在实施过程中相互促进、在实际成效上相得益彰。经济体制、政治体制、文化体制、社会体制、生态文明体制和党的建设制度改革紧密联系、互相促进,任何一个领域的改革都会牵动其他领域,同时也需要其他领域改革密切配合。如果各领域改革不配套、各方面改革措施相互掣肘,全面深化改革就难以推进,即使勉强推进,改革的效果也会大打折扣。

（三）确立历史思维把握历史主动

历史思维，是指运用马克思主义唯物史观从历史视野和发展规律中思考分析问题、把握前进方向、指导现实工作的科学思维。历史思维就是要尊重历史规律，总结历史经验、汲取历史智慧、把握历史主动、坚定历史自信的思维方式。年轻干部在纷繁复杂的历史现象中找到历史发展的客观规律，不断总结历史经验、汲取历史智慧，服务于现实生活。只有不断总结历史经验、汲取历史智慧，才能避免重蹈历史的覆辙。

首先，要善于运用历史思维启迪工作。习近平同志特别重视对历史的学习，在其系列讲话及对历史的论述中，蕴含了对历史思维的把握。年轻干部要树立历史思维，应从以下方面入手：一是高度重视学习历史。历史是最好的教科书，中国革命历史是最好的营养剂。学历史可以"看成败、鉴得失、知兴替"。年轻干部"要认真学习党史、国史，知史爱党、知史爱国"。二是善于从党的历史中总结经验。在具体的工作中，年轻干部要善于对所工作地方、部门或单位的历史进行一定的了解，一个有效的路径就是对地方志进行深入的研究。习近平同志在地方工作期间就特别重视地方志工作。在正定工作期间，他对编写《正定古今》的同志说：我手头有一整套《正定府志》，还有一套《正定县志》，对正定的历史，都有详细记载。1989年8月，习近平同志在福建宁德地区地方志工作会议上指出：我来这里的第一件事，就是要看府志、县志。要马上了解一个地方的重要情况，就要了解它的历史。了解历史的可靠的方法就是看志，这是我的一个习惯。1990年4月，习近平同志到福州市履新之初，仔细研读了地方志，对福州的历史、文化、人物、古迹有了很深的了解。在与当地同志交流时，不管走到什么地方，他对名人古迹都如数家珍。正是因为对地方历史有了解，才为科学制定地方发展规划打下了基础。三是科学对待党的历史。习近平同志提出，要正确认识和处理改革开放前后两个历史时期的辩

证关系,不能用改革开放后的历史时期否定改革开放前的历史时期,也不能用改革开放前的历史时期否定改革开放后的历史时期。四是善于运用历史。借鉴和运用历史经验,是习近平同志一贯重视并倡导做好领导工作的重要思想和方法。他强调,"历史的经验值得注意,历史的教训更应引以为戒"[1],年轻干部不管处在哪个层次和岗位,都应该读点历史,从中汲取有益于加强修养、做好工作的智慧和营养,不断提高认识能力和精神境界,不断提升领导工作水平。

其次,要在洞察时代大势中把握历史主动。习近平同志在庆祝中国共产党成立100周年大会上的重要讲话中指出:"中国共产党坚持马克思主义基本原理,坚持实事求是,从中国实际出发,洞察时代大势,把握历史主动,进行艰辛探索,不断推进马克思主义中国化时代化,指导中国人民不断推进伟大社会革命。"[2]年轻干部树立历史思维,应当树立洞察时代大势的历史视野,确立把握历史主动的主动性。一要准确识变,洞察时代大势。年轻干部要认识到,把握历史大势就是要对历史问题时往往带着对现实问题的关怀,注重对历史真实的探寻、对历史规律的把握和对历史意义的审视,体现了以古鉴今的历史自觉。以史为鉴才能开创未来,以史为鉴是前提,开创未来是目标,要深入学习历史,深入理解党的执政规律、社会主义建设规律、人类社会发展规律,在现有的基础上开创中国特色社会主义事业的美好未来。二要准确识变,洞察时代大势,还要求年轻干部力戒教条主义、经验主义,坚持实事求是的原则,准确理解党中央的决策部署,创造性地开展工作,牢牢把握工作主动权。三要科学应变,掌握斗争规律。我国社会主要矛盾的变化是关系全局的历史性变化,解决社会主要矛盾具有长期性、复杂性、艰巨性。有矛盾就会有斗争。敢于斗争、善于

---

[1] 《习近平谈治国理政》第1卷,外文出版社2018年版,第390页。
[2] 习近平:《在庆祝中国共产党成立100周年大会上的讲话》,人民出版社2021年版,第12—13页。

斗争是中国共产党人鲜明的政治品格。在洞察时代大势中把握历史主动，要求年轻干部正确处理好掌握斗争规律与增强斗争本领这两者之间的辩证关系。关键是要学会"十个指头弹钢琴"，以化解纷繁复杂的各种利益纠葛和矛盾。四要主动求变，实现战略突破。当前，世界百年未有之大变局加速演进，全面建设社会主义现代化国家新征程已顺利开启，我们仍面临着许多困难和挑战。这就要求年轻干部必须坚持系统观念，构建大安全格局，为统筹发展和安全、建设更高水平的平安中国提供价值引领和思想支撑。

最后，正确认识和评价历史人物。历史是由事件和人物构成的连续性变化，事件和人物都是特定历史条件下的产物。必须从具体历史条件和背景出发分析历史人物，科学地认识和把握历史，从中总结规律，汲取经验和智慧。正确认识和评价历史人物，要做到把历史人物"放在其所处时代和社会的历史条件下去分析，不能离开对历史条件、历史过程的全面认识和对历史规律的科学把握，不能忽略历史必然性和历史偶然性的关系。不能把历史顺境中的成功简单归功于个人，也不能把历史逆境中的挫折简单归咎于个人"[1]。"我们党对自己包括领袖人物的失误和错误历来采取郑重的态度"[2]，"革命领袖是人不是神。尽管他们拥有很高的理论水平、丰富的斗争经验、卓越的领导才能，但这并不意味着他们的认识和行动可以不受时代条件限制"[3]。

（四）确立创新思维稳步开拓前进

创新思维是以超常规乃至反常规的方式或方法观察问题，创造性地提出解决方案的思维形式和方法。创新思维通常表现为打破思维定势，走出

---

[1]《学习习近平总书记重要讲话（增订本）》，人民出版社2014年版，第114页。
[2]《学习习近平总书记重要讲话（增订本）》，人民出版社2014年版，第109页。
[3]《学习习近平总书记重要讲话（增订本）》，人民出版社2014年版，第115页。

路径依赖，冲破思想观念的束缚，找到解决问题的新思路。年轻干部要自觉培养创新思维，有意识地、熟练地使用创新思维来思考和解决工作实践中遇到的各种问题。与时俱进，必须冲破思维定式的藩篱，克服思维惰性的阻力，实现创新思维的新跨越。

2009年3月1日，习近平同志在中央党校春季学期开学典礼上作的《关于干部队伍建设的几点思考》的讲话中指出，开拓创新的能力，就是要善于把握事物发展的客观规律，根据事物发展的必然趋势来推动思维创新、方法创新、实践创新和制度创新。实现科学发展是创造性的实践，需要大量富有创造性思维、善于从事创造性活动的人才特别是领导人才。由此可见，思维创新是方法创新、实践创新和制度创新的先导。年轻干部必须自觉培养创新思维，有意识地、熟练地使用创新思维来思考和解决工作实践中遇到的各种问题。当然，创新思维是一种求异的思维活动，充满着不确定性和风险性，必须要有一种精神和勇气来支撑。只有在思维方式上突破传统，拥有了奋起自强的精神、敢于探索和实践的勇气，自主创新才大有可为，创新型国家才能建成。

创新性思维通常包括以下几种：一是发散性思维，就是从多角度提出解决问题的多种假设方案；年轻干部围绕着本部门本单位的具体问题，采取广泛听取民意的方式，鼓励民众充分发表自己意见，从各种不同的观点中选择解决问题的最佳方案。二是逆向性思维，就是说当一个问题按常规思维怎么也找不到解决的办法，那就试着从相反的方向去找办法；年轻干部要有意识地从常规思维的反方向去分析问题，要敢于"反其道而思之"。三是类比性思维，就是要善于把陌生的东西和熟悉的东西放到一起进行比较，由此及彼、由表及里，举一反三、触类旁通。四是团队性思维，年轻干部要有全局观念和团队协作精神，把自己置于团队中去思考；通过团队协作，发挥团队精神、互补互助，以达到团队最大工作效率。五是突破性思维，年轻干部要敢于并善于打破条条框框的束缚，打破陈规陋习，摆脱思维定式的束缚。

创新是时代主题、出路所在。创新思维注重破除迷信、超越过时陈规和善于因时制宜、知难而进、开拓创新。习近平同志指出,"因循守旧没有出路,畏缩不前坐失良机"①。在现代化建设的征程中,各种各样的问题层出不穷,碰到的困难也接踵而至。有来自国际的和国内的,有来自干部的和群众的,有来自政治领域、经济领域、文化领域的,也有来自体制机制方面的。因而,面对困难与问题,年轻干部要认真开展调查研究,正确把握住历史脉络、找到发展规律、打开工作局面。在学中干、在干中学,在危机中育先机,于变局中开新局,不断推进党的工作的新局面,以多种灵活方式推动党的理论创新、实践创新。

(五)确立辩证思维善于解决矛盾

辩证思维,是指注重矛盾双方的相互作用,在注重矛盾双方对立的时候不忽视二者的统一,在注重矛盾双方统一的时候不忽视二者的对立;注重全面、联系和发展地看问题。坚持辩证思维,才能客观、辩证地看待和解决中国特色社会主义建设过程中遇到的各种问题和矛盾。现实中,一些领导干部缺乏辩证思维,看形势一叶障目,不见泰山;抓改革只顾一点,不及其余;谋发展只重"显绩",轻视"潜绩";于工作毫无章法,"捡了芝麻丢了西瓜"。年轻干部要确立辩证思维,才能更好地工作,善于从正反两方面思考问题,既看到事物的优点缺点,又要看到事物的利与不利,能够找到推动事物发展的平衡点。

坚持辩证思维,要注重理论与实践相结合。理论和实践相结合,实质上是将认识世界的本领与改造世界的本领结合起来,将马克思主义的基本理论与中国特色社会主义的具体实际结合起来。要做好"相结合"的大文

---

① 习近平:《中国发展新起点 全球增长新蓝图——在二十国集团工商峰会开幕式上的主旨演讲》,《人民日报》2016年9月4日。

章,必须学好理论,首要的是学好马克思主义哲学基本原理和方法。习近平同志指出:"现在的领导干部不少人受过专业训练,不缺乏专门知识,但其中的很多人不懂哲学,不善于辩证思考,很需要在思想方法和工作方法上提高一步。"①只有学习并掌握马克思主义唯物辩证法的基本原理和方法,才能自觉运用马克思主义立场、观点、方法来观察、分析和解决问题。实践锻炼是提高辩证思维能力的现实途径。"纸上得来终觉浅,绝知此事要躬行。"年轻干部辩证思维能力提高与否,需要通过实践检验才能得出正确答案。正如毛泽东所说,"你要有知识,你就得参加变革现实的实践。你要知道梨子的滋味,你就得变革梨子,亲口吃一吃"②。只有将理论与实践有机结合起来,才能实现理论与实践的统一。

坚持辩证思维,实现对上与对下相结合。年轻干部相对"上"处于"下",对"下"则处于"上",就是说"对上""对下"都要负责,二者辩证统一、高度一致。做好"上""下"相结合,要树立正确的权力观,坚持权为民所用,剔除特权思想,杜绝权力滥用,强化公仆意识。要树立正确的政绩观,走出"唯GDP论"误区,牢固树立"功成不必在我"的思想,处理好长远和眼前、全局与局部、集体和个人、大我与小我间的关系。要健全内外配合的监督体系,在"内"要加强各层级间的监督力度;在"外"要强化舆论监督和人民群众监督的力度。要完善上下贯通的沟通机制,年轻干部要善于在"上""下"之间进行沟通协调,确保上情下达和下情上传,实现"上""下"顺畅沟通。

坚持辩证思维,实现谋划与落实相结合。年轻干部不能只求"出新",而忽视"落实";也不能偏爱"干",而忽视"谋划"。实现"谋划"与"落实"相统一:一要注重事先谋划。既要"埋头拉车"又要"抬头看路",从而确立重点、厘清思路、明确方向。二要狠抓落实。年轻干部

---

① 《习近平同志系列讲话精神学习读本》,中共中央党校出版社2013年版,第114页。
② 《毛泽东选集》第1卷,人民出版社1991年版,第287页。

一定要坚持群众路线，深入基层、深入群众，虚心倾听、汲取反馈意见，认真研究、着力解决落实过程中出现的新现象、新问题，顺利完成预期目标。

坚持辩证思维，实现重点与一般相结合。年轻干部要坚持"两点论"与"重点论"的统一，做到适"度"，防止"过"与"不及"。一要抓重点工作，坚持"重点论"。善于把握"重点"，才能分清轻重缓急，洞察事物规律，找到解决问题的路径。分清主次，才能抓住全盘工作的关键，起到"一子活而百子生"的实效。二要做好一般工作，坚持"两点论"。抓重点工作，并不意味着否定抓一般工作，而是强调突出重点，不要平均用力，掌握"弹钢琴"的技巧。三要坚持"两点论"与"重点论"的统一。要用矛盾分析的方法认识、分析问题，看到事物的现象与本质、原因与结果、必然与偶然、机遇与挑战、成绩与困难，确保认识的全面性；既善于把握全局又善于找准重点，既强调全面推进又注重重点突破。只有做到"两点论"与"重点论"的统一，才能确保各项工作全面协调可持续发展。

（六）确立法治思维贯彻依法治国

法治思维指在决策过程中，运用法律规则、法律程序、法律逻辑等系列理性思维进行分析、综合、判断最终形成结论或决策的思维方式。年轻干部树立法治思维，才能真正做到以法治凝聚改革共识、规范发展行为、促进矛盾化解、保障社会和谐。

在执政实践中，虽然年轻干部学历高，但一些人法律理念与法律意识还比较淡薄，人治思维与权力思维意识浓厚，存在权大于法、以言代法、以权压法的现象，抑制了公权力公平、公正的发挥，阻碍了国家法治建设进程。最主要的表现是法律虚无主义和权力本位主义。法律虚无主义认为法律可有可无，法律只是约束普通人的工具。掌握权力者只会在形式上认同法律，当遇到外界压力时，往往会放弃法律、突破法律。权力本

位主义强调法律是以公权力实施社会管理、压制公民自由权利、达到"稳定"社会目的的手段。不但认为权大于法,上级的批示、指示、"条子"最管用,还严重脱离群众,忽视公民基本权利。只"唯政绩""唯上",无视人民群众利益。轻视法律的程序性规定者则对法律的程序性规定随意变通、简化。习惯于"一言堂",个人说了算,只以目的、结果、初衷正义为评判标准。违反程序性规定会在年轻干部内部形成一个"潜规则",使法律规定形同虚设。究其原因,主要是受传统人治思维的影响和客观环境的影响。一是传统人治思维的影响。中国几千年封建社会所形成的人治思维认为应通过道德教化提高统治者和臣民个人的德行操守,认为道德教化比完善法律制度更为有效、可靠。二是客观环境的影响。一些地方政府把"发展"等同于经济发展,法治必须为经济发展让路的思想、做法时有发生。习近平同志曾经指出:"一些地方和部门还习惯于仅靠行政命令等方式来管理经济,习惯于用超越法律法规的手段和政策来抓企业、上项目推动发展,习惯于采取陈旧的计划手段、强制手段完成收入任务,这些办法必须加以改变。"① 同时,一些地方政府还存在"稳定压倒一切"的思想,把"稳定"理解为"不出问题、没有矛盾"。因而,要摒弃这种不正常的现象,年轻干部需要树立法治思维,提升法治思维能力。

一要坚定法治信仰。就年轻干部而言,只有从内心真正信仰法治,才能在实践中切实树立法律至上的法治思维,真正做到依法办事。对法治的信仰首先来源于对法治的尊崇,而对法治的尊崇又首先来源于对法治的了解。因此,年轻干部必须通过学习了解法治的基本理论问题,如"什么是法治,为什么要进行法治建设,怎样进行法治建设"等。年轻干部还必须通过学习培育基本的法治理念,如"法律权威是实现法治的根本保障、约束公权力是法治的基本精神、公正是法治的生命线、尊重和保障人权是现代法治的价值"等。只有当年轻干部清晰地认识和把握法治的基本理论问

---

① 《习近平关于全面依法治国论述摘编》,中央文献出版社2015年版,第115页。

题，形成基本的法治理念之后，才能在思想认识上对法治有认同感、归依感，进而在实践中自觉用法、守法，养成用法治思维思考、分析问题，用法治方式处理、解决问题，进而真正做到让法治成为一种信仰，让法律成为公权力行使的边界，维护法治的权威和公信力。年轻干部要坚决贯彻落实党中央关于全面依法治国的重大决策部署，带头尊崇法治、敬畏法律，了解法律、掌握法律，坚定法治信仰，不断提升法治思维能力，不断提高运用法治思维和法治方法深化改革、推动发展、化解矛盾、维护稳定、应对风险的能力，做尊法、学法、守法、用法的模范，并以实际行动带动全社会尊法、学法、守法、用法，从而推动全面依法治国的实现。

二要健全制度体系，主动接受监督。习近平同志明确指出："用人导向最重要、最根本、也最管用。如果我们不是把严守党纪、严守国法的干部用起来，而是把目无法纪、胆大妄为、飞扬跋扈的干部用起来，那就必然会造成'劣币驱逐良币'现象。"[1]如果在干部考核评价选拔任用制度中建立干部法治能力评价指标，这根"指挥棒"就会引领年轻干部树立法治思维、依法办事。而在具体实践中，年轻干部轻视法律程序规定，轻则直接侵犯到实体规定的施行，重则助长年轻干部内部轻程序重"潜规则"的滋长。外部监督就是强化群众监督机制，为人民群众的监督提供空间和平台。发挥群众舆论监督，为群众的程序性监督提供保障。内部监督要改革干部考核、晋升制度。将"法治指标"引入年轻干部考核、晋升标准之中并作为主要考核指标，让法治思维成为年轻干部主动自觉的惯性思维方式。建立法治方式的评估机制，要用量化、具有可操作性的指标作为年轻干部选拔任用、培养教育、管理监督、激励约束的重要依据。强化年轻干部问责制度。年轻干部要树立正确的权力观，养成依法用权、认真履责的习惯。对无视法治原则和违背宪法和法律规定、滥用权力的行为，必须按照法定程序，严格依法问责惩戒。

---

[1] 《习近平关于全面依法治国论述摘编》，中央文献出版社2015年版，第127页。

（七）确立底线思维守住为政边界

广大年轻干部树立底线思维，提高守住边界的能力，才能真正在任何政治问题、政治事件、政治风险面前都能够做到有备无患、遇事不慌、立足底线，达到高的顶线。

底线思维的基本特征是：一是自明性，要求年轻干部通过内外部竞争环境和竞争条件下的态势分析，发挥优势、查找短板、划定边界、堵塞漏洞、避免危机、保住底线。二是精准性，要求年轻干部牢固树立"早预见、先发现、有准备、能应对"的超前意识，立足于最复杂最困难的局面，多手准备，确保各项对策、各种方案保底守底托底。三是战略性，要求年轻干部在谋篇布局、制定战略规划时，必须把底线放到总体战略的全局中去思考。"君子安而不忘危，存而不忘亡，治而不忘乱，是以身安而国家可保也。"四是忧患性，要求年轻干部居安思危，凡事从坏处准备，努力争取最好结果。五是责任性，要求年轻干部坚守根本立场，在原则面前毫不退让，坚持到底，不降低标准，不妥协退让。六是积极防御性，要求年轻干部见微知著、未雨绸缪，增强前瞻意识，把工作预案准备得更充分、更周详，做到心中有数、处变不惊。

底线是最基本的标准、最起码的要求。一旦突破底线，就会出现满盘皆输的恶果。因此，年轻干部对底线必须有敬畏之心，不能有侥幸心理，侥幸是不幸的开始。习近平同志指出："要善于运用底线思维的方法，凡事从坏处准备，努力争取最好的结果，做到有备无患、遇事不慌、牢牢把握主动权。"[①]这对于我们准确判断前进道路上的各种风险挑战，及时采取应对之策，化挑战为机遇，辩证处理改革发展稳定一系列突出矛盾问题，具有重要指导意义。

坚持底线思维，就是要牢牢把握无论是何时何地何人，都不能触犯纪

---

① 《习近平总书记系列重要讲话读本（2016）》，人民出版社2016年版，第288页。

律高线、法律红线、道德底线，要清清白白做人、干干净净做事、本本分分创业。一要守住客观规律底线。要认识和把握事物发展的客观规律，把底线思维转化为工作方法。在当代中国社会，特别要注重正确处理社会发展规律的客观性和主体活动自觉能动性的关系，守住客观规律边界。二要守住社会道德底线。年轻干部要坚持以为人民服务为核心，以集体主义为原则，以爱祖国、爱人民、爱劳动、爱科学、爱社会主义为基本要求，以社会公德、职业道德、家庭美德、网络道德为着力点，树立良好的道德形象，做道德模范，守住道德边界。三要守住勤政廉洁底线。年轻干部做到为民务实、清廉公正。"为民"就是要全心全意为人民服务，不断满足人民群众的合理需求；"务实"就是要一切从实际出发、实事求是、求真务实；"清廉"就是要在生活上、工作上、作风上、交往上都干净；"公正"就是要年轻干部对上对下、对内对外都公道正派。四要守住党规党纪底线。年轻干部必须认真学习党规党纪，将党规党纪作为共产党员行为活动的最低标准，无条件遵守。党规党纪严于国家法律，党的各级组织和广大党员干部不仅要模范遵守国家法律，而且要按照党规党纪以更高标准严格要求自己，坚定理想信念，践行党的宗旨，坚决同违法乱纪行为作斗争。五是守住法律法规底线。年轻干部树立法治思维，在法律的规范内行事，带头依法办事，带头遵守法律，始终对宪法法律怀有敬畏之心，牢固确立法律红线不能触碰、法律底线不能逾越的观念，以遵法守法作为立足、立业、立身的底线，在法治中国建设的实践中脚步更加坚实稳妥。把法律法规底线作为增强政治领导本领的最后一道防线，才能更好地使年轻干部做到心中有责、心中有戒。

年轻干部要把握好全面深化改革的底线。习近平同志指出，我们的事业越前进、越发展，新情况、新问题就会越多，改革开放面临的风险和挑战就会越多，面对的不可预料的事情就会越多。我们必须做到居安思危。中国的改革是中国特色社会主义制度的自我完善和发展，既不走封闭僵化的老路，也不走改旗易帜的邪路，坚定走中国特色社会主义道路；中国是一个大国，决不能在根本性问题上出现颠覆性错误，一旦出现就无可挽回、无法弥补。坚持底线思维，提高年轻干部守住边界的能力，具体地体现在中国特色社会主义建设事业的各个方面。在经济建设上，要坚持"两个毫不动摇"，建设和完善社会主义市场经济体制；在政治建设上，要防止"颠覆性错误"，不走"邪路"或"老路"；在文化建设上，要坚持价值引领，弘扬社会主义核心价值观；在社会建设上，要以人民的安全为本，促进社会的公平正义，特别是要维护生产安全、食品安全、公共安全，让老百姓过上好日子，把不断改善民生作为党和政府一切工作的重中之重；在生态文明建设上，要树立红线意识，"不能越雷池一步"，要用最严格的制度、最严密的法治保护生态环境，建立年轻干部在生态环境问题上的终身问责制；在党的建设上，要"严"字当头，始终坚持党的领导核心地位。

（八）确立精准思维有效精准施策

能否用精准思维抓落实，实际上是对事业心责任感的检验，是对思想作风和工作作风的检验。在新征程上，年轻干部更要善于运用精准思维抓工作落实，变模糊、不确定的感性思维为清晰、精确的理性思维，精准施策、精准操作、精准发力，肯下细致入微、扎实到位的绣花功夫。

精准思维有利于工作目标的高效达成。精准思维强调具体和准确，要求动作精准到位，在一个个具体的点上解决问题，开展工作不能搞大而化之、笼而统之。习近平同志在闽工作期间，十分重视在工作中运用精准思维。在厦门工作期间，到军营村调研，提出"认路、认邻、认特点"的工作思路。针对问题的办法措施的精准程度，取决于对实际情况的掌握深度，没有调查不仅没有发言权，更没有决策权。通过调研军营村、访"英雄三岛"、三进下党等，与基层干部群众近距离接触，掌握真实情况。在深入调研中，发现军营村虽然基础设施差、人均收入低，可是自然地理环境适宜"多种茶、多种果,发展第三产业"。为军营村开出"多种茶、种果,也别忘了森林绿化,要做到山下开发,山上'戴帽'"的发展良方。为"英雄三岛"居民开出向海洋要效益的脱贫良方,即"开发利用滩涂""大力发展水产养殖业""改造旧盐田,发展新盐田,提高盐的产量和质量",并且"其他行业也要综合发展"。为打赢脱贫攻坚战,习近平同志又提出脱贫思路,为全面建成小康社会,实现"脱贫路上一个都不能少"的目标指出了方向。

精准思维就是在全面了解问题的基本情况、准确把握事物内在规律的基础上,作出科学合理、精准可行的决策,以切实有效的方法解决问题。一要树立精准问题意识。应当树立精准的问题意识,对改革发展中的问题进行分解,将问题分成简单问题与复杂问题、特殊问题与普遍问题、表面问题与本质问题等,再梳理和分析问题的特征、本质、表现形式、社会影响等,并以此为基础制定精准科学的解决方案。二要在发展目标上精准发力。在改革发展中应当围绕新时期的改革发展目标谋划发展、出台政策、制定战略,以精准的"靶向治疗"解决社会发展中的主要问题。习近平同志指出,在改革发展中应当摒弃"大而化之"的思维习惯,以"精益求精"的思维方式对待工作,严格把控每个细节,确保工作任务和发展目标不走样、不变形。三要在改革实践中精准落实。年轻干部要认识到,新的历史条件下推进全面深化改革,以精准思维分析改革发展中的问题,精准把握问题的本质和关键点,以精准决策、精准落实等推进问题解决,以更好地化解改革发展中的难题。

三、拓宽提升思维方式的路径

人的思维能力不是天生的,而是在后天的学习和实践中逐渐培养和锻炼出来的。因此,年轻干部树立科学发展观要求的思维方式,主要应从以下几方面努力。

（一）加强学习提升思维方式的高度

加强学习是提高领导干部理论素养、培养科学思维方式的重要基础和有效途径。一是加强马克思主义理论学习，特别是马克思主义哲学理论学习。恩格斯也曾指出："一个民族要想登上科学的高峰，究竟是不能离开理论思维的。"①"但是理论思维无非是才能方面的一种生来就有的素质。这种才能需要发展和培养，而为了进行这种培养，除了学习以往的哲学，直到现在还没有别的办法。"②马克思主义是我们认识世界和改造世界的强大思想武器，年轻干部首先要认真学习马克思列宁主义、毛泽东思想和中国特色社会主义理论体系，学习党的路线、方针、政策，真正用马克思主义理论武装头脑，为培养科学的思维方式提供正确的方向和力量源泉。实践证明，遵循马克思主义哲学的方法论，就能够对所遇到的各种问题作出正确的分析，从而推动事业的发展。因此，领导干部要提高理论思维能力、培养科学的思维方式，必须加强马克思主义理论特别是马克思主义哲学理论的学习。新发展阶段工作的推进，要求年轻干部学习习近平哲学思想，把习近平哲学思想中的思维方式的观点、方法运用到具体的工作中去。

二是努力学习科学文化知识。培养科学的思维方式离不开丰富的知识积累，知识视野决定思维方式的深度、广度和高度。年轻干部增强理论思维，培养科学的思维方式，必须以丰富的科学知识为基础。没有丰富的知识作基础，就不能进行广泛的联想和丰富的想象，思维方式就不会有广度和深度，就不可能开辟出新的思维领域和思维空间，也就不能真正树立起科学的思维方式。年轻干部不但要有扎实的马克思主义理论功底，精深的专业工作知识，还要有广泛的科学新知识。所以，要本着缺什么补什么的

---

① 《马克思恩格斯选集》第4卷，人民出版社1995年版，第285页。
② 《马克思恩格斯选集》第4卷，人民出版社1995年版，第284页。

原则,广泛学习经济、政治、文化、法律、社会、科技和信息网络等方面的知识,有针对性地填补自身知识的"短板",不断优化知识结构、丰富知识储备。知识基础扎实了,理论功底深厚了,才能为拓宽思维的空间视野和提高思维的敏锐程度提供坚实的知识基础,从而提高年轻干部的科学思维能力。

(二)勤于思考拓展思维方式的深度

思想是行动的先导,勤于思考,是确立科学思维方式的动力。毛泽东曾指出:"如果有了正确的理论,只是把它空谈一阵,束之高阁,并不实行,那么,这种理论再好也是没有意义的。"[①]学习为培养科学思维方式提供了新知识,并不等于实现了思维方式的创新。学习能扩大一个人的知识面,但学习也可能使人自我迷失乃至消解在所学的知识中,成为束缚自己的框框。学习要达到思维方式的创新这一最终目的,只有勤于思考才能完成。思考可以使所学的知识得以升华,实现对已有知识的超越。

因此,年轻干部要把学习、实践与思考紧密结合起来,在努力博览群书、深入实践,不断总结经验教训的基础上,开动脑筋,勤于思考,坚持不唯书、不唯上,独立思考,大胆创新。对别人解决不了的问题,要换个角度去思考;对别人不敢做的事情,要鼓足勇气去思考;对别人想不到的事情,要用创造性思维去思考;在思考中发现新情况、新问题,在继承前人的基础上努力形成新认识,实现思维方式的转变。只要我们一方面以博大的胸怀去接纳来自各方面有价值的知识,另一方面以强大的思考力量去解析、提升这些知识,这样就能实现思维方式的新突破。

(三)勇于实践打通思维方式的广度

实践是认识的来源,实践是认识发展的动力,实践是检验认识正确

---

① 《毛泽东选集》第1卷,人民出版社2009版,第292页。

与否的标准，实践是认识的目的。任何思维方式都是在社会实践的基础上得来的。在新的历史条件下，年轻干部确立与建设中国特色社会主义强国要求相适应的新思维，最终要靠大胆探索，勇于实践，在实践中锻炼，在实践中总结。通过社会实践，深入调查研究，广泛收集各种信息资料，在此基础上，积极思考探索，最大限度地拓展思维的方向和维度，并充分发挥想象力，进行去粗取精，去伪存真，由此及彼，由表及里的归纳整理总结，不断从感性认识上升到理性认识，把握客观事物的本质和规律，从而获得高超的思维能力，形成科学的思维方式。

要破除封闭意识，坚持开放意识；破除僵化意识，树立开拓意识。马克思主义不是一成不变的教条，必须适时变被动机械的思维模式为主动创新的思维方式。

习近平同志指出："以数千年大历史观之，变革和开放总体上是中国的历史常态。"① 中华民族是富有开拓创新精神的伟大民族，开拓创新精神是中华民族的鲜明禀赋。开拓创新精神让一个具有五千多年历史的文明古国生生不息、生机勃勃，让近代以来久经磨难的中华民族浴火重生、迎来了伟大复兴的光明前景。年轻干部必须以开拓创新的精神不断在实践中深化思维、转变思维、提升思维，为思维的拓展进行深入的研究与分析，并将之提升到理论高度以更好地指导实践。

越是伟大的事业，越充满艰难险阻，越需要艰苦奋斗，越需要开拓创新。面对前进道路上层出不穷的新情况新问题，我们党领导人民始终保持开拓创新的姿态，坚定革故鼎新的意志，展示锐意创新的勇气、敢为人先的锐气、蓬勃向上的朝气，不断推进理论创新、实践创新、制度创新、文化创新以及其他各方面创新，把党和人民事业推向前进。

---

① 《十九大以来重要文献选编》（上），中央文献出版社2019年版，第738页。

第七章
防范化解重大风险 敢于育先机开新局

中国共产党人历来关注防范和化解重大风险问题。党的十九大报告明确指出："增强驾驭风险本领，健全各方面风险防控机制，善于处理各种复杂矛盾，勇于战胜前进道路上的各种艰难险阻，牢牢把握工作主动权。"[①]习近平同志在每一期中央党校（国家行政学院）中青班开班式上，都反复强调防范和化解重大风险问题。2021年9月1日，他指出："当前，世界百年未有之大变局加速演进，中华民族伟大复兴进入关键时期，我们面临的风险挑战明显增多，总想过太平日子、不想斗争是不切实际的。"[②]明确提出"防范和化解重大风险"的思想，体现了当代中国共产党人对所处错综复杂、瞬息变幻的世情国情党情的清醒认识，对改革开放伟大事业进程中可能遇到的各种困难挫折的理性预见，对战胜在完成自己肩负的神圣历史使命的过程中可能遇到的各种风险挑战的坚定信念。年轻干部作为党和国家事业的接班人，能不能驾驭风险，能驾驭多大的风险，不仅仅体现了中国共产党人驾驭风险本领的大小，体现其执政能力和执政水平的高低，而且直接关系到党和国家事业能否顺利发展，中国特色社会主义事业能否平稳推进。因此，增强驾驭风险本领，成为当代中国共产党人特别是年轻干

---

① 习近平：《决胜全面建成小康社会　夺取新时代中国特色社会主义伟大胜利——在中国共产党第十九次全国代表大会上的报告》，人民出版社2017年版，第69页。

② 《信念坚定对党忠诚实事求是担当作为　努力成为可堪大用能担重任的栋梁之才》，《人民日报》2021年9月2日。

部的必修课,成为其增强执政本领的重要内容。

一、提高防范化解重大风险能力是年轻干部的政治职责

毫无疑问,在当代中国,中国共产党作为执政党是防范和化解重大风险的主体。各级领导干部特别是年轻干部作为党的路线方针政策的制定者、执行者和落实者,同样也是防范和化解重大风险的主体,负有不可推卸的防范和化解重大风险的主体责任和政治职责。

(一)中国共产党和党员干部是防范和化解重大风险的主体

提高防范和化解执政风险的能力,必须明确防范和化解执政风险能力主体。一般来说,提高防范和化解执政能力的主体是执政党。从人类社会进入政党政治时代以来,执政党所面临的执政风险就严峻地摆在人们面前。特别是从20世纪80年代以来,世界政党发展史上出现了令人震惊的现象:在一些国家和地区长期单独连续执政甚至政绩还不错的政党,接二连三地失去执政地位。如苏共连续执政74年,墨西哥革命制度党连续执政71年,日本自民党连续执政38年,却都最终走下了历史舞台。特别是在当今世界,在政治多极化、经济全球化、科技智能化、文化多元化、交往虚拟化、信息网络化的宏观背景下,影响以至危及执政安全的因素明显增多,执政风险问题日益突出,防范和化解执政风险的问题更加紧迫地提上议事日程,成为世界各国执政党面临的带有普遍性、根本性的问题。

中国共产党作为执政党是提高防范和化解执政风险能力的主体,是中国特色社会主义事业的领导核心。中国共产党领导是中国特色社会主义最本质的特征,是中国特色社会主义制度的最大优势。但是,必须清醒地认识到,我们的工作还存在着许多不足,面临着不少困难和挑战。稍有不慎,这些困难和挑战就可能演变成或大或小的风险,直接威胁到执政党的

第七章 防范化解重大风险 敢于育先机开新局

执政安全。因此，中国共产党作为执政党有没有能力防范和化解执政风险，有多大能力防范和化解执政风险，不仅决定着中国共产党执政水平的高低，也决定着中国特色社会主义事业的发展，决定着中华民族的兴衰。

我们还要清醒地认识到，各级党政干部特别是年轻干部也是防范和化解执政风险的主体。因为，党和国家的路线方针政策是通过民主集中制制定出来的，里面包含着相关部门党政干部的智慧和心血；而且，党和国家的路线方针政策最终能否得到有效落实，也取决于每一位党政干部的辛勤工作和奉献精神。而党和国家的路线方针政策制定地是否科学合理，执行得是否准确到位，直接决定着执政党的执政有无风险，有多大的风险。从这个意义上说，如果每一位党政干部的执政能力都很强，就必然决定着党的执政能力也很强，也就减少了执政党的执政风险。如果每一位党政干部防范和化解风险的能力都很强，就必然决定着党防范和化解风险的能力也很强，也就能够有效防范和化解执政党所面临的各种执政风险。如果各级党政干部防范和化解风险的能力差，不仅不能有效防范和化解改革开放过程可能遇到的各种风险，还可能把小风险酿成大风险，把大风险演变成大危机，甚至演变成大灾难，直接威胁到中国共产党的执政地位。

从总体上看，与中国共产党人完成伟大历史使命所遇到的各种困难和挑战相比，各级党政干部防范和化解风险的能力有适应的一面，也有不适应的一面。各级党政干部如果不抓紧提高防范和化解风险的能力，久而久之，就难以胜任领导改革开放和社会主义现代化建设的繁重任务。因此，各级党政干部特别是年轻干部防范和化解风险的能力的大小，不仅仅是自己的事情，而是关乎巩固党的执政地位的大事情，是关乎党和国家事业发展的大事情，是关乎中华民族能否兴旺发达的大事情。因此，年轻干部要有防范和化解风险能力不够的危机感，要努力增强防范和化解风险的本领，克服能力不足、本领恐慌的问题。习近平同志指出："我们的事业越前进、越发展，新情况新问题就会越多，面临的风险和挑战就会越多，面对的不可预料的事情就会越多。我们必须增强忧患意识,做到居安思危,懂就是懂,不懂就是不懂;懂了的就努力创造条件去做,不懂的就要抓紧学习研究弄懂,来不得半点含糊。"①在中国特色社会主义新时代,努力提高广大党政干部特别是年轻干部防范和化解各种风险的能力,是中国特色社会主义这艘航空母舰能在时而风平浪静、时而风狂雨骤的大海中迎难而上奋勇前进的根本保证。

(二)年轻干部必须增强防范和化解执政风险意识

一般来说,所谓风险是主体在认识和实践过程中可能遇到的与主体价值目标相违背从而损害主体利益的危害,是处于无法直接感知的、潜在的、未然状态的危害。与风险相似的概念是危险。危险是主体在认识和实践中已经发生或正在发生的无法改变结果的与主体价值目标相违背从而损害主体利益的危害。与危险相比较,风险的特点是:其一,是有可能发生也有可能不发生的危害,具有不确定性;其二,是潜在的危害,即隐藏在"安全"的表象之后,往往使人们放松警惕;其三,是人为性造成的危害,就是说能否发生风险、能否准确判断风险的发生和危害的程度、能否有效防范风险的发生、能否有效化解风险或控制风险的危害程度,都取决于主体的主观能动性;其四,是具有广延性的危害,就是说人们生活和工作的各个领域都存在风险,如果不能有效防范和化解,就可能爆发危险。

执政党面临的最大风险是执政风险。执政风险可以从多个维度进行划分。其一,按风险起因划分,可以划分为内源性风险、外源性风险和综合性风险。所谓内源性风险是指,执政党自身因为各种原因所导致的执政能力不足或执政水平低下所引发的执政风险;所谓外源性风险是指,因为外部敌对势力的颠覆、分化、意识形态的渗透等所导致的执政风险;所谓综合性风险是指,由内源性风险和外源性风险等多种因素的综合而导致的风

---

① 《习近平谈治国理政》第1卷,外文出版社2018年版,第23页。

险。其二，按风险可预知程度划分，可以划分为可以预料的风险和难以预料的风险。所谓可以预料的风险，指人们都知道这种风险的存在，却很难预料这种风险什么时候发生、以什么样的方式发生、会带来怎样的灾难性后果，如通常所说的中等收入陷阱、塔西佗陷阱、修昔底德陷阱、制度陷阱等，这类风险通常被人们喻之为"灰犀牛"。所谓难以预料的风险，是指某些突然爆发的给经济社会发展和人民生命安全带来巨大灾难的事件，如美国"9·11"事件、当前肆虐全球的新冠肺炎疫情，这类风险通常被人们喻之为"黑天鹅"。其三，按风险领域划分，可分为政治领域的风险、经济领域的风险、科学技术领域的风险、文化领域的风险、社会领域的风险、自然界领域的风险、涉外领域的风险等。

执政风险意识是各级党政干部对执政党执政风险的一种自觉的理性认识，包括对执政风险的清醒感知，对其产生原因的全面分析，对其发展规律的深刻把握，对其防范和化解措施的科学选择等。广大年轻干部如果没有执政风险意识，或者执政风险意识不强，就可能导致风险潜在时浑然不知，风险发生时不知所措，风险结束后捶胸顿足、追悔莫及。所以，习近平同志曾强调，各级党政干部特别是各级党政领导干部，在谋划和推进党和国家各项工作时，必须深入分析和准确判断当前世情国情党情，增强忧患意识，做到居安思危、知危图安，既要看到成绩和机遇，更要看到短板和不足、困难和挑战，看到形势发展变化给我们带来的风险，从最坏处着眼，做最充分的准备，朝好的方向努力，争取最好的结果，有效防范和化解党所面临的各种执政风险。

执政风险意识常常表现为一种忧患意识。忧患意识是指中国共产党或广大年轻干部能够超越自身的利害、荣辱、成败，而将人类、国家、百姓的前途命运萦系于心，对人类、国家、百姓可能遭遇的困境和风险抱有的深切关怀，并激发防范和化解风险的决心和意志。古人讲的"祸兮福之所倚，福兮祸之伏""居安思危""生于忧患、死于安乐"，都是树立忧患意识的警世名言。习近平同志在十八届中共中央政治局第十六次集体学习时的讲话中指出,忧患意识是中华民族的一个重要精神特质。透过我国历史数千年的发展,可以得出一个规律性认识,就是忧劳可以兴国、逸豫可以亡身。他反复强调:"增强忧患意识,做到居安思危,是我们治党治国必须始终坚持的一个重大原则。"①要教育引导广大年轻干部强化忧患意识、危机意识、使命意识,做到信念不动摇、思想不松懈、斗志不懈怠、作风不涣散,始终保持坚定的革命意志和旺盛的拼搏精神。

增强广大年轻干部的执政风险意识,必须提升其底线思维能力。底线又被称作红线、边界线等。"人无远虑,必有近忧。"坚持底线思维,是中国共产党人在长期革命、建设和改革开放过程中形成的一个重要的思维方法。习近平同志多次强调:"要善于运用底线思维的方法,凡事从坏处准备,努力争取最好的结果,做到有备无患、遇事不慌、牢牢把握主动权。"②底线思维能力,就是人们在认识事物发展规律的基础上,客观地设定最低目标,积极推进事物向积极方面转化,实现最大期望值的能力。在实践活动中,底线往往表现为不可逾越的警戒线;底线一旦被突破,往往会给社会主体带来难以承受的风险或灾难。因此,我们必须强化底线思维,提高底线思维能力,主动设置和完善社会主义建设各领域的底线,力求防患于未然,增强底线的权威性和威慑力;同时,提醒广大年轻干部严守底线,决不触碰、逾越或践踏那些事关社会主义建设各个领域的底线和原则,不断增强坚守底线的坚定性和自觉性。

(三)提高防范和化解风险能力是实现"两个一百年"奋斗目标的根本保障

当前,我国已开启实现第二个百年奋斗目标的新征程。经过40多年的

---

① 《习近平谈治国理政》第1卷,外文出版社2018年版,第200页。
② 《习近平总书记系列重要讲话读本(2016)》,人民出版社2016年版,第288页。

第七章
防范化解重大风险 敢于育先机开新局

改革开放，我们进入了改革攻坚期和矛盾凸显期，在综合国力大大提升、经济持续稳定发展、百姓生活质量不断改善、社会发展平衡有序的同时，也积累了诸多的问题和矛盾。如经济总量领先下的人均分配相对落后，先富起来之后的共富挑战，资源环境约束下的转变发展模式的压力，创新能力与发展需求的不匹配，民众美好生活需要与发展不平衡不充分之间矛盾尖锐，治理现代化目标任重而道远，国内安全风险叠加交织，新冠肺炎疫情带来诸多的不确定性等。这些问题和矛盾如果得不到妥善解决和处理，就可能酿成各种各样的风险。

同时，我们还面临着来自外部的各种挑战和风险。习近平同志指出："这个世界，人类依然面临诸多难题和挑战，国际金融危机深层次影响继续显现，形形色色的保护主义明显升温，地区热点此起彼伏，霸权主义、强权政治和新干涉主义有所上升，军备竞争、恐怖主义、网络安全等传统安全威胁和非传统安全威胁相互交织，维护世界和平、促进共同发展依然任重道远。"[①] 在全球化背景下，执政风险也在不断加大。一方面，各国相互联系、相互依存的程度空前加深，人类生活的地球似乎成了一个小小的村落，各种利益和诉求的交织必然要求整个世界构成命运共同体。另一方面，世界面临的不稳定性和不确定性突出，俄乌冲突给全世界人民敲响了警钟；世界经济增长动能不足，贫富分化日益严重；地区热点问题此起彼伏，恐怖主义、网络安全、重大传染性疾病、气候变化等非传统安全威胁持续蔓延等，人类面临着许多共同挑战和风险。这些挑战和风险是任何一个国家都不可能依靠一国之力来单独应对和化解的。然而，在当今世界，不管是在经济方面，还是在军事、技术、文化等方面，西方发达国家都有着明显的优势，他们通过制定和推行符合其自身利益的规则体系，获取了巨大利益。特别是以美国为首的西方国家依然使用零和博弈的惯性思维，用冷战眼光看待和解决问题，对中国的发展指手画脚，使用各种方式分裂

---

① 《习近平谈治国理政》第1卷，外文出版社2018年版，第272页。

中国、干涉中国内政，妄图拖住中国发展进步的脚步。同时，我国周边局势复杂多变，使中国社会发展面临诸多不确定性和不稳定性因素。这一切都给我国顺利实现"两个一百年"奋斗目标带来了新的挑战和风险。

"备豫不虞，为国常道。"有执政就会有风险，执政风险始终伴随在执政党执政活动的全过程。执政风险的最大危害就是使执政党失去其执政地位。特别是在中国特色社会主义新时代，党面临的执政考验、改革开放考验、市场经济考验、外部环境考验是长期的、复杂的、严峻的，精神懈怠危险、能力不足危险、脱离群众危险、消极腐败危险更加尖锐地摆在全党面前。同时，随着全面深化改革的推进，体制机制的重构，利益格局的调整，文化交流的频繁，国际交往的扩大，也可能使党和政府面临着诸如中等收入陷阱、制度陷阱、塔西佗陷阱、修昔底德陷阱等一系列发展过程中的两难选择。这一切都成为执政党必须面对和破解的历史性课题，稍有不慎就可能演变为影响中国特色社会主义事业发展大局的风险，演变为影响中国共产党执政地位的风险。因此，在风险中执政、在执政中防范和化解风险，应是执政党的工作常态与生存状态，也是每一位年轻干部的理性认识和自觉追求。中外政党执政的经验教训已经充分表明，执政党在遇到矛盾和问题时，不敢正确认识和解决矛盾，不能主动防范和化解执政风险，而是采取掩耳盗铃的"鸵鸟政策"，得过且过、自欺欺人，其执政地位迟早要丧失。如果执政党具有忧患意识，敢于正视矛盾，大胆解决问题，不但能够得到人民群众的认同，而且会在应对执政风险过程中不断增强自身的执政能力，巩固执政地位。

习近平同志提醒全党："历史使命越光荣，奋斗目标越宏伟，执政环境越复杂，我们就越要增强忧患意识，越要从严治党，使我们党永远立于不败之地。"[①]党的十九大报告提出："增强驾驭风险本领，健全各方面风险防控机制，善于处理各种复杂矛盾，勇于战胜前进道路上的各种艰难险

[①] 《十八大以来重要文献选编》(中)，中央文献出版社2016年版，第92页。

阻，牢牢把握工作主动权。"①党的十九大向全党发出增强驾驭执政风险的本领、提高防范和化解执政风险能力的集结号。这就要求广大年轻干部必须尽快适应世界大势发展要求，努力提高防范和化解重大风险的能力，能够有效防范和化解来自各个方面的重大风险，筑起维护和巩固党的执政地位的铜墙铁壁，确保党在世界形势深刻变化的历史进程中始终走在时代前列，在应对国内各种风险和考验的历史进程中始终成为全国人民的主心骨，在坚持和发展中国特色社会主义的历史进程中始终成为坚强领导核心，保证中国特色社会主义事业稳步前行。

二、正确认识当代中国社会存在的重大风险

以习近平同志为核心的党中央对中国共产党面临的执政风险有着清醒而自觉的认识。2015年10月，习近平同志在党的十八届五中全会第二次全体会议上的讲话中，专门谈到"防风险，着力增强风险防控意识和能力"问题。他说，今后5年，可能是我国发展面临的各方面风险不断积累甚至集中显露的时期。我们面临的重大风险，既包括国内的经济、政治、意识形态、社会风险以及来自自然界的风险，也包括国际经济、政治、军事风险等。如果发生重大风险又扛不住，国家安全就可能面临重大威胁，全面建成小康社会进程就可能被迫中断。我们必须把防范风险摆在突出位置，"图之于未萌，虑之于未有"，力争不出现重大风险或在出现重大风险时扛得住、过得去。2019年1月，中共中央专门举办了主题为"坚持底线思维着力防范和化解重大风险"的省部级主要领导干部专题研讨班，习近平同志在研讨班的讲话中再次指出："深刻认识和准确把握外部环境的深刻变化和我国改革发展稳定面临的新情况新问题新挑战，坚持底线思维，增强

---

① 习近平：《决胜全面建成小康社会 夺取新时代中国特色社会主义伟大胜利——在中国共产党第十九次全国代表大会上的报告》，人民出版社2017年版，第69页。

忧患意识，提高防控能力，着力防范化解重大风险，保持经济持续健康发展和社会大局稳定，为决胜全面建成小康社会、夺取新时代中国特色社会主义伟大胜利、实现中华民族伟大复兴的中国梦提供坚强保障。"①

（一）防范化解政治领域风险，建设社会主义民主政治

习近平同志在2022年春季学期中央党校（国家行政学院）中青班开班式上的讲话中强调，年轻领导干部要注意防范化解政治风险，要守住政治关。应该肯定，防范化解政治领域风险是马克思主义政党的优良传统。马克思、恩格斯认为，无产阶级政党必须重视党的政治建设，始终保持在思想、政治、理论、组织以及政策、纲领上的独立性，以保证自己的领导权以防范和化解政治风险。《共产党宣言》指出："共产党人不是同其他工人政党相对立的特殊政党。他们没有任何同整个无产阶级的利益不同的利益。"②中国共产党是以马克思主义为指导的无产阶级政党，是代表无产阶级根本利益的政治集团。中国共产党自成立以来，就旗帜鲜明地把共产主义作为最高政治纲领，并依据马克思主义的立场观点方法，科学制定了不同历史时期的基本纲领和路线方针政策，指导革命、建设和改革取得了一个又一个伟大胜利。以毛泽东为代表的中国共产党人，对思想建党、政治建党进行了长期的艰苦探索，为防范和化解政治领域风险积累了宝贵的经验。党的十一届三中全会以后，中国共产党人更加重视防范化解政治领域的风险。在1979年召开的理论工作务虚会上，邓小平就指出："马克思主义的思想理论工作是不能离开现实政治的。我这里说的政治，是国内外阶级斗争的大局，是中国人民和世界人民在现实斗争中的根本利害。不能设想，离开政治的大局，不研究政治的大局，不估计革命斗争的实际发展，

---

① 《习近平谈治国理政》第3卷，外文出版社2020年版，第219页。
② 《马克思恩格斯文集》第2卷，人民出版社2009年版，第44页。

能成为一个马克思主义的思想家、理论家。"①他在总结"文化大革命"惨痛教训的基础上明确指出:"社会主义现代化建设是我们当前最大的政治,因为它代表着人民的最大的利益、最根本的利益。现在,每一个党员、团员,每一个爱国的公民,都必须在党和政府的统一领导下,克服一切困难,千方百计地为实现四个现代化贡献出一切力量。"②江泽民特别提出:"领导干部一定要讲政治。"③善于从政治上提出和处理问题,保证革命和建设任务的完成,是我们党的工人阶级先锋队性质决定的,也是我们党的一个优良传统。他提醒广大党政干部,要提高政治敏锐性和洞察力,善于从政治上认识问题、处理问题,在事关方向、事关原则的问题上保持清醒的头脑和坚定的立场。

党的十八大以来,以习近平同志为代表的中国共产党人,针对党的建设方面出现的问题,突出强调中国共产党是个政治组织,要下决心解决党内政治生态问题。党的十八届六中全会通过的《关于新形势下党内政治生活的若干准则》,既是党章规定和要求的具体化,也是全面从严治党一系列规定和举措的系统化。《准则》指出:新形势下加强和规范党内政治生活,必须以党章为根本遵循,坚持党的政治路线、思想路线、组织路线、群众路线,着力增强党内政治生活的政治性、时代性、原则性、战斗性,着力增强党自我净化、自我完善、自我革新、自我提高能力,着力提高党的领导水平和执政水平、增强拒腐防变和抵御风险能力,着力维护党中央权威、保证党的团结统一、保持党的先进性和纯洁性,努力在全党形成又有集中又有民主、又有纪律又有自由、又有统一意志又有个人心情舒畅生动活泼的政治局面。习近平同志强调:"党内政治生活、政治生态、政治文化是相辅相成的,政治文化是政治生活的灵魂,对政治生态具有潜移默

---

① 《邓小平文选》第2卷,人民出版社1994年版,第365页。
② 《邓小平文选》第2卷,人民出版社1994年版,第163页。
③ 《江泽民文选》第1卷,人民出版社2006年版,第455页。

化的影响。要注重加强党内政治文化建设,倡导和弘扬忠诚老实、光明坦荡、公道正派、实事求是、艰苦奋斗、清正廉洁等价值观,旗帜鲜明抵制和反对关系学、厚黑学、官场学、'潜规则'等庸俗腐朽的政治文化,不断培厚良好政治生态的土壤。"①党的十九大报告指出:"把党的政治建设摆在首位。"②旗帜鲜明讲政治是我们党作为马克思主义政党的根本要求。2019年1月底,发布的《中共中央关于加强党的政治建设的意见》,成为新时代加强党的政治建设的指南。

应该肯定,我国的政治建设领域总体是好的,有力地促进了社会经济建设、文化建设、社会建设和生态文明建设。然而,随着全面深化改革的推进,市场经济大潮的冲击,各种思想的碰撞,导致政治领域也存在着某种风险。例如,一些党政干部的信仰出现问题,表现为对马克思主义理论的"淡化"、对共产主义奋斗目标"虚化"、价值追求上的"物化"、意识形态上的"西化"、生活情趣上的"腐化"、精神寄托上"鬼神化"的现象。有的党员干部不遵守党章规定,而是按照所谓"潜规则"行事;有的党政干部不遵守政治纪律,有令不行、有禁不止、有规不依;有的党员干部消极懈怠,对党的重大决策部署不执行不作为、怠政懒政庸政蛮政;有的党员干部政治作风脱离实际、偏离中心、游离大局;有的党员干部政治责任落实不到位;等等。这一切都可能给执政党带来政治领域的风险。

习近平同志在2019年秋季学期中央党校(国家行政学院)中青班开班式上的讲话中指出,广大年轻干部"要涵养政治定力,炼就政治慧眼,恪守政治规矩,自觉做政治上的明白人、老实人"③,要求年轻干部必须注意把加强政治建设摆在各项工作的首位。首先,全面加强和改善党的领

---

① 《习近平谈治国理政》第2卷,外文出版社2017年版,第181页。
② 习近平:《决胜全面建成小康社会 夺取新时代中国特色社会主义伟大胜利——在中国共产党第十九次全国代表大会上的报告》,人民出版社2017年版,第62页。
③ 《发扬斗争精神增强斗争本领 为实现"两个一百年"奋斗目标而顽强奋斗》,《人民日报》2019年9月4日。

导，为党和国家事业发展提供根本政治保证。因为，党的领导是党和国家的根本所在、命脉所在，是全国各族人民的利益所系、命运所系，年轻干部必须自觉在思想上政治上行动上同党中央保持高度一致，不断提高科学执政、民主执政、依法执政水平，努力提高把方向、谋大局、定政策、促改革的能力，确保充分发挥党总揽全局、协调各方的领导核心作用。其次，年轻干部必须充分认识到，党的领导是全面的、系统的、整体的，保证党的团结统一是党的生命；党中央集中统一领导是党的最高原则，加强和维护党中央集中统一领导是全党共同的政治责任，坚持党的领导首先要旗帜鲜明讲政治，保证全党服从中央。年轻干部要自觉遵守党的政治纪律和政治规矩，发展积极健康的党内政治文化，推动营造风清气正的良好政治生态；要努力提高政治判断力、政治领悟力、政治执行力，胸怀"国之大者"，对党忠诚、听党指挥、为党尽责。最后，年轻干部要积极投身于中国特色社会主义政治建设之中，要坚定对中国特色社会主义政治的自信，建设社会主义民主政治，发展社会主义政治文明，使中国特色社会主义政治制度深深扎根于中国社会土壤，扎根于人民群众的心中。年轻干部要自觉坚持党的领导、人民当家作主、依法治国有机统一，积极发展全过程人民民主，健全全面、广泛、有机衔接的人民当家作主制度体系，构建多样、畅通、有序的民主渠道，丰富民主形式，从各层次各领域扩大人民有序政治参与，使各方面制度和国家治理更好体现人民意志、保障人民权益、激发人民创造精神。要自觉防范和抵制西方各种政治思潮的侵蚀。

（二）防范化解意识形态领域风险，牢牢掌握其领导权和话语权

意识形态作为政党和国家的政治目标导向或社会价值追求，直接关系到举什么旗、走什么路、立什么制等重大政治方向问题。意识形态的自觉是政治坚定的前提，意识形态的自信是道路自信、制度自信、理论自信和文化自信的基础。当前意识形态领域已经成为继经济领域、政治领域、军

事领域之后的主战场和大舞台,各种"主义"粉墨登场、各种"理论"高调宣扬、各种势力充分较量。习近平同志指出:"意识形态工作是党的一项极端重要的工作。"①能否做好意识形态工作,事关党的前途命运,事关国家长治久安,事关民族凝聚力和向心力。因此,牢牢掌握意识形态工作领导权和话语权,始终坚持社会主义先进文化的前进方向,有效防范和化解意识形态领域的风险,成为提高党的执政能力和领导水平、有效防范和化解执政风险的重要内容。

不可否认,当前我国意识形态领域存在着诸多风险。其主要风险是:在对待坚持以马克思主义为指导思想问题上,绝大部分党政干部的认识是清醒的、态度是坚定的;也有人对马克思主义理解不深、理解不透,在运用马克思主义立场、观点、方法上功夫不足、高水平成果不多。有的人认为马克思主义已经过时,甚至认为马克思主义只是一种意识形态说教,缺乏学术上的学理性和系统性;有的人对共产主义心存怀疑,认为那是虚无缥缈、难以企及的幻想;有的人不信马列信鬼神,从封建迷信中寻找精神寄托,热衷于算命看相、烧香拜佛,遇事"问计于神";有的人甚至向往西方社会制度和价值观念,对社会主义前途命运丧失信心。此外,西方国家把我国发展壮大视为对其价值观和制度模式的挑战,加紧对我进行思想文化渗透,使我国意识形态领域面临着空前复杂的情况,等等。很显然,当前必须进行伟大斗争,最重要的是意识形态领域里的斗争。

年轻干部必须正视意识形态领域存在的各种重大风险,努力提高防范化解意识形态领域重大风险的能力,牢牢掌握意识形态工作的领导权和话语权。首先,努力提高全党的马克思主义水平,巩固马克思主义在意识形态领域的领导地位。马克思主义政党是以科学理论为指导,由具有共产主义觉悟的先进分子基于共同的理想、共同的目标、共同的纲领和严格的纪律组织起来的政治组织。理论上的先进性和实践上的先进性,是马克思

---

① 《习近平谈治国理政》第1卷,外文出版社2018年版,第153页。

主义政党区别于其他一切政党最鲜明的本质特征。广大年轻干部要始终坚持把马克思主义作为根本指导思想，作为全党团结前进的精神旗帜，作为改造客观世界和主观世界的强大思想武器，不断接受马克思主义理论的滋养，努力提高分析问题、解决问题的本领。其次，培育和践行社会主义核心价值体系，凝聚全体人民共同价值追求。党的十九大报告指出：要用社会主义核心价值体系来"更好构筑中国精神、中国价值、中国力量，为人民提供精神指引"。年轻干部要注意用社会主义核心价值体系升华中国精神、展示中国价值、凝聚中国力量。人民有信仰，国家有力量，民族有希望。用社会主义核心价值体系动员人民、凝聚人民、引导人民、激励人民，是中国共产党能够进行艰苦卓绝的斗争、谱写了气吞山河的壮丽史诗的重要经验，能够义无反顾肩负起实现中华民族伟大复兴的历史使命、以永不懈怠的精神状态和一往无前的奋斗姿态、继续朝着实现中华民族伟大复兴的宏伟目标奋勇前进的强大精神动力。最后，坚持理论自信和理论创新的有机统一，使意识形态既具有极强的凝聚力又具有强大的生命力。理论自信是指中国共产党人对在长期革命建设和改革过程中所形成的理论具有充分的认同感、自豪感和神圣感，对理论在社会发展过程中的巨大作用有着坚定的信心。伟大的时代需要理论自信，改革的时代呼唤理论创新，改革的时代又成就理论创新。自信的理论指导着社会主义现代化建设实践的全面展开并取得巨大成绩，社会主义现代化建设的新实践又成为理论自信的源头活水。理论自信和理论创新统一于中国特色社会主义建设的伟大实践中。

（三）防范化解经济领域风险，建设现代化经济体系

经过改革开放40多年的不懈努力，我国经济社会发展成就斐然，经济总量稳居世界第二位，物质基础雄厚、人力资本丰富、市场空间广阔、发展潜力巨大，经济发展方式加快转变，新的增长动力正在孕育形成，现代

化经济体系逐步建立和完善起来;尽管近些年不断遭受以美国为首的某些国家敌对势力的围追堵截,经历了新冠疫肺炎情暴发所带来的消极影响,但经济长期向好的基本面没有改变。从当前我国经济发展趋势来看,建设现代化经济体系是一篇大文章,集中体现了转变发展方式、优化经济结构、转换增长动力的迫切要求。

然而,在建设现代化经济体系的过程中,必然会与旧的发展方式、旧的经济结构、旧的增长动力产生矛盾,这些矛盾如果不能妥善处理,就可能成为风险,甚至引发系统性风险。此外,推进供给侧结构性改革过程中不可避免会遇到一些困难和挑战;建立房地产市场平稳健康发展长效机制,确保房地产行业平衡健康发展的任务依然艰巨;做好稳就业、稳金融、稳外贸、稳外资、稳投资、稳预期工作的压力依然巨大;等等。这些问题和矛盾如果不能得到妥善处理,就可能酿成经济领域的风险。

党的十九大报告指出:"我国经济已由高速增长阶段转向高质量发展阶段,正处在转变发展方式、优化经济结构、转换增长动力的攻关期,建设现代化经济体系是跨越关口的迫切要求和我国发展的战略目标。"① 按照党的十九大报告的要求,建设现代化经济体系,有效防范和化解经济体系落后带来的风险,必须做好下面几项工作。首先,深化供给侧结构性改革。建设现代化经济体系,必须把发展经济的着力点放在实体经济上,把提高供给体系质量作为主攻方向,显著增强我国经济质量优势;重点是解放和发展社会生产力,用改革的办法推进结构调整,减少无效和低端供给,扩大有效和中高端供给,增强供给结构对需求变化的适应性和灵活性,提高全要素生产率。其次,实施创新驱动发展,加快建设创新型国家。要在创新、协调、绿色、开放、共享的发展理念指引下,不断适应、把握、引领中国经济发展新常态,统筹抓好稳增长、促改革、调结构、惠

---

① 习近平:《决胜全面建成小康社会 夺取新时代中国特色社会主义伟大胜利——在中国共产党第十九次全国代表大会上的报告》,人民出版社2017年版,第30页。

民生、防风险工作，推动中国经济保持中高速增长、迈向中高端水平。最后，加快实施自由贸易区战略，构建开放型经济新体制。要通过自由贸易区更好帮助我国企业开拓国际市场，为我国经济发展注入新动力、增添新活力、拓展新空间；要善于通过自由贸易区建设增强我国国际竞争力，在国际规则制定中发出更多中国声音、注入更多中国元素，维护和拓展我国发展利益；要加强顶层设计、谋划大棋局，既要谋子更要谋势，逐步构筑起立足周边、辐射"一带一路"、面向全球的自由贸易区网络，积极同"一带一路"沿线国家和地区商建自由贸易区，使我国与沿线国家合作更加紧密、往来更加便利、利益更加融合；要积极支持企业做强做大做优，提高国际竞争力和抗风险能力。

（四）防范化解科技领域风险，走科技强国之路

科技兴则民族兴，科技强则国家强。邓小平有一句名言："科学技术是第一生产力。"① 随着科学技术自身发展的日益完善，以及科学技术应用范围的不断扩展，科学技术已成为社会各领域存在和发展的技术支撑，也成为外部势力控制、制约和破坏的重点对象。谁掌握了高新科学技术的主控权，谁就拥有综合国力竞争的优势和主动权。世界各国对科学技术越来越重视，把它作为捍卫国家利益、提高综合国力、参与全球化竞争的重要手段。因此，广大年轻干部必须牢记，科学技术领域安全是国家安全的无形屏障，只有努力提高防范和化解科学技术领域的风险，才能有效防范与化解科学技术领域的各种风险，进而使我国经济社会的发展真正处于安全的环境之中。

当前，我国科学技术领域还存在着诸多风险。如科学技术体系建设和能力建设不够强，国家创新体系不够完善，资源配置重复、科研力量分散、创新主体功能定位不清晰等问题依然突出，创新体系整体效能有待提

---

① 《邓小平文选》第3卷，人民出版社1993年版，第274页。

高;建立自主创新的制度机制优势依然是我们的短板;重大创新领域战略研判和前瞻部署不够强,国家实验室布局、国家重点实验室体系不够合理,重大创新基地和创新平台不完备,产、学、研协同创新机制不够完善;围绕人工智能、基因编辑、医疗诊断、自动驾驶、无人机、服务机器人等领域的相关立法工作比较缓慢;等等。

因此,广大年轻干部要自觉提高防范化解科学技术领域重大风险的意识和能力。首先,正确认识科学技术在经济社会发展中的重要地位和作用。科学技术是国家强盛之基。谁牵住了科学技术创新这个牛鼻子,谁走好了科学技术创新这步先手棋,谁就能占领先机、赢得优势。科学技术实力的强弱直接关乎国家经济实力、综合国力和国际竞争力的强弱。因此,面对科学技术全球化、多层次深入发展的强劲趋势,年轻干部必须从战略高度思考加强我国科学技术安全的对策,为我国国家安全提供稳固的支撑和有效的保障。其次,围绕核心技术开展自主创新,把核心技术真正掌握在自己手中,有效防范和化解核心技术缺失的风险;以科学技术体制改革夯实科技创新的基础,有效防范化解制度缺位带来的风险;积极开展国际科学技术交流合作,有效防范化解科技固步自封带来的风险。最后,加快科学技术人才队伍建设,有效防范化解人才缺失带来的风险。习近平同志一直强调,"聚天下英才而用之"。这句话通俗易懂、朴实无华,却集中表达了当代中国共产党人的人才观。所谓"聚",就是通过多种措施吸引和集聚人才。广大年轻干部必须树立强烈的聚天下人才的意识,寻觅人才求贤若渴,发现人才如获至宝,举荐人才不拘一格,使用人才各尽其能。所谓"天下",就是要打破国别、地域的局限,用好全世界的人才资源。所谓"英才",一般来说,是指那些具有浓厚家国情怀和强烈社会责任感、善于运用知识和技能推动经济社会发展的人,基本品质是德才兼备、政治坚定、才艺高超、勇于拼搏、甘于奉献。所谓"用之",就是坚持党管人才的原则,把选人用人作为关系党和人民事业的关键性、根本性问题来抓，充分激发各类人才的创造活力，在全社会大兴识才、爱才、敬才、用才之风，开创人人皆可成才、人人尽展其才的生动局面。

（五）防范化解社会领域风险，加强和创新社会治理

党的十九大报告提出："加强社会治理制度建设，完善党委领导、政府负责、社会协同、公众参与、法治保障的社会治理体制，提高社会治理社会化、法治化、智能化、专业化水平。"[①] 应该肯定，改革开放以来，我国人民生活状况显著改善，社会治理水平明显改进。然而，随着时代发展和社会进步，人民对美好生活的向往更加强烈，对民主、法治、公平、正义、安全、环境等方面的要求日益增长；关系到民众的就业、教育、社会保障、医药卫生、食品安全、安全生产、社会治安、住房市场调控等各方面工作尚存在差距，人民群众的获得感、幸福感、安全感明显不足；处理涉众型经济案件受损群体的过程中，在把防范打击犯罪同化解风险、维护稳定统筹起来，做好控赃控人、资产返还、教育疏导等工作方面还不到位；扫黑除恶专项斗争，紧盯涉黑涉恶重大案件、黑恶势力经济基础和背后的"关系网""保护伞"不放，在打防并举、标本兼治上下功夫要继续加强；建设立体化、信息化社会治安防控体系，以便保持对刑事犯罪的高压震慑态势，与人民群众对安全感的要求尚存在差距。

因此，要努力防范化解社会领域的风险，首先，必须深化社会治理体制改革、提升社会治理水平，这是防范和化解社会领域风险的根本之策。这就要求年轻领导干部加快转变社会治理理念、提升社会治理能力、建立健全相关法律法规，有效防范和化解各类社会风险。其次，要着力践行以人民为中心的发展思想，把实现人民幸福作为发展的出发点和落脚点。广

---

① 习近平：《决胜全面建成小康社会 夺取新时代中国特色社会主义伟大胜利——在中国共产党第十九次全国代表大会上的报告》，人民出版社2017年版，第49页。

大年轻干部必须牢记,保障和改善民生是一项长期工作,没有终点站,只有连续不断的新起点;要始终把实现好、维护好、发展好最广大人民的根本利益作为一切工作的出发点和落脚点,实现经济发展和民生改善良性循环,让发展成果更多更公平惠及全体人民。最后,要坚持多元共治,打造共建共享共治的社会治理格局,不断完善社会治理体系、社会信用体系、公共安全体系、国家安全体系。这是我们党在社会治理理念和实践路径认识上的新突破。

(六)防范化解涉外领域风险,走和平发展合作共赢道路

当今世界是一个变革的世界,是一个新机遇、新挑战层出不穷的世界,是一个国际体系和国际秩序深度调整的世界,是一个国际力量对比深刻变化并朝着有利于和平与发展方向变化的世界。我们在认识世界的过程中,既不能被乱花迷眼,也不能被浮云遮眼,而要端起历史规律的望远镜去细心观望。我们要深刻理解世界处于百年未有之大变局的论断,准确认知中国在全球之变中的坐标和方位,正确把握中国尚处在"将强未强"的特殊阶段,坚持走出一条和平发展合作共赢的道路。

习近平同志指出:"世界大变局加速深刻演变,全球动荡源和风险点增多,我国外部环境复杂严峻。我们要统筹国内国际两个大局、发展安全两件大事,既聚焦重点、又统揽全局,有效防范各类风险连锁联动。要加强海外利益保护,确保海外重大项目和人员机构安全。要完善共建'一带一路'安全保障体系,坚决维护主权、安全、发展利益,为我国改革发展稳定营造良好外部环境。"① 因此,年轻干部要深入分析世界转型过渡期国际形势的演变规律,准确把握历史交汇期我国外部环境的基本特征,统筹谋划和推进对外工作。既要把握世界多极化加速推进、经济全球化持续发展、国际环境总体稳定、各种文明交流互鉴的大势,又要重视大国关系深

---

① 《习近平谈治国理政》第3卷,外文出版社2020年版,第222页。

入发展、世界经济格局深刻演变、国际安全挑战错综复杂、不同思想文化相互激荡的现实。必须认识到，国际竞争是国家之间的较量，西方某些势力并不会因为你的和善友好而减少竞争，也不会因为你的主动示好或屈服而降低打压的程度。只有保持战略定力，准确研判形势，科学制定战略对策，沉着应对，果断出击，才能在波澜壮阔的国际环境中"守得云开见日月"。

（七）防范化解党建领域风险，不断提高党的执政能力和领导水平

高度重视并不断加强党的建设，有效防范和化解党的建设过程中所遇到的各种风险，是中国共产党能够从小到大、由弱到强、从挫折中奋起、在曲折中前进的根本原因。党的十八大以来，我们党以自我革命精神推进全面从严治党，清除了党内存在的严重隐患，积累了防范和化解执政党建设风险的经验，概括了防范和化解执政党建设风险的理论，成效是显著的。但这并不意味着我们就可以高枕无忧了。党面临的长期执政考验、改革开放考验、市场经济考验、外部环境考验具有长期性和复杂性，党面临的精神懈怠危险、能力不足危险、脱离群众危险、消极腐败危险具有尖锐性和严峻性，这是根据实际情况作出的大判断。

世界政党发展史的经验告诉我们，一个政党获取政权很不容易，失去政权却是顷刻之间的事情。正所谓"其兴也勃焉，其亡也忽焉"。因此，年轻干部必须深刻认识和准确把握外部环境的深刻变化和我国改革发展稳定面临的新情况新问题新挑战，充分认识到在中国特色社会主义新时代防范化解党的建设风险的任务繁重而艰巨。我们必须集中精力解决各领域重大问题，有效防范和化解各种重大风险；建立健全规章制度，为有效防范和化解党建风险的制度保障；培养一支锐意进取、奋发有为、关键时刻顶得住的干部队伍，为有效防范和化解党建风险的人力支持。

三、牢牢把握防范和化解重大风险的主动权

习近平同志在2022年春季学期中央党校（国家行政学院）中青班开班式的讲话中再次强调："这些年，我们强调必须准备进行具有许多新的历史特点的伟大斗争，正是有了这样的思想准备，我们才能从容应对一系列风险考验。"①年轻干部必须清醒地认识到，实现中华民族伟大复兴的中国梦，我们面临难得的机遇，具备扎实的基础，拥有坚定的信心。同时，前进道路从来不会是一片坦途，必然要面对各种重大挑战、重大风险、重大阻力、重大矛盾，必须不断提高防范和化解执政风险的能力，牢牢掌握防范和化解各种执政风险的主动权。

（一）善于在全面深化改革中防范和化解执政风险

党在全面深化改革的实践中，抵御执政风险的战略布局愈来愈清晰，基本方略愈来愈明确，抓落实、抓成效愈来愈显著。习近平同志强调："要破解发展面临的各种难题，化解来自各方面的风险和挑战，更好发挥中国特色社会主义制度优势，推动经济社会持续健康发展，除了深化改革开放，别无他途。"②通过全面深化改革，完善和发展中国特色社会主义制度，推进国家治理体系和治理能力现代化。这就要求我们更加注重改革的系统性、整体性、协同性，加快发展社会主义市场经济、民主政治、先进文化、和谐社会、生态文明，让一切劳动、知识、技术、管理、资本的活力竞相迸发，让一切创造社会财富的源泉充分涌流，让发展成果更多更公平惠及全体人民。

---

① 《筑牢理想信念根基树立践行正确政绩观　在新时代新征程上留下无悔的奋斗足迹》，《人民日报》2022年3月2日。

② 《习近平谈治国理政》第1卷，外文出版社2018年版，第86页。

（二）善于在发展社会主义民主政治中防范和化解执政风险

随着人民生活水平的提高，人们政治参与的愿望愈加强烈、政治诉求的表达更加多样；全面深化改革的题中应有之意，就是推进社会主义民主政治建设，实现国家治理的现代化。邓小平早就指出，没有民主，就没有社会主义。社会主义制度从根本上说就是人民当家作主的社会主义民主制度。民主政治的发展是一个渐进的过程，也是一个逐渐完善的过程。在这个过程中，协商民主、程序民主、参与民主、决策民主、管理民主等运行机制也需要建立和完善。要通过合理的制度安排，不断拓宽人民群众的政治诉求表达渠道，不断满足人民群众的政治参与要求，真正让人民参与国家事务的决策和管理，切实夯实民主决策的合法性基础，提升民主选举的质量，将民主监督落到实处，这是党抵御执政风险的必然选择。

（三）善于在着力保障和改善民生中防范和化解执政风险

得民心者得天下，谋民利者得民心；民心向背关系执政党的生死存亡。人民期盼有更好的教育、更稳定的工作、更满意的收入、更可靠的社会保障、更高水平的医疗卫生服务、更舒适的居住条件、更优美的环境……然而，制约民生发展的各种深层次矛盾和问题在短时间内尚得不到彻底解决。这就要求年轻干部，要准确把握制约民生发展的瓶颈问题，在重点领域和关键环节上有所突破，就会赢得人民群众的肯定，就会坚定人民对党的信心。历史上，罗马尼亚共产党和苏联共产党丧失政权固然有其自身的原因，但民生事业发展的长期滞后，人民生活迟迟得不到必要的改善，是不能忽视的重要原因，必须引以为鉴。

（四）善于在引领文化繁荣与发展中防范和化解执政风险

文化是一个国家、一个民族的灵魂。文化兴国运兴，文化强国运强。

没有高度的文化自信，没有文化的繁荣兴盛，就没有中华民族的伟大复兴。意识形态是文化的核心，要牢牢掌握意识形态工作领导权，旗帜鲜明反对和抵制各种错误观点；培育和践行社会主义核心价值观，发挥其对国民教育、精神文明创建、精神文化产品创作的引领作用；努力加强思想道德建设，提高人民思想觉悟、道德水平、文明素养；繁荣发展社会主义文艺，推动文化事业和文化产业发展，为人民群众提供丰富的精神食粮；以此来有效防范和化解中国共产党面临的文化建设领域的执政风险。

（五）善于在全面从严治党中防范和化解执政风险

回顾党的奋斗历程可以发现，我们党之所以能够不断历经艰难困苦而创造新的辉煌，其最重要的经验就是我们党始终重视思想和政治建党、理论强党、制度管党，坚持用科学理论武装广大党员、干部的头脑，使全党始终保持统一的思想、坚定的意志、强大的战斗力。在中国特色社会主义新时代，我们要赢得优势、赢得主动、赢得未来，战胜前进道路上各种各样的拦路虎、绊脚石，防范和化解党的建设风险，必须把马克思主义作为看家本领，以更宽广的视野、更长远的眼光来思考把握未来发展面临的一系列重大问题，不断提高全党运用马克思主义分析和解决实际问题的能力，不断提高运用科学理论指导我们应对重大挑战、抵御重大风险、克服重大阻力、解决重大矛盾的能力。要坚持不懈用马克思主义中国化最新成果武装头脑、凝心聚魂，坚定全党马克思主义信仰和共产主义理想，不断提高全党特别是领导干部的理论思维能力和思想政治水平。

我们必须牢记，努力提高防范和化解执政风险能力，避免犯颠覆性错误。习近平同志指出："在中国这样一个拥有13亿多人口的国家深化改革，绝非易事。中国改革经过30多年，已进入深水区，可以说，容易的、皆大欢喜的改革已经完成了，好吃的肉都吃掉了，剩下的都是难啃的硬骨头。这就要求我们胆子要大、步子要稳。胆子要大，就是改革再难也要向前推进，敢于担当，敢于啃硬骨头，敢于涉险滩。步子要稳，就是方向一定要准，行驶一定要稳，尤其是不能犯颠覆性错误。"①一方面，中国承担不起在根本性问题上犯颠覆性错误的代价。中国是一个人口大国，稍有大规模动荡都会给党和国家的事业甚至给世界的发展带来无法承受之重。当然，我国处在全面深化改革的关键时期，"当前改革需要解决的问题格外艰巨，都是难啃的硬骨头，这个时候就要一鼓作气，瞻前顾后、畏葸不前不仅不能前进，而且可能前功尽弃"②，在这个关键时刻更不允许犯颠覆性错误。另一方面，我们也必须清醒认识到，由于我们对社会主义建设规律知之不多，对中国特色社会主义建设规律知之不多，对中国共产党作为执政党的建设规律也知之不多等原因，出现颠覆性错误的可能仍然存在。因此，必须落实国家安全观，以人民安全为宗旨，以政治安全为根本，以经济安全为基础，以军事、文化、社会安全为保障，以促进国际安全为依托，走出一条中国特色国家安全道路。

习近平同志在庆祝改革开放40周年大会上告诫全党，古人说："事者，生于虑，成于务，失于傲。"我们每个人都必须牢记，建成中国特色社会主义现代化强国，实现中华民族伟大复兴，是一场困难重重的接力跑，我们要克服一切困难一棒接着一棒跑下去，每一代人都要为下一代人跑出一个好成绩。广大年轻干部作为领跑者和接棒人，更要具有历史的主动精神和主人翁的责任担当，自觉提高防范和化解执政能力的自觉性，把增强防范和化解执政风险能力作为自己的神圣政治职责。

---

① 《习近平谈治国理政》第1卷，外文出版社2018年版，第101页。
② 《十八大以来重要文献选编》（上），中央文献出版社2014年版，第438页。

第八章

强化勇于斗争精神
挺起脊梁冲锋在前

习近平同志历来强调，发扬斗争精神，增强斗争本领。他在2019年秋季学期中央党校（国家行政学院）中青班开班式的讲话主题是"发扬斗争精神增强斗争本领，为实现'两个一百年'奋斗目标而顽强奋斗"。发扬斗争精神，增强斗争本领，是对人类社会发展规律的正确把握，是马克思主义的基本要求，是对中国共产党领导革命、建设、改革经验的深刻总结，是应对和防范在坚持和发展中国特色社会主义的过程中所可能遇到的各种困难和风险的精神状态和本领准备。毫无疑问，发扬斗争精神，增强斗争本领，是向广大年轻干部发出的动员令，也是广大年轻干部必须自觉承担的政治职责。

一、实现中华民族伟大复兴必须进行伟大斗争

习近平同志指出，马克思主义产生和发展、社会主义国家诞生和发展的历程充满着斗争的艰辛。建立中国共产党、成立中华人民共和国、实行改革开放、推进新时代中国特色社会主义事业，都是在斗争中诞生、在斗争中发展、在斗争中壮大的。当今世界正处于百年未有之大变局，我们党领导的伟大斗争、伟大工程、伟大事业、伟大梦想正在如火如荼进行，改革发展稳定任务艰巨繁重，我们面临着难得的历史机遇，也面临着一系列

重大风险考验。胜利实现我们党确定的目标任务,必须发扬斗争精神,增强斗争本领。

(一)坚持斗争精神是马克思主义的精神标识

马克思主义产生和发展的历程充满着斗争的艰辛。习近平同志在《纪念马克思诞辰200周年大会上的讲话》中指出:"马克思主义不是书斋里的学问,而是为了改变人民历史命运而创立的,是在人民求解放的实践中形成的,也是在人民求解放的实践中丰富和发展的,为人民认识世界、改造世界提供了强大精神动力。"① 马克思、恩格斯在《德意志意识形态》中说:"实际上,而且对实践的唯物主义者即共产主义者来说,全部问题都在于使现存世界革命化,实际地反对并改变现存的事物。"② 正是这种勇于"使现存世界革命化"的斗争追求,成为马克思、恩格斯终生奋斗的内在动力。1880年,美国记者在英国兰兹格特海边采访马克思时问"人生的最高法则是什么",马克思望着咆哮的大海用深沉而严肃的语调回答:"斗争!"可以说,正是这种为追求真理而不懈斗争的精神,使马克思战胜各种敌对势力的诅咒和打击,经受亲人的离去而带来的精神痛苦,克服长达40年颠沛流离的流亡生活所带来的苦难,不断实现人生观的转变、思想的超越和理论的创新,最终创立马克思主义。

斗争精神是马克思主义的精神标识。马克思、恩格斯在与以黑格尔为代表的唯心主义哲学的斗争中,创立辩证唯物主义哲学;在与费尔巴哈为代表的旧唯物主义哲学的斗争中,创立历史唯物主义哲学体系,使哲学第一次真正获得了科学的性质,实现了人类认识史上的伟大变革。在参加和领导工人运动的过程中,与各种非无产阶级思想进行斗争,积极进行理论研究和理论创新,为工人阶级政党提供了纲领性文献。在与各种资产阶级

---

① 习近平:《在纪念马克思诞辰200周年大会上的讲话》,《人民日报》2018年5月5日。
② 《马克思恩格斯文集》第1卷,人民出版社2009年版,第527页。

思想斗争的过程中，深入研究资本主义的生产关系和生产过程，马克思用毕生精力撰写的划时代巨著《资本论》，把高度的革命性和严谨的科学性紧密结合起来，揭示了资本家剥削工人的秘密，进而揭示了资本主义必然灭亡，社会主义、共产主义必然胜利的规律。《资本论》被称为工人阶级的圣经，"是工人阶级政治经济学的科学表述"①。在与各种非马克思主义思潮斗争的过程中，丰富和发展了马克思主义理论。与以巴枯宁为代表的无政府主义展开尖锐的斗争，全面阐述了马克思主义国家学说。与拉萨尔和拉萨尔主义展开针锋相对的斗争，阐述了无产阶级革命的理论。在与杜林思想斗争的过程中，全面系统阐述了马克思主义哲学、政治经济学和科学社会主义及其内在联系，为批判杜林而撰写的《反杜林论》被誉为"马克思主义的百科全书"。

阶级斗争思想构成马克思主义的基本理论内容。马克思主义的诞生是时代精神的体现。当时，人类历史正处在工业文明兴起和工业化开启的现代化进程的初期，处在由古代文明向现代文明、由农业文明向工业文明转折的重大历史阶段。伴随着资本主义的快速发展和社会矛盾的急剧积累，无产阶级和资产阶级的矛盾日益尖锐，无产阶级作为一支独立的政治力量开始登上世界历史舞台。时代所要求回答的课题是，揭示和阐明资本主义社会的内在矛盾及其发展规律，揭示和阐明正在兴起的现代社会的本质和发展趋势，进而揭示和阐明人类社会发展的一般规律，为无产阶级从而为人类解放提供思想武器。社会发展需要新的理论指导，无产阶级革命需要新的思想武器。马克思、恩格斯创立的马克思主义应运而生，构建起一个主题明确、说理透彻、逻辑严谨、体系恢弘、价值取向鲜明的科学理论体系。其中，斗争思想特别是阶级斗争思想，构成马克思主义的基本思想和基本观点。应该说，"阶级"和"阶级斗争"概念并不是马克思发明的。在马克思主义创立之前，一些资产阶级思想家就已经明确提出阶级和阶级

---

① 《马克思恩格斯全集》第16卷，人民出版社1964年版，第411页。

斗争的问题。但是他们的共同局限性在于：一是没有科学地揭示阶级的起源和本质；二是只承认资本主义反对封建贵族的斗争的合理性，而否认甚至反对无产阶级反对资本主义的斗争；三是把资本主义制度理想化，把阶级区分永恒化。针对资产阶级思想家理论上的局限性，马克思在1852年3月5日《致约·魏德迈》的信中说："我所加上的新内容就是证明了下列几点：（1）阶级的存在仅仅同生产发展的一定历史阶段相联系；（2）阶级斗争必然导致无产阶级专政；（3）这个专政不过是达到消灭一切阶级和进入无阶级社会的过渡……"①这三点是相互联系不可分割的，科学地揭示了阶级和阶级斗争同生产力发展之间、阶级斗争同无产阶级专政之间、无产阶级专政同消灭阶级之间的内在联系，从总体上系统阐明了阶级和阶级斗争的产生、发展和消灭的客观规律性，从而划清了马克思主义阶级斗争理论同资产阶级的阶级斗争理论的界限，同时也划清了马克思主义同机会主义的界限。

列宁说过："某一社会中一些成员的意向同另一些成员的意向相抵触；社会生活充满着矛盾；我们在历史上看到各民族之间，各社会之间，以及各民族、各社会内部的斗争，还看到革命和反动、和平和战争、停滞和迅速发展或衰落等不同时期的更迭，——这些都是人所共知的事实。马克思主义提供了一条指导性的线索，使我们能在这种看来扑朔迷离、一团混乱的状态中发现规律性。这条线索就是阶级斗争的理论。"②列宁对马克思的阶级斗争思想及其理论地位给予很高的评价。

（二）发扬斗争精神是中国共产党人取得成功的基本经验

"十月革命"一声炮响，给我们送来了马克思列宁主义，也送来了马克思主义的斗争精神和斗争学说。1919年，李大钊在《新青年》5、6

---

① 《马克思恩格斯选集》第4卷，人民出版社2012年版，第426页。
② 《列宁选集》第2卷，人民出版社2012年版，第426页。

号上发表了在我国首次比较全面地介绍马克思主义理论体系的文章《我的马克思主义观》，文章说：马克思主义理论的三大组成部分，"都有不可分的关系，而阶级竞争说恰如一条金线，把这三大原理从根本上联络起来"①。中国共产党人在领导中国革命、建设和改革的过程中，不仅在实践中坚持发扬斗争精神、不断增强斗争本领，而且在理论上不断探索和创新并概括出完整的理论体系。

中国共产党人依靠斗争精神取得新民主主义革命的伟大胜利。毛泽东的一生是光辉的一生，也是进行不懈斗争的一生。他在湖南第一师范读书时，就在日记中写下"与天奋斗，其乐无穷；与地奋斗，其乐无穷；与人奋斗，其乐无穷"的名句。当走上革命道路之后，他把马克思主义基本理论与中国革命实际相结合，形成了内容丰富的发扬斗争精神的思想观点。在大革命时期，毛泽东在《中国社会各阶级的分析》中明确提出"革命斗争"概念。毛泽东说："谁是我们的敌人？谁是我们的朋友？这个问题是革命的首要问题。中国过去一切革命斗争成效甚少，其基本原因就是因为不能团结真正的朋友，以攻击真正的敌人。"怎样进行斗争？毛泽东说："革命不是请客吃饭，不是做文章，不是绘画绣花，不能那样雅致，那样从容不迫，文质彬彬，那样温良恭俭让。革命是暴动，是一个阶级推翻一个阶级的暴烈的行动。"②很显然，这里讲的"革命"就是斗争。毛泽东对斗争的这种理解，规定其后来研究斗争问题的思维模式，构建斗争思想的理论范式，从事斗争实践的行动方式。在土地革命战争时期，毛泽东更加强调斗争，初步构建起武装斗争理论体系。延安时期是毛泽东思想的成熟时期，也是毛泽东斗争思想成熟的时期。1936年，为了总结第二次国内革命战争的经验教训，毛泽东发表了《中国革命战争的战略问题》，从认识规律的层面解决了如何进行中国革命的问题。1937年5月，面对日益激

---

① 《李大钊文集》（下），人民出版社1984年版，第50页。
② 《毛泽东选集》第1卷，人民出版社1991年版，第17页。

化的中日矛盾，毛泽东发出了"为民主和自由而斗争"和"为争取千百万群众进入抗日民族统一战线而斗争"的时代呐喊。同年7月，毛泽东撰写的《矛盾论》提出，矛盾的斗争性是无条件的、绝对的，有条件的相对的同一性和无条件的绝对的斗争性相结合，构成了一切事物的矛盾运动的观点，为中国共产党人的斗争理论奠定了哲学基础。在如何加强中国共产党的自身建设方面，毛泽东提出必须开展积极的思想斗争，反对主观主义以整顿学风，反对宗派主义以整顿党风，反对党八股以整顿文风；"需要展开一个无产阶级对非无产阶级的思想斗争"，并且要求大家"积极起来参加这个斗争"。毛泽东专门强调，团结和斗争是一个问题的两个方面，只有团结而无斗争，或者只有斗争而无团结，都是错误的政策。在《丢掉幻想，准备斗争》一文中，毛泽东总结了近代以来中国人民与各种反动势力的斗争史，得出结论说："斗争，失败，再斗争，再失败，再斗争，直至胜利——这就是人民的逻辑。"①

新中国成立后，毛泽东斗争思想的内容是很丰富的，其最具特色是提出用"百花齐放、百家争鸣"方针来解决思想领域和文艺领域里的矛盾。这个方针既是促进艺术发展和科学进步的方针，又是发展巩固马克思主义的方针。很遗憾，随着国内外形势的剧烈变化，毛泽东错误地把"无产阶级和资产阶级的斗争"作为中国社会的主要矛盾，错误地制定了"以阶级斗争为纲"的基本路线，错误地采用群众运动的方式来解决中国社会发展过程中的问题，最终导致"十年浩劫"的发生。这个教训太深刻了。然而，毛泽东等老一辈无产阶级家概括的增强斗争本领的思想，在实践中积累的斗争经验，无疑都成为中国共产党人宝贵的精神财富。

依靠发扬斗争精神开创了改革开放的新时期。党的十一届三中全会以后，中国共产党面临的客观环境和历史条件发生了根本性的变化，特别

---

① 《毛泽东选集》第4卷，人民出版社1991年版，第1487页。

是"文化大革命"造成了党的思想、组织、作风严重不纯。以邓小平为代表的中国共产党人洞察世界风云，科学分析时代特征，敏锐把握时代发展的脉搏，深刻总结社会主义建设过程中出现正反两方面的经验教训，围绕着在社会主义建设、党的建设的过程中，怎样发扬斗争精神等问题进行思考，提出了一系列新观点、新论断、新举措，成为邓小平理论的重要组成部分。与"两个凡是"的思想枷锁作斗争，完整地准确地理解毛泽东思想；支持真理标准问题大讨论，强调实践是检验真理的唯一标准；与思想僵化的"怪现象"作斗争，强调解放思想、实事求是、团结一致向前看。邓小平说："一个党，一个国家，一个民族，如果一切从本本出发，思想僵化，迷信盛行，那它就不能前进，它的生机就停止了，就要亡党亡国。"① 与传统僵化的社会主义观念作斗争，在南方谈话中用精练的语言概括出社会主义的本质："社会主义的本质，是解放生产力，发展生产力，消灭剥削，消除两极分化，最终达到共同富裕。"② 与超越社会发展阶段的历史唯心主义作斗争，提出社会主义初级阶段理论。与各种错误思潮和行为作斗争，提出坚持四项基本原则是实现社会主义现代化的前提，是立国之本；与封建主义和资产阶级思想作斗争，要求健全和完善社会主义制度。习近平同志在纪念邓小平诞辰110周年座谈会上的讲话中指出："邓小平同志以一生的实践证明，他是一位高瞻远瞩的思想家、政治家、战略家，也是一位求实、务实、踏实的实干家。"③

依靠发扬斗争精神把中国特色社会主义推进新世纪。世纪之交，中国共产党既面临着严峻的挑战和机遇，又承担着前所未有的历史重任。随着改革开放的不断深入，中国共产党从领导人民为夺取全国政权而奋斗的党，成为领导人民掌握全国政权并长期执政的党；从受到外部封锁

---

① 《邓小平文选》第2卷，人民出版社1994年版，第143页。
② 《邓小平文选》第3卷，人民出版社1993年版，第373页。
③ 《习近平谈治国理政》第2卷，外文出版社2017年版，第6页。

和实行计划经济条件下领导国家建设的党,成为对外开放和发展社会主义市场经济条件下领导国家建设的党。在这种全新的社会条件下,"建设什么样的党,怎样建设党""实现什么样的发展,怎样发展"作为重大的理论和实践问题,摆在中国共产党人的面前。能否解决好这些重大理论和实践问题,直接关系到我们党和国家的前途命运,关系到中国特色社会主义的未来。以江泽民、胡锦涛为代表的中国共产党人,十分关注发扬斗争精神的问题。与党内各种不良思想和行为作斗争,提出党的先进性和纯洁性问题。强调先进性和纯洁性是马克思主义政党的本质属性,是马克思主义政党的生命所系、力量所在。中国共产党作为马克思主义政党,在领导中国革命、建设和改革的各个历史时期,在保持党的先进性的同时,特别强调把保持党的纯洁性作为党的建设的根本问题和重要目标。与传统的发展观作斗争,提出科学发展观。随着新世纪曙光的照耀,中国特色社会主义伟大事业也进入新阶段,改革开放事业取得了前所未有的成就,也面临着前所未有的问题,意味着按照传统发展模式走下去,资源难以支撑,环境难以容纳,社会难以承受,发展难以持续,这就迫使我们必须转变发展观念,创新发展模式,破解发展难题,提高发展质量和效益。因此,以胡锦涛为代表的中国共产党人,顺应国内外形势发展变化,抓住重要战略机遇期,发扬求真务实、开拓进取精神,围绕着"实现什么样的发展,怎样发展"这个重大理论和实践问题,提出科学发展观,第一要义是发展,核心是以人为本,基本要求是全面协调可持续,根本方法是统筹兼顾。与单纯重视工业发展和城市建设的片面发展观作斗争,强调农业、农村和农民这"三农"问题的重要性。与各种不和谐因素作斗争,提出构建"和谐社会"的重要理念。与忽视环境安全的观念作斗争,提出"建设生态文明"的重要理念。与霸权主义和强权政治作斗争,提出"和谐世界"的重要理念。

(三)发扬斗争精神是习近平新时代中国特色社会主义思想的重要内容

党的十八大报告明确提出：发展中国特色社会主义是一项长期而艰巨的历史任务，必须准备进行具有许多新的历史特点的伟大斗争。这是中国共产党人站在中国特色社会主义新时代作出的一个重大判断。党的十八大以来，习近平同志在很多场合强调发扬斗争精神。2017年7月26日，习近平同志在省部级主要领导干部"学习习近平总书记重要讲话精神，迎接党的十九大"专题研讨班开班式上发表重要讲话，明确提出"四个伟大"的新概括，即"我们要进行伟大斗争、建设伟大工程、推进伟大事业、实现伟大梦想"[①]，并把伟大斗争列在"四个伟大"的首位。应该肯定，把伟大斗争作为治国理政的基本手段且居于先导性地位，是以习近平同志为代表的中国共产党人从中国特色社会主义新时代的实际出发作出的一项重大决策和理论贡献。党的十九大报告指出："实现伟大梦想，必须进行伟大斗争。社会是在矛盾运动中前进的，有矛盾就会有斗争。我们党要团结带领人民有效应对重大挑战、抵御重大风险、克服重大阻力、解决重大矛盾，必须进行具有许多新的历史特点的伟大斗争，任何贪图享受、消极懈怠、回避矛盾的思想和行为都是错误的。""全党要充分认识这场伟大斗争的长期性、复杂性、艰巨性，发扬斗争精神，提高斗争本领，不断夺取伟大斗争新胜利。"[②]发扬斗争精神，提高斗争本领，构成习近平新时代中国特色社会主义思想的重要组成部分。

首先，中国共产党人所面临的复杂国际国内环境，要求必须进行伟大斗争。当前，国际形势波谲云诡，改革发展稳定的任务艰巨繁重，我们必须不断强化问题意识、坚持问题导向，积极面对前进中遇到的问题和挑

---

① 《习近平谈治国理政》第2卷，外文出版社2017年版，第62页。
② 习近平：《决胜全面建成小康社会 夺取新时代中国特色社会主义伟大胜利——在中国共产党第十九次全国代表大会上的报告》，人民出版社2017年版，第15—16页。

战，善于把认识和解决问题作为打开局面的突破口，做到未雨绸缪、有备无患，牢牢把握主动权。习近平同志指出，我们必须积极主动、未雨绸缪、见微知著、防微杜渐，下好先手棋，打好主动仗，做好应对任何形式的矛盾风险挑战的准备，做好经济上、政治上、文化上、社会上、外交上、军事上各种斗争的准备，层层负责、人人担当。

其次，完成中国共产党所肩负的历史使命，要求必须进行伟大斗争。习近平同志强调，各种敌对势力绝不会让我们顺顺利利实现中华民族伟大复兴，这就是为什么我们要郑重提醒全党必须准备进行具有许多新的历史特点的伟大斗争的一个原因。面对新形势新挑战，要发扬斗争精神，既要敢于斗争，又要善于斗争，在事关中国特色社会主义前途命运的大是大非问题上坚定不移，在改革发展稳定工作中敢于碰硬，在全面从严治党上敢于动硬，在维护国家核心利益上敢于针锋相对，不在困难面前低头，不在挑战面前退缩，不拿原则做交易，不在任何压力下吞下损害中华民族根本利益的苦果。

最后，中国共产党人领导社会主义现代化建设所面临的各种问题和矛盾，要求必须进行伟大斗争。党的十九大要求，各级党政干部必须做到"五个更加自觉"："全党要更加自觉地坚持党的领导和我国社会主义制度，坚决反对一切削弱、歪曲、否定党的领导和我国社会主义制度的言行；更加自觉地维护人民利益，坚决反对一切损害人民利益、脱离群众的行为；更加自觉地投身改革创新时代潮流，坚决破除一切顽瘴痼疾；更加自觉地维护我国主权、安全、发展利益，坚决反对一切分裂祖国、破坏民族团结和社会和谐稳定的行为；更加自觉地防范各种风险，坚决战胜一切在政治、经济、文化、社会等领域和自然界出现的困难和挑战。"[①]因此，我们要通过伟大斗争为伟大梦想开辟道路，为伟大工程扫清障碍，为伟大事业

---

① 习近平：《决胜全面建成小康社会　夺取新时代中国特色社会主义伟大胜利——在中国共产党第十九次全国代表大会上的报告》，人民出版社2017年版，第15—16页。

化解风险。

  党的十九大报告再次强调:"行百里者半九十。中华民族伟大复兴,绝不是轻轻松松、敲锣打鼓就能实现的。全党必须准备付出更为艰巨、更为艰苦的努力。"实现伟大梦想,必须进行伟大斗争。实现伟大梦想,必须建设伟大工程。实现伟大梦想,必须推进伟大事业。"伟大斗争,伟大工程,伟大事业,伟大梦想,紧密联系、相互贯通、相互作用,其中起决定性作用的是党的建设新的伟大工程。推进伟大工程,要结合伟大斗争、伟大事业、伟大梦想的实践来进行,确保党在世界形势深刻变化的历史进程中始终走在时代前列,在应对国内外各种风险和考验的历史进程中始终成为全国人民的主心骨,在坚持和发展中国特色社会主义的历史进程中始终成为坚强领导核心。"①

  2019年9月21日,省部级主要领导干部"坚持底线思维着力防范化解重大风险"专题研讨班在中央党校(国家行政学院)开班。习近平同志在讲话中就防范和化解政治、意识形态、经济、科技、社会、外部环境、党的建设等领域重大风险作出深刻分析、提出明确要求。他强调,面对波谲云诡的国际形势、复杂敏感的周边环境、艰巨繁重的改革发展稳定任务,我们必须始终保持高度警惕,既要高度警惕"黑天鹅"事件,也要防范"灰犀牛"事件;既要有防范风险的先手,也要有应对和化解风险挑战的高招;既要打好防范和抵御风险的有准备之战,也要打好化险为夷、转危为机的战略主动战。他特别强调,防范化解重大风险,需要有充沛顽强的斗争精神。领导干部要敢于担当、敢于斗争,保持斗争精神、增强斗争本领,年轻干部要到重大斗争中去真刀真枪干。各级领导班子和领导干部要加强斗争历练,增强斗争本领,永葆斗争精神,以"踏平坎坷成大道,斗罢艰险又出发"的顽强意志,应对好每一场重大风险挑战,切实把改革发

---

① 习近平:《决胜全面建成小康社会 夺取新时代中国特色社会主义伟大胜利——在中国共产党第十九次全国代表大会上的报告》,人民出版社2017年版,第17页。

展稳定各项工作做实做好。

由此可见，发扬斗争精神，作为中国共产党的红色基因，深深扎根于当代中国共产党人执政理念之中，成为当代中国共产党人攻坚克难、砥砺前行的精神动力。

二、斗争要有方向、有立场、有原则、讲艺术

习近平同志在2019年秋季学期中央党校（国家行政学院）中青班开班式上的讲话中，以"发扬斗争精神增强斗争本领，为实现'两个一百年'奋斗目标而顽强奋斗"为主题，系统阐述了伟大斗争的思想，构建起关于伟大斗争的理论体系，为广大年轻干部在中国特色社会主义新时代进行伟大斗争提供了理论依据和行动指南。

（一）进行伟大斗争必须坚持中国共产党领导和社会主义制度的大方向

习近平同志指出："共产党人的斗争是有方向、有立场、有原则的，大方向就是坚持中国共产党领导和我国社会主义制度不动摇。"[①]实践证明，中国共产党是中国人民谋求民族独立、人民解放和国家富强、人民幸福的斗争的主心骨，是中国特色社会主义事业的领导核心；中国特色社会主义是科学社会主义理论逻辑和中国社会发展历史逻辑的辩证统一，是根植于中国大地、反映中国人民意愿、适应中国和时代发展进步要求的科学社会主义，是全面建成小康社会、加快推进社会主义现代化、实现中华民族伟大复兴的必由之路。因此，凡是危害中国共产党领导和我国社会主义制度的各种风险挑战，凡是危害我国主权、安全、发展利益的各种风险挑战，

---

① 《发扬斗争精神增强斗争本领　为实现"两个一百年"奋斗目标而顽强奋斗》，《人民日报》2019年9月4日。

凡是危害我国核心利益和重大原则的各种风险挑战，凡是危害我国人民根本利益的各种风险挑战，凡是危害我国实现"两个一百年"奋斗目标、实现中华民族伟大复兴的各种风险挑战，只要来了，我们就必须进行坚决斗争，而且必须取得斗争胜利。我们的头脑要特别清醒、立场要特别坚定，牢牢把握正确斗争方向，做到在各种重大斗争考验面前"不畏浮云遮望眼""乱云飞渡仍从容"。

（二）进行伟大斗争必须坚持"以人民为中心"的立场

发扬斗争精神，必须坚持以人民为中心的立场，以让人民过上美好生活为奋斗目标。党的十九届六中全会通过的《中共中央关于党的百年奋斗重大成就和历史经验的决议》，把中国共产党百年奋斗的历史经验概括为"十个坚持"，其中第二个坚持就是"坚持人民至上"。中国共产党的根本宗旨决定着我们发扬斗争精神的根本立场。马克思主义认为，物质的力量必须靠物质的力量来改变，人民群众是历史的创造者。中国共产党人继承了马克思主义关于人民主体思想，在领导中国革命、建设和改革开放的伟大实践中，把人民立场作为根本的政治立场，把全心全意为人民服务作为最高的价值原则，把人民过上美好生活作为奋斗目标，把群众路线作为科学的领导方法和工作方法，坚信党的根基在人民、血脉在人民、力量在人民；坚持以人为本、执政为民、以人民为中心的执政理念，一切为了人民、一切依靠人民，尊重人民的主体地位，保证人民当家作主；坚持让人民群众成为改革主体、实践主体、价值主体，充分发挥广大人民群众积极性、主动性、创造性，构建起中国特色社会主义人民主体论，从根本上解决了共产党人为谁斗争、依靠谁进行斗争、谁来享受斗争成果的问题。"全心全意为人民服务""以人民为中心"作为中国共产党人初心和使命的重要内容，已经成为融入党员意识、构成党员品格、展示党员气质的政党文化之魂；成为统一全党思想，凝聚全党力量，整合全党需要，规范全党行为

的精神标识;成为带领人民勇于迎接挑战,善于抓住机遇,敢于攻坚克难的强大精神动力;也成为中国共产党人战胜各种艰难险阻赢得胜利的重要斗争原则。

以人民为中心的发展思想,是我们党在新的历史条件下从历史观和价值观相统一的高度,回答了发展为了谁、发展依靠谁和发展成果由谁享用这样一个核心问题。习近平同志说:"要坚持人民主体地位,顺应人民群众对美好生活的向往,不断实现好、维护好、发展好最广大人民根本利益,做到发展为了人民、发展依靠人民、发展成果由人民共享。"①人民群众是改革的实践主体,是改革的价值主体,是改革的评价主体。习近平同志在十八届中共中央政治局第二十六次集体学习时强调,凡是有利于党和人民事业的,就坚决干、加油干、一刻不停歇地干;凡是不利于党和人民事业的,就坚决改、彻底改、一刻不耽误地改。从根本上说,无产阶级政党所进行的一切活动,都是为广大人民谋利益;这恰恰体现了中国共产党人的最高价值追求和历史使命。

(三)进行伟大斗争必须树立强烈的问题意识

发扬斗争精神,必须具有强烈的问题意识,广视野、多领域地去解决我们面临的问题。习近平同志指出:"我们共产党人的斗争,从来都是奔着矛盾问题、风险挑战去的。"②所谓问题是我们在实践过程中遇到的需要解决的矛盾或搞清楚的疑难;如果不能采取恰当的方式解决这些矛盾或搞清楚这些疑难,就会阻碍我们工作的开展,影响我们事业的顺利进行。所谓问题意识是指,我们在工作实践中,特别是在制订计划、方案或制度时,处处关注问题和解决问题的意识。具有强烈的问题意识,要求我们在

---

① 《习近平谈治国理政》第2卷,外文出版社2017年版,第214页。
② 《发扬斗争精神增强斗争本领 为实现"两个一百年"奋斗目标而顽强奋斗》,《人民日报》2019年9月4日。

工作实践中不是从思想出发、从本本出发、从原则出发，而是从问题的实际出发，勇于面对问题，敢于解决问题。然而，我们必须注意的是，我们在工作中遇到的问题，有真问题，有假问题，也有伪问题。所谓真问题，是人们在实践过程当中通过对事物发展规律正确认识的基础上所概括出来的，对事物本质的正确认识的基础上所形成的问题。所谓假问题，是由于理论的错误、经验的缺乏或其他原因所导致人们的认识错位而产生的虚假问题。假问题往往不能够正确反映事物发展的本质，结果是越想解决问题反而会把问题搞得越复杂。如20世纪70年代末，深圳发生了"逃港潮"。当时有人认为这是叛逃，是现行反革命，甚至派出部队荷枪实弹去阻拦；结果越阻拦"逃港"的人越多，在当时成为一个影响极坏的恶性事件，也成为当地政府必须解决的问题。可是，当广东省领导向邓小平汇报相关情况时，邓小平说："此事不是部队能够管得了的"，"这是我们的政策有问题"。是的，"逃港"是表面现象，"逃港"的真实原因是"我们的政策有问题"。把"逃港"问题简单地看作是叛逃，是反革命，这是假问题；而"逃港"潮的背景是"我们的政策"没有满足老百姓基本的生活需要，更别说让老百姓过上好日子了，这是真问题。后来，深圳特区建立并快速发展起来，深圳人再也不"逃港"了，相反，大批"逃港"的人又回到深圳，在深圳安家立业；甚至大批香港人也到深圳买房安家，享受深圳发展成果给老百姓带来的实惠。所谓伪问题，是因为我们理论上的错误或经验的缺乏，主观主义地把两个本来没有本质联系的事物错误地联系在一起，给自己的实践和工作带来的矛盾或困惑。在党的百年发展历程中或个人工作经历中，因为把伪问题当作真问题而犯了严重错误，给党和国家事业的发展造成了极大危害的教训，还是很多的。当然，怎么正确地抓住真问题，就要像恩格斯所说的那样，通过深入细致的调查研究，从探索人们的动机背后的"动力的动力"，即探寻人们动机背后更深刻的物质原因。所以说，能不能抓住社会发展过程中的真问题，是决定我们能否真正解决

问题的关键所在。

所以,习近平同志告诫广大年轻干部,当前和今后一个时期,我国发展进入各种风险挑战不断积累甚至集中显露的时期,面临的重大斗争不会少,经济、政治、文化、社会、生态文明建设和国防和军队建设、港澳台工作、外交工作、党的建设等方面都有,而且越来越复杂。领导干部要有草摇叶响知鹿过、松风一起知虎来、一叶易色而知天下秋的见微知著能力,对潜在的风险有科学预判,知道风险在哪里,表现形式是什么,发展趋势会怎样,该斗争的就要斗争。在斗争中取得经验,在斗争中认识规律,在斗争中增强本领,在斗争中赢得中国特色社会主义的全面胜利。

(四)进行伟大斗争必须讲究斗争艺术和策略方法

习近平同志说:"斗争是一门艺术,要善于斗争。"① 斗争是一门综合性高水平艺术,不仅要敢于斗争、善于斗争,而且还要讲究方法、策略和艺术。只有提高斗争艺术,才能将敢于斗争和善于斗争有机结合起来,才能完成党和人民交给我们的各项任务。讲究斗争方法,是中国共产党在长期实践中的经验总结,也是坚持和发展中国特色社会主义的根本原则。进入中国特色社会主义新时代,中国共产党面临着比以往更为复杂的国内外各种风险和挑战,更需要讲究斗争方式方法,不断提高应对社会复杂局面的本领。

应该说,恰当的斗争方法是进行有效斗争的根本保证。无论从事何种斗争都离不开科学方法指导。那么,发扬斗争精神需要哪些方法呢?习近平指出,要注重策略方法,讲求斗争艺术。要抓主要矛盾、抓矛盾的主要方面,坚持有理有利有节,合理选择斗争方式、把握斗争火候,在原则问

---

① 《发扬斗争精神增强斗争本领 为实现"两个一百年"奋斗目标而顽强奋斗》,《人民日报》2019年9月4日。

题上寸步不让，在策略问题上灵活机动。要根据形势需要，把握时、度、效，及时调整斗争策略。要团结一切可以团结的力量，调动一切积极因素，在斗争中争取团结，在斗争中谋求合作，在斗争中争取共赢。

主要研究三个方法。第一，善于抓住主要矛盾，确定斗争重点的方法。唯物辩证法认为，矛盾分析法是认识事物和分析事物的根本方法。2015年初，习近平同志在十八届中共中央政治局第二十次集体学习时指出："面对复杂形势和繁重任务，首先要有全局观，对各种矛盾做到心中有数，同时又要优先解决主要矛盾和矛盾的主要方面，以此带动其他矛盾的解决。""我们既要注重总体谋划，又要注重牵住'牛鼻子'。""在任何工作中，我们既要讲两点论，又要讲重点论，没有主次，不加区别，眉毛胡子一把抓，是做不好工作的。"[①]我们应该注意，习近平同志提到的"主要矛盾和矛盾的主要方面"。主要矛盾是与次要矛盾相对应的，是以一个复杂的矛盾体系为研究维度的。矛盾的主要方面是与矛盾的非主要方面相对应的，是以一个矛盾的不同方面为研究维度的；强调的是重点中的重点，关键中的关键。因为篇幅所限，加上两者的研究思路是相同的，我们只研究主要矛盾和次要矛盾的关系。在一个现实的、复杂的矛盾体系中，总是有众多的矛盾同时存在，它们相互作用，形成一种合力，共同推动事物的发展。在众多矛盾中，必有一个矛盾居于支配地位，起着主导的、决定的作用，规定或影响着其他矛盾的存在和发展，这个矛盾就是主要矛盾。那些处于次要和服从地位的，不能规定或影响其他矛盾存在和发展的矛盾，就是非主要矛盾。主要矛盾和次要矛盾相互依存，互为存在的前提；因为主要矛盾影响着次要矛盾的性质和作用，规定着事物发展的方向和趋势。所以，我们在工作中如果能够解决好主要矛盾，次要矛盾就可能迎刃而解；如果主要矛盾解决得不好，次要矛盾也不可能得到很好的解决。同

---

① 《坚持运用辩证唯物主义世界观方法论 提高解决我国改革发展基本问题本领》，《人民日报》2015年1月25日。

时,主要矛盾的存在和发展固然规定和影响着非主要矛盾的存在和发展,恰当地处理好非主要矛盾,也有利于主要矛盾的解决。我们还要注意到,主要矛盾和次要矛盾的区分不是一成不变的,随着事物存在的主客观条件的变化,主要矛盾和次要矛盾的地位会发生变化,主要矛盾可能转化为次要矛盾,次要矛盾也可能上升为主要矛盾。所以,当工作的主要矛盾发生了变化,我们的工作重心必须随之转移。

第二,坚持有理有利有节,把握斗争火候的方法。进行伟大斗争是一场"有理有利有节"的斗争。斗争过程中既要坚持原则性,准确判断事物发展的是非曲直,坚持底线思维,确立目标任务;还要考虑到事物发展的历史原因、特殊环境、时空差异等因素,合理选择斗争方式,把握斗争火候;不仅敢于斗争,更要善于斗争,最终赢得斗争的胜利。可以说,毛泽东是"有理有利有节"斗争方法的创立者,也是这个方法的娴熟应用者。最精辟的论述出自毛泽东1940年3月11日在延安中国共产党高级干部会议上的报告。在中国特色社会主义新时代,习近平同志倡导"有理有利有节,合理选择斗争方式、把握斗争火候",既是毛泽东斗争方法的继承,也是解决当下中国经济社会发展进程中所出现的各种问题的有效方法。所谓"有理",是指斗争所具有的理论依据和现实基础,是对客观事物发展规律的正确把握和价值认同;"有理"才能使斗争具有正当性、广泛性和人民性。所谓"有利",指斗争的目的是为什么人谋取利益的。在新民主主义革命时期,毛泽东就提出,共产党人一切言行以合乎最广大人民群众的最大利益为最高标准。邓小平同样强调:"凡是于人民有利的事情,无不尽力提倡与实行。"[1]习近平同志提出"三个有利的"的判断标准,即"对党和人民事业有利的,对最广大人民有利的,对实现党和国家兴旺发达、长治久安有利的"。这些思想为我们进行斗争提供了"有利"的根本依据,这构成中国共产党的红色基因。所谓"有节",就是讲斗争要把

---

[1] 《邓小平文选》第1卷,人民出版社1994年版,第80页。

握一定的火候和节奏,既不能超越了阶段,也不能跟不上形势,要保持合理适度,准确抓住时机。以毛泽东为代表的中国共产党人在领导革命的过程中,非常适当地通过"有节"而掌握斗争的有利时机,积累了丰富的经验,取得了各项斗争的胜利。在改革开放时期,当代中国共产党人继承了"有节"的斗争方法,并发扬光大,解决了改革开放过程中所遇到的一系列的新问题,确保了我国经济社会持续快速发展。

第三,坚持原则的坚定性和策略的灵活性统一的方法。坚持原则的坚定性和策略的灵活性是马克思主义者解决实际问题的一个基本原则,是马克思主义唯物论和党的实事求是的思想路线在实际工作中的具体运用。正确认识和理解原则的坚定性和策略的灵活性对于年轻干部提高领导水平,增强执政能力,防范化解风险,把党的各项路线、方针、政策真正落到实处,具有重要的实践意义。习近平同志指出:"坚持原则是共产党人的重要品格,是衡量一个干部是否称职的重要标准。对共产党人来说,'好好先生'并不是真正的好人。奉行好人主义的人,没有公心、只有私心,没有正气、只有俗气,好的是自己,坏的是风气、是事业。共产党人讲党性、讲原则,就要讲斗争。在原则问题上决不能含糊、决不能退让,否则就是对党和人民不负责任,甚至是犯罪。大是大非面前要讲原则,小事小节中也有讲原则的问题。党的干部都要有秉公办事、铁面无私的精神,讲原则不讲面子、讲党性不徇私情。"[①]因为,原则问题关系到中国共产党和中华民族的根本利益问题,在任何时候任何场合都不能含糊、不能动摇。坚持原则的坚定性是由党和国家的事业方向、目标任务决定的。如果放弃了原则,对于个人来说,就会失去人生的目标,陷入迷茫和混乱,导致犯错误甚至犯罪;对于执政党来说,如果放弃了原则,就可能丧失理想信念信仰,不仅失去前进的方向,甚至丢掉执政地位。策略的灵活性是

---

① 《信念坚定对党忠诚实事求是担当作为 努力成为可堪大用能担重任的栋梁之才》,《人民日报》2021年9月2日。

在坚持原则坚定性的前提下，由于事业的复杂性、艰巨性和曲折性而采取的处理方式和方法。策略的灵活性表现为当遇到复杂情况时，要根据实际情况发展变化，实事求是地转变思想观念，调整工作思路，开动脑筋，灵活地加以应对，最终确保原则的贯彻和执行。坚持原则的坚定性和策略的灵活性，是中国共产党人解决复杂问题的重要方法。应该肯定，毛泽东、邓小平是运用原则坚定性和策略灵活性的方法解决中国改革开放一系列重大问题的高手。习近平同志不仅是坚持用原则的坚定性和策略的灵活性方法来处理全面深化改革过程中所遇到的大事、难事的高手，而且总结出运用好这个原则的基本规律。

总之，"敢于斗争是我们党的鲜明品格。我们党依靠斗争走到今天，也必然要依靠斗争赢得未来。开启全面建设社会主义现代化国家新征程，立足新发展阶段、贯彻新发展理念、构建新发展格局，面临的风险和考验一点也不会比过去少"。习近平同志嘱托："年轻干部要自觉加强斗争历练，在斗争中学会斗争，在斗争中成长提高，努力成为敢于斗争、善于斗争的勇士。"①

三、增强斗争本领要经受严格的思想淬炼、政治历练、实践锻炼

习近平同志在2019年秋季学期中央党校（国家行政学院）中青班开班式上的讲话中指出：斗争精神、斗争本领，不是与生俱来的。领导干部要经受严格的思想淬炼、政治历练、实践锻炼，在复杂严峻的斗争中经风雨、见世面、壮筋骨，真正锻造成为烈火真金。要学懂弄通做实党的创新理论，掌握马克思主义立场观点方法，夯实敢于斗争、善于斗争的思想根

---

① 《立志做党光荣传统和优良作风的忠实传人　在新时代新征程中奋勇争先建功立业》，《人民日报》2021年3月2日。

基，理论上清醒，政治上才能坚定，斗争起来才有底气、才有力量。要坚持在重大斗争中磨砺，越是困难大、矛盾多的地方，越是形势严峻、情况复杂的时候，越能练胆魄、磨意志、长才干。领导干部要主动投身到各种斗争中去，在大是大非面前敢于亮剑，在矛盾冲突面前敢于迎难而上，在危机困难面前敢于挺身而出，在歪风邪气面前敢于坚决斗争。

（一）增强斗争本领要经受严格的思想淬炼

思想淬炼的本质是学习理论，而理论是行动的先导。习近平同志指出："我们要进行伟大斗争、建设伟大工程、推进伟大事业、实现伟大梦想，仍然需要保持和发扬马克思主义政党与时俱进的理论品格，勇于推进实践基础上的理论创新。"[①]我们处在全面建成小康社会、实现中华民族伟大复兴中国梦的历史起点上，面对新问题新挑战，需要与时俱进地加强科学理论武装。只有用科学理论武装头脑，培植我们的精神家园，才能保证政治上的清醒和思想上明白，才能将党的创新理论成果学习好、领会好、贯彻好。

经受严格的思想淬炼，首要的是加强对马克思主义基本原理和方法的学习。习近平同志《在哲学社会科学工作座谈会上的讲话》中指出："马克思主义深刻揭示了自然界、人类社会、人类思维发展的普遍规律，为人类社会发展进步指明了方向；马克思主义坚持实现人民解放，为人类社会发展进步指明了方向；马克思主义坚持实现人民解放、维护人民利益的立场，以实现人的自由而全面的发展和全人类解放为己任，反映了人类对理想社会的美好憧憬；马克思主义揭示了事物的本质、内在联系及发展规律，是'伟大的认识工具'，是人们观察世界、分析问题的有力思想武器；马克思主义具有鲜明的实践品格，不仅致力于科学'解释世界'，而且致力于积极'改变世界'。在人类思想史上，还没有一种理论像马克思

---

① 《习近平谈治国理政》第2卷，外文出版社2017年版，第62页。

主义那样对人类文明进步产生了如此广泛而巨大的影响。"①中国共产党百年奋斗历程证明,马克思主义哲学是指导我们从事一切工作的根本指导思想和工作方法。

经受严格的思想淬炼,重在研究人类社会发展规律、中国特色社会主义建设规律、中国共产党建设规律,发扬伟大斗争精神,按照客观规律办事,积极推进我们的伟大事业。习近平同志指出,我们面临的各种斗争不是短期的而是长期的,至少要伴随我们实现第二个百年奋斗目标全过程。面对新时代发展要求,需要充分认识斗争规律,科学研究斗争规律,深入把握斗争规律,从各种事物发展的矛盾运动中,分清矛盾的产生、发展和变化,明确斗争初始阶段、发展过程、转变阶段的特点和要求,制定符合时宜的战略、战术和方法,根据矛盾发展变化,借势而起、顺势而为、乘势而上,推进事物发展进入更新更高阶段,从而最终取得最后伟大胜利。

经受严格的思想淬炼,必须认识研究中国社会的主要矛盾,确定我们党的主要任务,确保我们的事业沿着正确的方向发展。在这个过程中,要立足于世情、国情、党情、民情,因人而异、因地制宜、因事而化、因势而新。要善于从国外国内的客观形势出发,从自身实际情况入手,全方面展开深入调查研究,摸透实际情况,在此基础上进行综合分析、对比判断,找出影响事物发展的有利因素,分清各自的地位、作用和相互关系,揭示事物矛盾发展的客观规律和必然趋势,从而在复杂的国际形势变化中,利用机遇、创造条件,推进中国特色社会主义伟大事业发展行稳致远。

(二)增强斗争本领要经受严格的政治历练

政治历练的本质是加强党性修养,坚定理想信念信仰。中国共产党的

---

① 习近平:《在哲学社会科学工作座谈会上的讲话》,人民出版社2016年版,第8—9页。

党性是在长期领导革命建设改革事业的过程中形成的，是党的政治主张和政治活动的最高、最集中的表现，是党的性质、宗旨、目标等各个方面要素的综合反映，是衡量中国共产党区别于其他政党的显著标志，集中体现为党的理想信念信仰。

经受严格的政治历练，必须加强党性修养，牢固树立坚定的共产主义理想信念，自觉投身于中国特色社会主义事业伟大斗争中去。坚定理想信念，坚守共产党人精神追求，始终是共产党人安身立命的根本。对马克思主义的信仰，对社会主义和共产主义的信念，是共产党人的政治灵魂，是共产党人经受住任何考验的精神支柱。当然，共产主义信念的建立不是自发的，是建立在对人类社会复杂规律的深刻揭示和总体把握基础上的。共产主义的实现也如同世界上其他事物发展一样，也不是一帆风顺、一蹴而就的。因此，广大年轻干部必须固本培元、凝神聚气，筑起信仰信念，筑起催人奋进的精神高度，夯实新时代党的思想政治根基。

经受严格的政治历练，必须自觉提升政治能力，牢固树立政治理想，正确把握政治方向，严守政治纪律，积累政治经验，自觉把讲政治贯穿于党性锻炼的全过程。广大年轻干部要自觉把准政治方向，在各种思潮、各种形势面前，始终能够站稳脚跟，心眼明亮，在重大政治原则和大是大非问题上毫不含糊、毫不动摇，始终把握好政治方向之"舵"，做到政治上同向、思想上同心、步调上同频、行动上同力。正如习近平同志所要求的那样："在思想政治上讲政治立场、政治方向、政治原则、政治道路，在行动实践上讲维护党中央权威、执行党的政治路线、严格遵守党的政治纪律和政治规矩。"[①]

（三）增强斗争本领要经受严格的实践锻炼

实践锻炼的本质是要求广大年轻干部自觉投身到火热的建设中国特色

[①]《以时不我待只争朝夕的精神投入工作 开创新时代中国特色社会主义事业新局面》，《人民日报》2018年1月6日。

社会主义强国的时代洪流之中，保持蓬勃向上的昂扬精神，在伟大的实践中培养斗争意志，积累斗争经验，增强斗争本领，成为愿意斗争、敢于斗争、善于斗争的战士。

经受严格的实践锻炼，必须在实践中强化坚持忧患意识和保持战略定力相统一的能力。习近平同志反复强调："增强忧患意识，做到居安思危，是我们治党治国必须始终坚持的一个重大原则。"[①]忧患意识是指党和政府、广大党政干部能够超越自身的利害、荣辱、成败，而将人类、国家、百姓的前途命运萦系于心，对人类、国家、百姓可能遭遇的困境和风险抱有的深切关注，并激发防范和化解风险的决心和意志。所为政治定力，就是坚守理想信念信仰，在思想上政治上能够排除各种干扰、消除各种困惑，坚持正确的立场，保持正确的方向，忠诚于党、忠诚于人民、忠诚于马克思主义的能力。忧患意识和政治定力是一个问题的两个方面，统一于中国共产党人实现伟大历史使命的实践过程之中。如果我们没有强大的政治定力，一味盲目的忧患可能使我们在实践过程中陷入迷茫，丧失信心，甚至走错路。反之，没有忧患意识，一味骄傲自满、夜郎自大，就可能在安乐当中丧失执政能力，丢掉执政地位。所以，广大年轻干部一定要正确处理好增强忧患意识和保持战略定力的关系。

经受严格的实践锻炼，必须在实践过程中强化坚持战略判断和战术决断相统一的能力。战略判断是从全局、整体、长远的角度来分析情况，围绕着发展战略、发展目标、发展重点、优先顺序、主攻方向、工作机制、推进方式等问题，提出总体方案、路线图、时间表等重大战略性决策。而战术决断是在战略判断的指导下，在详细分析主客观条件的基础上，坚持合目的性与合规律性统一的原则，选择实现战略判断的具体路径、措施和方法等。战略判断与战术决断的关系在工作实践中会呈现出非常复杂状态。很多时候，正确的战略判断并不意味着必然会形成正确的战术决断；

---

① 《习近平谈治国理政》第1卷，外文出版社2018年版，第200页。

即使有了正确的战略判断,如果战术决断是错误的,也不可能实现战略判断的意图。所以,广大年轻干部在工作实践中,一方面要认真学习和领会上级领导机关作出的战略判断,另一方面要深入实际研究本地区、本行业、本单位的实际情况,在上级战略判断的指导之下,拿出切实可行的行动方案,实现战略判断与战术决断的高度统一。

经受严格的实践锻炼,必须在实践过程中强化坚持斗争过程和斗争实效相统一的能力。马克思主义哲学告诉我们,事物是作为过程而存在的,世界是过程的集合体。所谓过程,是指事物发生、发展、灭亡的历史。所谓实效即实际效益,是指工作目标的实现。"实效"对应于"虚效","虚效"即虚假效益。实效与虚效的根本区别在于是否能够真实地实现主体所设定的工作目标。马克思主义者历来强调实效。马克思曾说:共产主义"则径直是现实的和直接追求实效的"[①]。中国共产党的历代领导人都从不同角度强调了实效原则。习近平同志更是多次批评不讲实效的形式主义,认为"形式主义背后是功利主义、实用主义作祟,政绩观错位、责任心缺失,只想当官不想干事,只想出彩不想担责,满足于做表面文章,重显绩不重潜绩,重包装不重实效"[②]。所以,年轻干部在工作中,必须毫不留情地抛弃各种追求虚效的思维方式、工作方法、规章制度,确立追求实效的思维方式、工作方法、规章制度,这是事业成功的重要保证。

习近平同志嘱托广大年轻干部:"社会是在矛盾运动中前进的,有矛盾就会有斗争。领导干部不论在哪个岗位、担任什么职务,都要勇于担当、攻坚克难,既当指挥员、又当战斗员,培养和保持顽强的斗争精神、坚韧的斗争意志、高超的斗争本领。我们在工作中遇到的斗争是多方面的,改革发展稳定、内政外交国防、治党治国治军都需要发扬斗争精神、提高斗争本领。全面从严治党、坚持马克思主义在意识形态领域的指导地

---

① 《马克思恩格斯文集》第1卷,人民出版社2009年版,第187页。
② 《习近平谈治国理政》第3卷,外文出版社2020年版,第502页。

位、全面深化改革、推进供给侧结构性改革、推动高质量发展、消除金融领域隐患、保障和改善民生、打赢脱贫攻坚战、治理生态环境、应对重大自然灾害、全面依法治国、处理群体性事件、打击黑恶势力、维护国家安全，等等，都要敢于斗争、善于斗争。领导干部要做敢于斗争、善于斗争的战士。"①

---

① 《发扬斗争精神增强斗争本领　为实现"两个一百年"奋斗目标而顽强奋斗》，《人民日报》2019年9月4日。

第九章
自觉加强理论学习 知行合一担当作为

2019年3月1日,习近平同志在中央党校(国家行政学院)春季学期中青班开班式上强调:"广大干部特别是年轻干部要在常学常新中加强理论修养,在真学真信中坚定理想信念,在学思践悟中牢记初心使命,在细照笃行中不断修炼自我,在知行合一中主动担当作为,保持对党的忠诚心、对人民的感恩心、对事业的进取心、对法纪的敬畏心,做到信念坚、政治强、本领高、作风硬。"①这对年轻干部在具体工作中如何自觉加强理论学习,提升知行合一担当作为的能力,提出了更高的要求。

一、发扬"挤"和"钻"的精神,多读书、读好书

习近平同志指出:"我们处在前所未有的变革时代,干着前无古人的伟大事业,如果知识不够、眼界不宽、能力不强,就会耽误事。年轻干部精力充沛、思维活跃、接受能力强,正处在长本事、长才干的大好时期,一定要珍惜光阴、不负韶华,如饥似渴学习,一刻不停提高。"②多读书、读好书已经成为党对年轻干部的迫切要求。年轻干部要适应新发展阶段新

---

① 《在常学常新中加强理论修养　在知行合一中主动担当作为》,《人民日报》2019年3月2日。

② 《信念坚定对党忠诚实事求是担当作为　努力成为可堪大用能担重任的栋梁之才》,《人民日报》2021年9月2日。

环境对自身能力的新要求,必须强化读书能力,提升摄取知识的速度与质量,为党和国家事业的有序推进奠定坚实的理论基础和知识储备。

(一)多读书读好书是中国共产党艰难前行的宝贵经验

中国共产党是依靠学习逐步成长且不断成熟起来的政党。多读书读好书是中国共产党不断发展自己、成就自我、完善自身的内在要求,是中国共产党扬帆起航、行稳致远、再创新业的内在要求。中国共产党在成立之前,就建立诸多马克思主义学习小组,学习、研究和宣传马克思主义理论。中国共产党成立之后,更加重视学习,并在不断学习的过程中提高全党的理论水平,增强全党的文化修养,练就过硬的斗争本领,不断在理论、道路、制度、文化、社会、生态等方面进行伟大创新,开创了一条具有中国特色革命、建设和改革的发展道路。可以说,中国共产党人过去依靠学习走到今天,取得了辉煌的业绩。今后也必然要依靠学习,走向更加光明的未来。

延安时期,是中国共产党开始稳步发展自身的开始。那时,毛泽东敏锐地认识到,要依靠学习克服本领恐慌,解决本领不足的问题,"来一个全党的学习竞赛,看谁真正地学到了一点东西,看谁学的更多一点,更好一点"①。毛泽东就学习问题先后发表《改造我们的学习》《整顿党的作风》《学习与时局》等一系列重要文章,对为什么学、学什么、怎样学等问题进行了精辟阐述。随着党的工作重心开始转移,毛泽东又指出:"情况是在不断地变化,要使自己的思想适应新的情况,就得学习。"②"严重的经济建设任务摆在我们面前。我们熟悉的东西有些快要闲起来了,我们不熟悉的东西正在强迫我们去做。"③他号召全党:"我们必须学会自己不懂的东

---

① 《毛泽东选集》第2卷,人民出版社1991年版,第533页。
② 《毛泽东文集》第7卷,人民出版社1999年版,第271页。
③ 《毛泽东文集》第7卷,人民出版社1999年版,第350页。

西。我们必须向一切内行的人们（不管什么人）学经济工作。拜他们做老师，恭恭敬敬地学，老老实实地学。"①"我们面前的工作是很艰苦的，我们的经验是很不够的。因此，必须善于学习。"②新中国成立后，针对当时党内一部分同志中存在的自足自满的不良风气，毛泽东针锋相对地指出："学习的敌人是自己的满足，要认真学习一点东西，必须从不自满开始。对自己，'学而不厌'，对人家，'诲人不倦'，我们应取这种态度。"③正是在重视学习、善于学习的思想指导下，我们党在执政初期能够尽快掌握社会主义建设的基本理论，较快地完成了经济复苏和全面好转的历史任务。

在改革开放初期，面对我们所面临的诸多新情况新问题，邓小平依然强调全党要学习。他指出："全党同志一定要善于学习，善于重新学习。"④"在不断出现的新问题面前，我们党总是要学，我们共产党人总是要学，我们中国人民总是要学。"⑤"这些年来，应当承认学得不好。主要的精力放到政治运动上去了，建设的本领没有学好，建设没有上去，政治也发生了严重的曲折。现在要搞现代化建设，就更加不懂了。所以全党必须再重新进行一次学习。"⑥针对当时流行的"搞建设最需要学习的是专业知识和管理知识，学习马克思主义还有什么用？"的错误观，邓小平语重心长地指出："马克思主义理论从来不是教条，而是行动的指南。它要求人们根据它的基本原则和基本方法，不断结合变化着的实际，探索解决新问题的答案，从而也发展马克思主义理论本身。"⑦

正是这次全党的学习活动，为全党工作重心的顺利转移、改革开放的高歌猛进，奠定了重要的思想基础和理论准备。

---

① 《毛泽东选集》第4卷，人民出版社1991年版，第1481页。
② 《毛泽东文集》第7卷，人民出版社1999年版，第117页。
③ 《毛泽东选集》第2卷，人民出版社1991年版，第535页。
④ 《邓小平文选》第2卷，人民出版社1994年版，第153页。
⑤ 《邓小平文选》第2卷，人民出版社1994年版，第270页。
⑥ 《邓小平文选》第2卷，人民出版社1994年版，第153页。
⑦ 《邓小平文选》第3卷，人民出版社1993年版，第146页。

世纪之交,面对苏共垮台、苏联解体的危机局面,如何巩固中国共产党的执政地位问题严峻地摆在中国共产党人面前。在这个危机时刻,中国共产党人在研究和解决"建设什么样的党,怎样建设党"这个重大时代课题的过程中,依然把加强学习作为根本措施。

江泽民指出:"学习问题,关系到广大干部自身的进步,关系到国家、民族的兴衰和社会主义现代化事业的成败。我们全党全民族都必须有这个共识。"[1]他发出"全党同志必须自觉地坚持学习,加强学习,改善学习,做到学习、学习、再学习,实践、实践、再实践"[2]的号召。在党的十五大报告中,江泽民提出了"形成全民学习、终身学习的学习型社会"的思路,正因为我们党始终提倡不断学习、终身学习,才使改革开放事业始终在正确的航向上行驶。党的十六大之后,在加强全党学习方面的重大举措是,大力推进中央政治局集体学习的制度化,并把政治局成员集体学习作为一项制度长期坚持下来。胡锦涛指出"我们各级领导干部一定要学习、学习、再学习,努力、努力、再努力"[3],他还指出"不学习、不坚持学习、不刻苦学习,势必会落伍,势必难以胜任我们所肩负的重大职责","必须大力加强学习,努力用人类社会创造的丰富知识来充实自己"[4]。

党的十八大以来,习近平同志曾在多个场合强调,领导干部要把读书学习作为一种生活态度、一种工作责任、一种精神追求,自觉做到爱读书读好书善读书,相继提出了"领导干部要认认真真学习""领导干部要爱读书读好书善读书""读书可以让人保持思想活力,让人得到智慧启发,让人滋养浩然之气"[5]"只有加强学习,才能增强工作的科学性、预见性、主动

---

[1] 《江泽民论有中国特色社会主义(专题摘编)》,中央文献出版社2002年版,第696页。
[2] 《江泽民论有中国特色社会主义(专题摘编)》,中央文献出版社2002年版,第702页。
[3] 《胡锦涛文选》第1卷,人民出版社2016年版,第254页。
[4] 《适应时代发展要求 建设学习型政党》,《人民日报》2009年9月26日。
[5] 《习近平谈治国理政》第1卷,外文出版社2018年版,第102页。

性,才能使领导和决策体现时代性、把握规律性、富于创造性"①等论断。

2013年8月19日,习近平同志在全国宣传思想工作会议上强调:"新干部、年轻干部尤其要抓好理论学习,通过坚持不懈学习,学会运用马克思主义立场、观点、方法观察和解决问题,坚定理想信念。"②他在庆祝中国共产党成立95周年大会的讲话中强调:"各级领导干部要加快知识更新、加强实践锻炼,使专业素养和工作能力跟上时代节拍,避免少知而迷、无知而乱,努力成为做好工作的行家里手。"③2015年10月,他在伦敦金融城市长晚宴演讲时曾谈起插队生活。他说:"年轻的我,在当年陕北贫瘠的黄土地上,不断思考着'生存还是毁灭'的问题,最后我立下为祖国、为人民奉献自己的信念。"他认为"不少年轻干部理论功底还不扎实、理想信念还不够坚定"④,必须通过学习不断提升自己。

(二)年轻干部要多读书读好书

书籍是人类智慧的结晶,是人类进步的阶梯,读书可以增长知识、开阔视野、陶冶性情、培养思维、提升能力。历史证明,凡是伟大的领导者都是酷爱读书的人。毛泽东把工作之余的时间大多用于读书,在多个场合向领导干部提出读书要求,倡导勤读书,多积累。习近平同志更是把读书当作一种生活方式,努力使一切有益的知识和文化入脑入心。他在陕北农村插队时"带了沉甸甸一箱书","边吃饭边看砖头一样厚的书"。当他听说另一个知青点的下乡知青带了一套《浮士德》,就走了30里山路去借回来阅读。在地方工作期间,习近平同志在出差途中挤时间读书,利用空闲时间到当地书店转转。在当代中国,新发展阶段,新事物新知识层出不穷,知识更新的频率越来越快、周期越来越短。不论是谁,学习上不

---

① 《习近平谈治国理政》第1卷,外文出版社2018年版,第404页。
② 《习近平谈治国理政》第1卷,外文出版社2018年版,第154页。
③ 《习近平谈治国理政》第2卷,外文出版社2017年版,第357页。
④ 《习近平谈治国理政》第3卷,外文出版社2020年版,第540页。

长进，肯定会落伍，甚至被淘汰。因此，年轻干部必须自觉把读书当成一种生活态度、一种工作责任、一种精神追求、一种境界要求，坚持在读书中感悟人生、提升境界，在读书中开阔视野、丰富知识，在读书中把握规律、探求真理。

毋庸置疑，我们的年轻干部大都受过高等教育，学历高、学习能力比较强，很多同志有自觉读书、勤于读书的习惯。2019年，人民论坛杂志社在全国范围内组织的"万名党政干部阅读状况调查"结果显示，75.5%的受访者选择"喜欢"或"非常喜欢"读书。年轻干部多读书读好书的益处是较多的。一是可以锤炼人格。"腹有诗书气自华"，年轻干部要把读书学习作为履行职责、锤炼人格的第一需要，保持对世界日新月异变化的敏锐感知，从读书学习中获得力量、汲取智慧、启迪创新、激扬精神，增强非权力性影响力，真正做到阳光心态、魅力人格、责任人生。二是可以纯正品格。勤于广学而增智，厚于深思而明德。年轻干部确需在读书学习中养成沉着、谦逊、厚重的品格，保持忠诚、感恩、清廉的本色，明辨必为之事、可为之事、不为之事，提升社会公德、职业道德、家庭美德和个人品德。三是可以优化风格。读书可以使年轻干部优化做事风格，加深其对严以修身、严以用权、严以律己的理解，给心灵以宁静、心理以平衡。当然，年轻干部读书，也不是什么书都要读。在科技日益发达的信息时代，出版物种类繁多、鱼龙混杂，这要求年轻干部要学会辨别哪些是好书、哪些是不好的书，哪些是必须要读的书，哪些是可以选择读的书，哪些是应该精读的书，哪些是可以泛读的书；最大限度地利用好自己的有限时间，去尽量多的读好书、必读书、管用书。我们必须注意，现在图书市场鱼目混珠，有些书甚至是麻痹我们灵魂、消弭我们意志的毒品。有的落马年轻干部也是十分愿意读书的，但是他们热衷读的是捕风捉影的所谓政治内幕、封建迷信、色情淫秽的东西。年轻干部读什么书，不仅反映出其志趣所在，同时也折射出其人品、官德乃至世界观、人生观、价值观等素养。

读一本好书，像交了一个益友，读一本坏书，就像交了一个坏人做朋友。

但是，也要充分认识到在年轻干部队伍中也就存在一些不好读书、不善读书的情况，出现许多错误的观点。有人认为，读书是在无形之中积累功力，是一种慢功夫，不可能立竿见影，也许在若干年后才显示其功效，因而，读书和不读书的差异并不十分明显。有人认为，自己现有的知识差不多了，不用读书也能应付工作；有人认为，干比学重要，读不读书无所谓；有人认为，领导工作太忙，没有时间读书；有人认为，社会上潜规则太多，需要的是"关系"而不是知识，书读多了反而适应不了社会，照书上的道理做会吃亏。广大年轻干部要认识到，在实现中华民族伟大复兴的中国梦的进程中，领导工作的挑战和难度明显加大，而履行好职责，一个有效的途径就是多读书、读好书。要知道，文凭不等于水平，学历不等于能力，知识不等于本领，经历不等于才干，职务不等于素养。只有牢固树立读书学习只有起点、没有终点，只有毕生、没有毕业的理念，始终保持强烈的求知意识、责任意识、忧患意识、危机意识、紧迫意识，不断从书海中汲取营养，做到"铺子里的货"常进、常新，"鲜货"不断，做官才有才气，做人才有灵气，做事才有底气，才能跟上时代飞速前进的步伐，担当起党和人民赋予的历史重任。

人的精力极其有限，正处于干事创业担当重任阶段的年轻干部更是如此，不可能什么书都要读，而应根据自身情况和工作需要，首选有益于自身调整知识结构、完善知识体系、提升工作能力的"有用"之书来读。习近平同志指出：领导干部"要坚持干什么学什么、缺什么补什么，有针对性地学习掌握做好领导工作、履行岗位职责所必备的各种知识，努力使自己真正成为行家里手、内行领导"[1]。他在2021年秋季学期中央党校（国家行政学院）中青班开班式上指出："要结合工作需要学习，做到干什么学什么、缺什么补什么。要学习马克思主义理论特别是新时代党的创新理

---

[1] 《习近平谈治国理政》第1卷，外文出版社2018年版，第405页。

论,学习党史、新中国史、改革开放史、社会主义发展史,学习经济、政治、法律、文化、社会、管理、生态、国际等各方面基础性知识,学习同做好本职工作相关的新知识新技能,不断完善履职尽责必备的知识体系。"①因而,年轻干部读什么书就显得格外重要。

首先,要读马克思主义理论著作。马克思主义是中国共产党的看家本领。广大年轻干部要通过认真读书学习,不断强化对马克思主义、毛泽东思想、中国特色社会主义理论体系和新时代中国特色社会主义思想的理解,特别是要用习近平新时代中国特色社会主义思想来武装头脑,指导实践。学习马克思主义经典著作,必须专心致志地读、原原本本地读、反反复复地读,通过细嚼慢咽去感悟马克思主义经典著作历久弥新的思想价值。特别是要学习马克思主义哲学。学哲学能够解决好领导干部世界观、人生观、价值观的总开关问题,不断增强工作的原则性、系统性、预见性、创造性。

其次,要读古今中外经典。研读经典,有利于年轻干部吸收前人在修身处事、治国理政等方面的智慧和经验,养浩然之气,塑高尚人格,不断提高人文素养和精神境界。要读经典传记。伟大人物的传记,为我们书写传奇树立的原型和榜样,自己寻找到生命的原型、人生的榜样,无疑会为我们的书写过程提供更为充沛的动力。要读文学经典。好的文艺作品往往让年轻干部的心灵受到震撼与启迪,深刻地揭示出人生的意义和价值,让年轻干部更好地认识世界、认识自我,在潜移默化中陶冶情操、提升境界。

再次,要读历史。习近平同志多次强调,领导干部不管处在哪个层次和岗位,都应该读点历史,通过学史不断深化对人类社会发展规律、社会主义建设规律和共产党执政规律的认识,不断丰富自己的历史知识,这样

---

① 《信念坚定对党忠诚实事求是担当作为 努力成为可堪大用能担重任的栋梁之才》,《人民日报》2021年9月2日。

才能使自己的眼界和胸襟大为开阔，认识能力和精神境界大为提高，使自己的领导工作水平不断得以提升。学习历史，就是要对世界历史、中国历史，尤其是"四史"学习与了解。以此，才能深刻了解过去、全面把握现在、正确创造未来。

最后，要读必需的各种知识书籍。年轻干部必须认真学习和掌握各自的专业和业务知识，使自己成长为所从事领域的行家里手。习近平同志要求："经济、政治、历史、文化、社会、科技、军事、外交等方面的知识，领导干部要结合工作需要来学习，不断提高自己的知识化、专业化水平。"①年轻干部还要学习领导科学知识，掌握领导工作的特有矛盾和规律的学问，更好地把握领导规律和领导方法，提升领导能力和领导水平。

（三）善于用"挤"和"钻"的精神去读书

有了好读书的习惯，有了很多种好书，如何做到开卷有益呢？"工作太忙，应酬太多，没时间读书"，已成为时下某些干部拒绝读书学习的理由。毛泽东一生酷爱读书，他生前的整个住处到处都是书，就像是个小图书馆。在福建工作期间，习近平同志在外出考察期间也是带着书来阅读，还经常利用空余时间到书店去转转。习近平同志指出："要发扬'挤'和'钻'的精神，多读书、读好书，从书本中汲取智慧和营养。"②这为广大年轻干部指出了如何在繁忙的事务中读书的方法，就是要发扬"挤"和"钻"的精神。

第一，要发扬"挤"的精神，利用一切时间读书。"不积跬步，无以至千里；不积小流，无以成江海。"读书是一个长期的需要付出辛劳的过程，应当先易后难，由浅入深，循序渐进。现实中，不少人都有长期坚

---

① 《习近平谈治国理政》第1卷，外文出版社2018年版，第405页。
② 《信念坚定对党忠诚老实事求是担当作为 努力成为可堪大用能担重任的栋梁之才》，《人民日报》2021年9月2日。

持、积少成多,最后取得惊人收获的读书经历。年轻干部要利用好时间,发扬"挤"劲,争取每天"挤"出一定时间读书,特别要善于把各种零碎时间利用起来读书。时间就像海绵里的水,只要肯"挤"总会有的。善于"挤"时间,更要善于将"挤"出来的时间进行统筹安排。年轻干部读书一定要制订一个系统的读书计划。根据自己的知识结构、阅读兴趣制订一个阶梯式的个人阅读计划,用三到五年时间读一些基础的经典,补一些缺少的知识结构。根据不同的内容,要采取浏览与精读的不同方法,做到有的放矢。

第二,发扬"钻"的精神,读用结合。读书百遍,其义自见。功夫下到一定程度,就能达到出神入化的境界。一本好书、一篇好文章,只有反复读、比较读,仔细品,彻底琢磨清楚,真正的"钻"进去,才能发现书中奥秘。发扬"钻"的精神,一要勤于思考。如果只是机械地阅读、被动地接受、简单地浏览,没有思考,再好的知识也难以吸收和消化。年轻干部要养成边读书边思考的习惯,在广泛阅读的基础上,联系实际,开动脑筋,对现实中的疑惑进行深入思考,在继承前人的基础上努力形成新的认识。二要读用结合。读书是学习,使用也是学习,而且是更重要的学习。年轻干部水平高不高,不是单纯地看他读书多不多,而主要看他运用理论和知识解决实际问题的能力强不强。坚持读书与运用相结合,要做到能够通过实践把知识转化为能力,并运用所学的理论和知识不断改造自己的主观世界,并通过主观世界的改造来达到改造客观世界的目的。

二、马克思主义是做好工作的看家本领

2020年10月10日,习近平同志在秋季学期中央党校(国家行政学院)中青班开班式上明确指出:"要注重提高马克思主义理论水平,学深悟透,融会贯通,掌握辩证唯物主义和历史唯物主义,掌握贯穿其中的马克思主

义立场观点方法，掌握中国化的马克思主义，做马克思主义的坚定信仰者、忠实实践者。"①掌握马克思主义立场观点方法，成为马克思主义的坚定信仰者、忠实实践者，年轻干部要心中有数、落地有行。2022年3月1日，习近平同志在中央党校（国家行政学院）中青班开班式上的讲话中再次强调："马克思主义立场、观点、方法是做好工作的看家本领，是指导我们认识世界、改造世界的强大思想武器。"②可以说，年轻干部只有掌握马克思主义这个看家本领，才能在开展具体工作中更加坚定政治方向，提升政治定力，站稳政治立场，更加有效地为党和人民的事业贡献力量。

（一）马克思主义是广大年轻干部的看家本领

提升马克思主义这个看家本领是习近平同志一直强调和关心的问题。2016年11月29日，习近平同志在纪念朱德同志诞辰130周年座谈会上的讲话中指出："我们党历来重视领导干部的学习，我讲过中国要永远做一个学习大国。""首先要认真学习马克思主义，这是我们做好一切工作的看家本领。"③2018年5月4日，习近平同志在纪念马克思诞辰200周年大会上的讲话中指出："我们要坚持和运用辩证唯物主义和历史唯物主义的世界观和方法论，坚持和运用马克思主义立场、观点、方法，坚持和运用马克思主义关于世界的物质性及其发展规律，关于人类社会发展的自然性、历史性及其相关规律，关于人的解放和自由全面发展的规律，关于认识的本质及其发展规律等原理，坚持和运用马克思主义的实践观、群众观、阶级观、发展观、矛盾观，真正把马克思主义这个看家本领学精悟透用好。"④

---

① 《年轻干部要提高解决实际问题能力　想干事能干事干成事》，《人民日报》2020年10月11日。
② 《筑牢理想信念根基树立践行正确政绩观　在新时代新征程上留下无悔的奋斗足迹》，《人民日报》2022年3月2日。
③ 习近平：《在纪念朱德同志诞辰130周年座谈会上的讲话》，人民出版社2016年版，第12—13页。
④ 习近平：《在纪念马克思诞辰200周年大会上的讲话》，《求是》2018年第10期。

可以说，年轻干部掌握马克思主义这个看家本领，一直以来都是习近平同志关心的大事，是习近平同志对广大年轻干部的谆谆教导与殷切希望。

系统掌握马克思主义的立场观点方法。掌握马克思主义这个看家本领，就是要掌握马克思主义的立场观点方法，并能够在工作中有效地运用马克思主义的立场观点方法指导我们的工作。马克思主义的立场观点方法，即马克思主义哲学世界观和方法论。学好、用好马克思主义，把马克思主义的真理转化为观察问题的立场和解决问题的思想方法、工作方法，不断增强理论思维能力和提高驾驭复杂局面、处理复杂问题的本领，不断提高驾驭矛盾和分析解决问题的能力，准确把握党和国家事业发展大势和历史发展规律，从而能动地推进中国特色社会主义事业建设，是党的思想理论建设的一项重要战略任务。

具体来说：马克思主义立场是人们观察、认识和处理问题的立足点。从根本上讲，这是由人们的经济政治社会利益和地位决定的。一切为了人民、一切相信人民、一切依靠人民，诚心诚意为人民谋利益，说到底这个立场就是人民立场，就是要坚持人民至上，时刻牢记"江山就是人民，人民就是江山"的嘱托。马克思主义观点是马克思主义关于自然、社会和人类思维规律的科学认识，是对自然界规律和人类社会实践经验的科学总结。主要有关于世界观、人生观、价值观的基本观点，关于社会形态和社会基本矛盾运动规律的基本观点，关于社会主义必然代替资本主义的基本观点，关于社会主义革命和无产阶级专政的基本观点，关于无产阶级政党的基本观点，关于社会主义本质和社会主义建设的基本观点，等等。马克思主义方法是与马克思主义世界观相统一的方法论，它是指导我们正确认识和改造世界的根本思想方法和工作方法。恩格斯指出："马克思的整个世界观不是教义，而是方法。它提供的不是现成的教条，而是进一步研究的出发点和供这种研究使用的方法。"① 唯物辩证的思维方法主要有普

---

① 《马克思恩格斯选集》第4卷，人民出版社2012年版，第664页。

遍联系方法、对立统一方法（矛盾分析方法）、质量互变方法、否定之否定方法、具体问题具体分析等，要求年轻干部要客观地而不是主观地、发展地而不是静止地、全面地而不是片面地、系统地而不是零散地、普遍联系地而不是孤立地观察事物、分析问题、解决问题，在矛盾双方对立统一的过程中把握事物发展规律，这是学习和掌握唯物辩证思想方法的基本要求。实事求是的思想方法，集中体现了马克思主义唯物的、辩证的认识论。要求年轻干部不断解放思想，只有解放思想，不断研究新情况、解决新问题，把思想认识从各种不合时宜的观念、做法和体制的束缚中解放出来，才能使我们正确地把握不断发展变化着的客观实际，才能使我们的思想认识符合客观实际。群众路线的工作方法，要求年轻干部践行一切为了群众、一切依靠群众。从群众中来、到群众中去的群众路线，是马克思主义历史唯物主义基本原理在实际工作中的具体体现，也是我们党始终坚持的根本工作路线和根本工作方法。

（二）如何提升马克思主义理论水平

习近平同志指出："政治上的坚定、党性上的坚定都离不开理论上的坚定。干部要成长起来，必须加强马克思主义理论武装。"[①]"新干部、年轻干部尤其要抓好理论学习，通过坚持不懈学习，学会运用马克思主义立场、观点、方法观察和解决问题，坚定理想信念。"[②]年轻干部只有掌握马克思主义这个看家本领，才能成为一名知行合一的马克思主义者。2016年11月29日，习近平同志在纪念朱德同志诞辰130周年座谈会上的讲话中指出："要通过学习掌握马克思主义立场、观点、方法，提高战略思维能力、综合决策能力、驾驭全局能力，做到知行合一，增强工作的科学性、

---

① 《在常学常新中加强理论修养　在知行合一中主动担当作为》，《人民日报》2019年3月2日。
② 《年轻干部要提高解决实际问题能力　想干事能干事干成事》，《人民日报》2020年10月11日。

预见性、主动性,避免陷入少知而迷、不知而盲、无知而乱的困境。"①而关于如何掌握看家本领,习近平同志借用王国维论述治学的三种境界,认为领导干部掌握马克思主义也有三种境界。首先,理论学习要有"望尽天涯路"那样志存高远的追求,耐得住"昨夜西风凋碧树"的清冷和"独上高楼"的寂寞,静下心来通读苦读;其次,理论学习要勤奋努力、刻苦钻研,下真功夫、苦功夫、细功夫,即使"衣带渐宽"也"终不悔","人憔悴"也心甘情愿;最后,理论学习贵在独立思考、学用结合、学有所悟、用有所得,在学习和实践中"众里寻他千百度",最终"蓦然回首",在"灯火阑珊处"领悟真谛。因而,掌握看家本领可以从以下三个层面入手。

第一,读原著、学原文、悟原理。首先,就是要加强年轻干部对马克思主义原著的学习,掌握马克思主义的立场、观点和方法,不断加强和提升"读原著、学原文、悟原理"的能力,提升马克思主义理论的新境界。不但要对马克思主义理论原著的反复研读、学习、感悟;将马克思主义中国化的理论成果同马克思主义原著的学习结合起来,赋予马克思主义理论创新的时代内涵,丰富并发展马克思主义。其次,要加强对马克思主义经典著作的学习。马克思主义经典著作包含着经典作家所汲取的人类探索真理的丰富思想成果,体现着经典作家攀登科学理论高峰的不懈追求和艰辛历程。阅读经典著作,是增长知识、开阔眼界、增加思想深度和训练思维方式的过程,是培养高瞻远瞩的战略洞察力和脚踏实地的工作作风的过程,会使我们在潜移默化中受到他们崇高风范和人格力量的熏陶,从而实现自己思想境界和道德情操的升华。通过研读经典,了解马克思主义产生、发展的历史过程,才能完整、准确地把握马克思主义的科学体系和精髓要义。

第二,真学、真懂、真信、真用。真学是前提。对马克思主义的认识

---

① 习近平:《在纪念朱德同志诞辰130周年座谈会上的讲话》,《人民日报》2016年11月30日。

第九章
自觉加强理论学习 知行合一担当作为

是一个渐进的过程，只有通过不断学习马克思主义理论，才能在具体的历史环境下做出正确的历史判断。真学必须坚持解放思想、实事求是、与时俱进、求真务实的态度，必须坚持问题导向、强化问题意识，以研究新情况、解决新问题为抓手来开辟马克思主义理论学习和研究的新境界。

真懂是关键。学习马克思主义不是装装样子、摆摆架子，而是要在深入学习马克思主义理论的前提下，真正学懂、学透、掌握马克思主义的立场、观点和方法。弄懂马克思主义理论的核心要点在于系统而全面地掌握马克思主义理论体系，而不是片面地、零星地采取马克思主义的一些观点、方法、论断，不能断章取义，不能以偏概全，更不能生搬硬套。

真信是根本。年轻干部要坚信马克思主义与中国的具体实践相结合的原理，坚信毛泽东思想、中国特色社会主义理论体系、习近平新时代中国特色社会主义思想理论是科学的理论。也就是要坚信中国马克思主义哲学是马克思主义中国化的理论成果，是领导干部必须掌握的中国化的马克思主义。真信就是要意识明确、态度坚决、行动自觉、纯粹彻底。

真用是目的。学、懂、信的最终目的是要用。年轻干部学习、研究、发展、传播马克思主义，就是要善于运用马克思主义立场、观点、方法解决现实中的新问题、新情况、新矛盾。一是要目的明确，"有的放矢"，才能在解决问题的具体过程中取得预期的效果。二是要方法得当、手段正当，学习马克思主义首先是用来指导自己，就必须注重理论与实际的结合，一就是一，二就是二，来不得半点儿虚假。

第三，学用结合，传承创新。掌握马克思主义这个看家本领的目的在于将马克思主义与中国的具体实际相结合，在解决具体的、实际的问题时能够坚持马克思主义的立场、观点和方法，能够用马克思主义的理论体系解决现实生活中的问题。一方面，在夯实理论基础的前提下，立足实际，学用结合。理论与实践的结合是丰富与发展马克思主义的基本路径。学用结合，是学习马克思主义理论的最高境界。坚持以马克思主义为指导，必须落到研究我国发展和我们党执政面临的重大理论与实践问题上来,落到提出解决问题的正确思路和有效办法上来。领导干部必须以强烈的时代责任感、历史感及使命感对我国现阶段所面临的思想、制度、文化等层面存在的问题做到全面、清晰、清醒地认识,争做改革实践的践行者、引航者、掌舵者。另一方面,传承创新,继往开来。历史发展证明,每一个新的时代的到来,都会产生一系列新的理论成果,推进人类的理论之树再添新叶。年轻干部必须认识到,马克思主义的理论体系与精髓是立足于整体性的、全面性的、发展性的视角来审视现实世界的发展的,是发展的理论与方法。因而,必须把学习、研究、坚持、发展马克思主义同中国的具体国情相结合,同中国特色社会主义建设的实践融为一体,而非照抄照搬、闭门造车、本本主义,不断推进中国马克思主义哲学的发展。

(三)在习近平新时代中国特色社会主义思想上下功夫

习近平同志把系统掌握马克思主义称为"看家本领",要求中国人民,特别是党的干部把马克思主义作为"必修课"。《中共中央关于党的百年奋斗重大成就和历史经验的决议》也进一步明确:"习近平新时代中国特色社会主义思想是当代中国马克思主义、二十一世纪马克思主义,是中华文化和中国精神的时代精华,实现了马克思主义中国化新的飞跃。"①掌握马克思主义这个看家本领,就要认真学习和努力掌握习近平新时代中国特色社会主义思想。

第一,深刻把握习近平新时代中国特色社会主义思想的理论内涵。

任何一种理论都有其萌发的源头和土壤。习近平新时代中国特色社会主义思想来源于马克思主义、发展了马克思主义,是马克思主义基本原理与中国具体实际和时代特征相结合的最新产物。掌握了习近平新时代中国

---

① 《中共中央关于党的百年奋斗重大成就和历史经验的决议》,人民出版社2021年版,第26页。

特色社会主义思想的核心要义、精神实质、丰富内涵、实践要求，也就掌握了马克思主义看家本领。

习近平新时代中国特色社会主义思想始终坚持马克思主义基本原理，坚持科学社会主义基本原则，坚持解放思想、实事求是、与时俱进这一马克思主义活的灵魂，坚持运用辩证唯物主义和历史唯物主义世界观方法论观察世界、引领时代、指导实践；始终坚持把马克思主义作为我们党和国家的指导思想，强调对马克思主义的信仰、对社会主义和共产主义的信念，是共产党人的政治灵魂，是共产党人经受住任何考验的精神支柱。习近平新时代中国特色社会主义思想是当代中国马克思主义、21世纪马克思主义。

习近平新时代中国特色社会主义思想开辟了马克思主义的崭新境界。习近平新时代中国特色社会主义思想把坚持马克思主义和发展马克思主义统一起来，结合新的实践，不断作出新的理论创造，是马克思主义永葆生机活力的奥妙所在。这一思想坚持和运用马克思主义基本原理，对马克思主义哲学、政治经济学、科学社会主义作出了许多重大原理性创新。在马克思主义哲学方面，提出新时代我国社会主要矛盾发生变化，是对马克思主义社会矛盾学说的新发展。在马克思主义政治经济学方面，提出创新、协调、绿色、开放、共享的新发展理念，是对马克思主义生产力理论的新发展。在科学社会主义方面，提出坚持和加强党的全面领导、推进党的自我革命，是对马克思主义建党学说的新发展。

习近平新时代中国特色社会主义思想坚守中国共产党人为人民谋幸福的初心，坚持人民主体地位，坚持一切为了人民、一切依靠人民，彰显了人民是历史的创造者、人民是真正英雄的唯物史观，彰显了以人为本、人民至上的价值取向，彰显了立党为公、执政为民的执政理念。习近平新时代中国特色社会主义思想承载着中国共产党人为民族谋复兴的使命，擘画了实现民族复兴中国梦的宏伟蓝图，弘扬中华民族伟大创造精神、伟大奋斗精神、伟大团结精神、伟大梦想精神，传承中华优秀传统文化，为实现中华民族伟大复兴提供了强大精神力量。习近平新时代中国特色社会主义思想体现了中国共产党人为世界谋大同的责任，饱含对人类发展重大问题的睿智思考和独特创见，洞察时代风云，把握时代脉搏，引领时代潮流，为应对全球共同挑战、共同问题提供了中国智慧和中国方案，为推动构建人类命运共同体、维护人类共同利益和共同价值作出了重要贡献。

习近平新时代中国特色社会主义思想是关心中国发展、关注世界进步的完整理论体系与战略体系。马克思主义同各种西方资产阶级思想的较量长达170多年，由于习近平新时代中国特色社会主义思想的创立、发展和在实践中的广泛运用，使两种意识形态、两种社会制度的较量在世界范围内发生了有利于马克思主义、社会主义的深刻转变。马克思主义不仅得到了继承和发展，而且得到了创造性升华，马克思主义在当代中国焕发出新的生命力、行动力，也在世界上产生了新的感召力、影响力。

第二，习近平新时代中国特色社会主义思想深化了对三大规律的认识。

《中共中央关于党的百年奋斗重大成就和历史经验的决议》提出的"十个明确"是习近平新时代中国特色社会主义思想的核心内容，体现了以习近平同志为核心的党中央对共产党执政规律、社会主义建设规律、人类社会发展规律认识的深化、拓展、升华。

一是深化了对共产党执政规律的认识。中国共产党一直把跳出"其兴也勃焉，其亡也忽焉"的历史周期率作为党长期执政必须解决好的历史性课题，不断拓展对共产党执政规律的认识。习近平新时代中国特色社会主义思想提出的诸如，中国共产党领导是中国特色社会主义最本质的特征和中国特色社会主义制度的最大优势，党是最高政治领导力量；坚持和加强党的全面领导，增强"四个意识"，坚定"四个自信"，做到"两个维护"；勇于自我革命，保持革命精神、革命斗志，以党的自我革命推动党领导的伟大社会革命；不忘为民初心，牢记复兴使命，使之成为激励中国共产党人奋勇前进的根本动力；坚持思想建党、理论强党、制度治党紧密结合，扎牢制度笼子，为正风肃纪反腐奠定坚强的制度基础；坚定理想信念，增强执政本领，在精神上补"钙"的同时不断提高党的执政能力和执政水平，确保党永葆旺盛生命力和强大战斗力等内容进一步深化了对共产党执政规律的认识。

二是深化了对社会主义建设规律的认识。500年来社会主义经历了从空想到科学、从理论到实践、从一国实践到多国实践的演进，深刻改变了世界历史的发展进程。习近平新时代中国特色社会主义思想深化了对社会主义建设规律的认识。这些认识包括：坚持以人民为中心的发展思想，始终把人民放在心中最高位置，把人民对美好生活的向往作为党的奋斗目标，不断促进人的全面发展，逐步实现全体人民共同富裕，在历史观上开辟了人民主体的新境界，在价值观上开拓了人民立场的新视野，在方法论上开创了群众路线的新方向，全面揭示了新时代中国共产党人的总体人民观；统筹推进"五位一体"总体布局，协调推进"四个全面"战略布局，深化了对社会主义发展战略的认识；科学判断社会主义发展方位，明确提出我国社会主要矛盾已经转变为人民日益增长的美好生活需要和不平衡不充分的发展之间的矛盾，抓住主要矛盾带动全局工作，指明了解决新时代社会发展问题的根本着力点；深刻分析新的发展阶段基本特征，坚定不移贯彻创新、协调、绿色、开放、共享发展理念，深化了对社会主义发展路径的认识。

三是深化了对人类社会发展规律的认识。党的十八大以来，以习近平同志为核心的党中央面对世界百年未有之大变局和贫富分化、恐怖猖獗、难民危机、生态恶化、民粹泛滥、逆全球化等诸多问题，积极参与全球治理，共同应对人类挑战，全面把握国际秩序调整和人类社会发展的历史趋势，深化了对人类社会发展规律的认识。一方面，习近平新时代中国特色社会主义思想强调:"马克思、恩格斯关于资本主义社会基本矛盾的分析没有过时,关于资本主义必然消亡、社会主义必然胜利的历史唯物主义观点也没有过时。这是社会历史发展不可逆转的总趋势,但道路是曲折的。资本主义最终消亡、社会主义最终胜利,必然是一个很长的历史过程。"①"随着中国特色社会主义不断发展,我们的制度必将越来越成熟,我国社会主义制度的优越性必将进一步显现,我们的道路必将越走越宽广。"②另一方面,习近平新时代中国特色社会主义思想围绕推动建立新型国际关系、推动构建人类命运共同体、建设更加美好的世界,提出了一系列富有创造性的理念和主张,为正在经历百年未有之大变局的人类社会指明了正确方向。构建人类命运共同体这一"中国方案"已被写入联合国决议,"一带一路"倡议已得到沿线国家的广泛响应。这不仅为破解全球发展难题提供了中国智慧,彰显了中国特色社会主义的国际影响力,也表明中国共产党对国际交往秩序和人类文明前景的规律性认识达到了新的高度。

第三,真正学懂弄通做实习近平新时代中国特色社会主义思想。

新时代年轻干部只有坚持用习近平新时代中国特色社会主义思想武装头脑,才能不断练强马克思主义这一看家本领,为党和人民事业作出积极贡献。具体讲,就是要做到学懂弄通做实。

全面理解和准确把握精髓要义。恩格斯指出:"一个人如果想研究科学问题,首先要学会按照作者写作的原样去阅读自己要加以利用的著作,并且首先不要读出原著中没有的东西。"③只有读原著学原文,才能更加深入准确地理解和把握习近平新时代中国特色社会主义思想的真谛和精华。新时代党员干部要坚持读原著、学原文、悟原理,带着信念学、带着感情

---

① 《习近平关于总体国家安全观论述摘编》,中央文献出版社2018年版,第22页。
② 《习近平谈治国理政》第1卷,外文出版社2018年版,第22页。
③ 《马克思恩格斯文集》第7卷,人民出版社2003年版,第26页。

学、带着使命学、带着问题学，深刻理解其核心要义、精神实质、丰富内涵、实践要求，做到每次学习都有新启发、新思考、新收获，真正学出坚定信念、学出绝对忠诚、学出使命担当。

知其然，更要知其所以然、知其所必然。习近平新时代中国特色社会主义思想是一个系统完整、逻辑严密、相互贯通的科学理论体系，唯有在系统全面、融会贯通上下功夫，才能既知其然又知其所以然。新时代党员干部要具有历史和现实相贯通、国际和国内相关联、理论和实际相结合的宽广视角，既要整体把握、全面系统，又要突出重点、抓住关键，深刻领会、灵活运用贯穿于这一思想的马克思主义立场观点方法，做到知其事、究其道、用其法，将习近平新时代中国特色社会主义思想变成一种本能的、习惯性的行为方式。

知信行统一、学思用贯通。年轻干部坚持用习近平新时代中国特色社会主义思想武装头脑，根本目的在于指导实践、推动工作。作为年轻的党员干部，就是要把自己作为一面旗帜，始终做到在党爱党、在党言党、在党忧党、在党为党，在思想上政治上行动上自觉同以习近平同志为核心的党中央保持高度一致。年轻干部要大力弘扬理论联系实际的优良学风，强化问题导向、实践导向、需求导向，紧密结合新时代新实践新要求，紧密联系思想上的困惑、工作中的难点，更加自觉地运用习近平新时代中国特色社会主义思想解决各类问题，实现理论上和行动上的高度自觉和高度一致，切实把学习成效转化为做好本职工作、推动事业发展的生动实践、工作实效。

三、独立思考求真务实，知行合一担当作为

习近平同志在2019年春季学期中央党校（国家行政学院）中青班开班式上，要求广大干部特别是年轻干部要在常学常新中加强理论修养，在真

学真信中坚定理想信念,在学思践悟中牢记初心使命,在细照笃行中不断修炼自我,在知行合一中主动担当作为。

(一)强化加强理论学习的自觉意识

学习是生存之本、立业之基、兴国之魂、发展之根。对每一位党员领导干部而言,学之愈深、信之弥坚,理论之根扎得越深,精神之钙补得越足,向党看齐、跟着党走的信念就会越坚定,就能更好地激发和凝聚社会正能量。一些年轻干部不愿意学习很大程度上是没有认识到理论学习的重要性,受"学习无益""理论无用""讲点实惠"思想的影响较大。一旦有了这样的思想,对理论学习就没有责任感、紧迫感和使命感,就必然把学习当作一种负担,当作可有可无的东西,从而滋长学习上的形式主义。而要加强理论学习,必须在自我学习意识上进行转化提高。

首先,养成主动进行系统化学习的意识。广大年轻干部在理论学习上,要养成自觉主动学习的习惯,这是因为"中央和国家机关任重事繁,只靠上班时间集中学习是很不够的,必须强化学习自觉,增强学习内生动力,利用业余时间刻苦学习。铢积寸累,日就月将,才能水到渠成、融会贯通"①。主动学习还要进行全面系统化的学习。全面系统学,要避免碎片化阅读,片面化阅读,就会碎片化和片面化解读,花大量时间系统阅读马克思主义理论著作及各类高质量书籍,阅读越全面,对思想的理解也就越系统、越准确。要把每一句话、每一段落、每一次讲话、每一篇文章、每一本书,放在作者的整体思想框架中解读,放在时代的大背景下解读,而不是就文本解读文本,就部分表述解读部分表述。

其次,改善学习形式和方法。要提高理论学习的实际效果,必须在学习形式和方法上动脑筋、想良策。在学习形式上,个人自学与集中学习相结合。按照以个人自学为主,集中学习为辅的原则组织好党员干部的理

---

① 习近平:《坚持用马克思主义及其中国化创新理论武装全党》,《求是》2021年第22期。

论学习，做到有计划、有笔记、有体会、有收获。请进来辅导与走出去考察相结合。聘请知名专家、学者举办专题讲座，有针对性地解决领导干部在工作中遇到的理论和思想认识问题。理论研讨与调查研究相结合。适时召开理论研讨会、汇报会、交流会，提供最新的理论观点、超前的知识信息、鲜活的典型经验。会前准备和会后思考相结合。在学习会的召开前做好相关资料的学习，并拟好发言提纲。在会后，要求参会人员根据拟定的思考题目，到带着问题学理论、带着问题想事情、带着问题干工作，从而增强理论学习的效果。在学习方法上，一是要及时跟进学。党中央作出新的决策部署、出台新的文件，都要第一时间学习领会，养成阅读重要报纸杂志上的时政报道和重要评论的习惯，线上线下同步学习，做到学习跟进、认识跟进、行动跟进。二是要联系实际学。弘扬理论联系实际学风，紧密联系思想和工作实际，把研究解决问题作为学习的着眼点，决不能坐而论道、凌空蹈虚。要站在历史和现实相结合的维度上，把握理论学习的高度和深度。三是要笃信笃行学。要学而信，从渐悟走向顿悟，掌握马克思主义立场观点方法，学出坚定信仰、学出使命担当。要学而行，学以致用、身体力行，把学习成果落实到干好本职工作、推动事业发展上。

最后，要养成良好的学风。加强学习，关键是要端正学风。学风正，才能保证学习不走过场；学风不正，就难以取得良好的效果，理论武装就会成为一句空话。广大年轻干部要养成良好学风要做到四个必须：一是必须把握正确方向，就是要高举中国特色社会主义伟大旗帜，联系实际，积极构建和谐社会，以全面建设小康社会为目标；二是必须坚定政治立场，同党中央保持思想上、政治上的高度一致，坚决贯彻执行党的路线、方针、政策，始终坚定马克思主义信仰；三是必须端正思想作风，加强党性修养，努力改造主观世界，增强抵御各种风险的意识和能力；四是必须增强组织纪律性。学习也是一种艰辛的劳动，在学习中增长才干，提高工作能力，增强组织纪律性。

（二）将深入研究与独立思考有机结合

主动系统地学习只是让年轻干部在学习理论上有了更为扎实的基础，而要想更有效地运用所学理论与知识指导具体的实践，还要对所掌握的理论与知识进行深入研究，并在此基础上进行独立思考，以形成年轻干部自身的价值判断，更有效地指导实践活动。

在夯实理论的基础上深入研究。要理论联系实际，求真务实，在深入学习上求"精"、在理论研究上求"实"、在学用结合上求"广"。学习的目的全在于运用。如果党员的理论学习只追求形式，只追求完成任务，只追求表面上的轰轰烈烈，实际问题没有或者甚少解决，这样的学习除了让人感到厌倦之外，没有任何意义。加强理论学习，要注重对理论的消化吸收，把理论学习的成果运用到具体的指导实践、推动工作上来，这样，才能学得生动、学得深入、学得有效。

善于独立思考，坚持求真务实。年轻干部要坚持以党性立身做事，把说老实话、办老实事、做老实人作为党性修养和锻炼的重要内容，敢于坚持真理，善于独立思考，坚持求真务实。独立思考就是要从立足自身的角度，从自身所处的区域、部门、岗位的实际，结合具体工作中的具体情况，进行全方位地思考，对工作中存在的优势劣势，所遇到的威胁与机会都有一个全面的考虑，从而制订出有可行性可操作性的计划。求真务实要求年轻干部从人民群众的实际利益出发，确定合理的目标任务，要以此目标为基础，进行合理的安排部署工作，坚决避免闭门造车的主观主义和经验主义，坚决以人民群众的利益为先。年轻干部要真正将深入研究与独立思考相结合，就需要在保持"自我"的同时不失去应有的行为规范，既不要趋炎附势，也不要随波逐流，既不要畏首畏尾、唯"领导"是从，更不要丧失独立思考的能力和坚守初心的激情。

（三）在知行合一中担当作为

习近平同志强调，要牢记空谈误国、实干兴邦的道理，坚持知行合一、真抓实干，做实干家。①在十九届中央纪委三次全会上，习近平同志强调："领导干部特别是高级干部必须从知行合一的角度审视自己、要求自己、检查自己。"②

首先，要克服"知""行"关系上的四种错位现象。习近平同志指出："'知'是基础、是前提，'行'是重点、是关键，必须以'知'促'行'、以'行'促'知'，做到知行合一。"③但是在知行合一的关系中存在四种错位现象：一是不知不行。有些年轻干部既不按照党章要求认真学理论，学习党的路线方针政策，学习党的基本知识，学习科学、文化、法律和业务知识，也不去落实党的路线方针政策及应该承担的工作。二是有知不行。有些年轻干部参加了各种培训，学习了各种知识，但是没有把学到的理论知识用到实践中去，学用脱节，所以他主政主管的部门或地方多少年来一直"涛声依旧"，面貌没有多大改变。三是不知却行。有些年轻干部不学习理论知识、不用最新的理论指导，却盲目行动，乱干瞎干，不做规划设计乱铺摊子。四是虽知硬行。有些年轻干部虽学习了理论知识和党的路线方针政策，了解了中央的决策部署及区域或部门实际，在实际工作中却顶风违纪，敷衍塞责，或者搞选择性执行。

其次，年轻干部要做知行合一的模范。思想与行动的统一是事业成功的基础，有了丰富的理论基础，加上马上就干的具体行动，年轻干部的事业就一定会越做越好，就会取得越来越多的成就，为人民创建丰功伟绩。

---

① 参见《在常学常新中加强理论修养　在知行合一中主动担当作为》，《人民日报》2019年3月2日。
② 《习近平谈治国理政》第3卷，外文出版社2020年版，第87页。
③ 《习近平关于党的群众路线教育活动论述摘编》，党建读物出版社、中央文献出版社2014年版，第39页。

其一,深学笃行。年轻干部要在学深悟透、融会贯通上下功夫,积极主动改造主观世界,防止少知而迷、不知而盲、无知而乱,坚持学做结合,做到学以致用、用以促学、知行合一,防止云山雾罩、徒陈空文、纸上谈兵,不断提高运用科学理论解决实际问题的能力。其二,要"马上就办"。倡导知行合一,就要继续践行"马上就办"精神,这有助于解决"门难进、脸难看、话难听、事难办"和"门好进、脸好看、话好听、事不办"等问题。1990年5月,习近平同志从宁德地委书记岗位调到福州任市委书记,到任半月,就在福州市鼓楼区举办了"领导服务接待周",次年,他在市委领导干部大会上提出了"马上就办"的工作精神和工作方法。他指出,要办实事、多办事、快办事,急事急办、特事特办,马上办、办得快、办得好。年轻干部一定要践行"马上就办"精神,把人民群众的所思所急所盼真正放在自己的心上,只要群众提出的诉求合理正当,不能拖延,马上就办,雷厉风行,用自己的实际行动践行全心全意为人民服务的宗旨和以人民为中心的发展思想。其三,要真抓实干。习近平同志反复强调:"一分部署,九分落实。""如果不沉下心来抓落实,再好的目标,再好的蓝图,也只是镜中花、水中月。"① "想不想抓落实、敢不敢抓落实、会不会抓落实,检验我们的行动、考验我们的能力。"② 一个实际行动胜过一打纲领。真抓实干才能把"不可能"变成"可能",把雄心壮志变成现实。年轻干部既要保持头脑上的清醒,做政治上的"明白人",在方向立场、原则是非等根本性问题上始终清醒,又要具有行动的力量,增强狠抓落实本领,做抓落实的实干家,保持钉钉子的精神状态和撸起袖子加油干的奋斗姿态,以实际行动确保党的路线方针政策和党中央重大决策部署贯彻落实。

---

① 《习近平关于协调推进"四个全面"战略布局论述摘编》,中央文献出版社2015年版,第157页。

② 《十八大以来重要文献选编》(下),中央文献出版社2018年版,第46页。

第十章

坚决守住五大关口
坚守拒腐防变底线

习近平同志在2022年春季学期中央党校（国家行政学院）中青班开班式上的讲话中强调，年轻干部必须牢记清廉是福、贪欲是祸的道理，守住拒腐防变防线。他还特别提到，守住拒腐防变防线，要守住政治关、权力关、交往关、生活关、亲情关。"五大关口"理论的提出，为广大年轻干部设立了拒腐防变底线。

一、为政之道，修身为本，知敬畏、存戒惧、守底线

习近平同志在2019年春季学期中央党校（国家行政学院）中青班开班式上的讲话中指出："为政之道，修身为本。干部的党性修养、道德水平，不会随着党龄工龄的增长而自然提高，也不会随着职务的升迁而自然提高，必须强化自我修炼、自我约束、自我改造。"①在2021年秋季学期中央党校（国家行政学院）中青班开班式上的讲话中，他进一步强调："干部一定要知敬畏、存戒惧、守底线，敬畏党、敬畏人民、敬畏法纪。严以修身，才能严以律己。一个干部只有把世界观、人生观、价值观的总开关拧紧了，把思想觉悟、精神境界提高了，才能从不敢腐到不

---

① 《在常学常新中加强理论修养　在知行合一中主动担当作为》，《人民日报》2019年3月2日。

想腐。"① 这一系列的讲话，对广大年轻干部提出了修身为本、严以律己、坚守底线的道德修养要求。

（一）修身乃为政之本

正人先正己，正己先正心。2018年11月26日，习近平同志在十九届中共中央政治局第十次集体学习时指出："《论语》中说要'修己以敬'、'修己以安人'、'修己以安百姓'，对我们共产党人来说，修己最重要是修政治道德。"② 年轻干部要从思想上固本培元，提高党性觉悟，经常对照党的理论和路线方针政策、对照党章党规党纪、对照初心使命，看清一些事情该不该做、能不能干，时刻自重自省，严守纪法规矩，扣好廉洁从政的"第一粒扣子"。

修身，首在正心。《礼记·大学》曰："心不在焉，视而不见，听而不闻，食而不知其味。此谓修身在正其心。""欲修其身者，先正其心；欲正其心者，先诚其意。"正心就是人格的形成。习近平同志指出："人格是一个人精神修养的集中体现。光明磊落、坦荡无私，是共产党人的光辉品格，也是干部应该锤炼的品质修养。要坚守精神追求，见贤思齐，见不贤而内自省，处理好公和私、义和利、是和非、正和邪、苦和乐关系。要立志做大事，不要立志做大官，保持平和心态，看淡个人进退得失，心无旁骛努力工作，为党和人民做事。"③ 习近平同志强调，领导的工作本就是"苦差事"，如果想舒服，就不要当领导干部，有空闲时间就要手捧一卷、清茶一杯、锤炼意志。宁静以致远，淡泊以明志。这一切的关键就是要年轻干部守好自己的心。

修身，次在养性。修身必须从养性入手。中国人历来重视修身，修身

---

① 《信念坚定对党忠诚实事求是担当作为　努力成为可堪大用能担重任的栋梁之才》，《人民日报》2021年9月2日。
② 习近平：《努力造就一支忠诚干净担当的高素质干部队伍》，《求是》2019年第2期。
③ 《在常学常新中加强理论修养　在知行合一中主动担当作为》，《人民日报》2019年3月2日。

齐家治国平天下，修身处在首位。强调"自天子以至于庶人，壹是皆以修身为本""修己以安百姓""修其心治其身，而后可以为政于天下""正心以为本，修身以为基"。修身最重要的是减少自己的贪念，明白是非，断恶修善，增进智慧。年轻干部修身就是要加强党性修养、牢记入党初心，任何时候任何地方都要时刻牢记自己是一名共产党员，不仅有"先天下之忧而忧，后天下之乐而乐"的价值理念，更要有"人生自古谁无死，留取丹心照汗青"的责任担当，自觉培养"富贵不能淫，贫贱不能移，威武不能屈"的浩然正气，高标准修身，严要求养性，管好自己，影响家人。

修身，重在正行。正行必须从校正行为举止入手。"亲贤臣，远小人，此先汉所以兴隆也；亲小人，远贤臣，此后汉所以倾颓也。"年轻干部见贤思齐，净化朋友圈，要注意从点滴小事入手，校正自己的一言一行、一举一动。在单位，要按照信念坚定、为民服务、勤政务实、敢于担当、清正廉洁的好干部标准进行修为；在家中，要做到为人子女尽孝顺，为人配偶尽忠诚，为人父母尽养育，做一个有党性、有涵养、有家教、有责任的共产党人。清清白白做人，坦坦荡荡做事。君子坦荡荡，小人长戚戚。年轻干部一定要学君子、做君子，心胸坦荡，不要斤斤计较。同时，也要要求自己的亲属和子女向君子看齐。广大年轻干部要认清权力的度与边界，任何事情都秉公处理；只有做到清白为人，坦荡为官，才能成为家庭建设的核心力量。

随着经济社会的不断进步和发展，党员干部工作的条件和环境比以往便利了很多，但绝不是舒舒服服，更不是喝喝茶看看报纸，可谓依然是一件"苦差事"。习近平同志的从政履历给予我们启示，那就是不管他的职务发生任何变化，不管身在何处，一心为民的工作作风从未改变。年轻干部要向习近平同志学习，去"走"、去"访"，去真正为人民群众解决问题。

(二)心存敬畏,行有所止

在2021年秋季学期中央党校(国家行政学院)中青班开班式上,习近平同志指出:"讲规矩、守底线,首先要有敬畏心。心有所畏,方能言有所戒、行有所止。干部一定要知敬畏、存戒惧、守底线,敬畏党、敬畏人民、敬畏法纪。严以修身,才能严以律己。一个干部只有把世界观、人生观、价值观的总开关拧紧了,把思想觉悟、精神境界提高了,才能从不敢腐到不想腐。"① 这要求年轻干部在具体的工作中,在干事创业的实践中必须心存敬畏,行有所止。

"敬畏"是一种心理状态,敬畏心是对人对事内心所体现的敬仰之情的表现。年轻干部敬畏心缺失突出表现在几个方面:一是口无遮拦。凡事都表现得"有主张""有见地",处处显得比别人"高明",以致在大是大非问题上,妄加猜测、妄加议论,以贩卖"小道消息""内部情况"为荣。二是颐指气使。"自我感觉"良好,喜欢前呼后拥、谄媚奉承,动辄吆三喝四、"拍案而起"。三是自以为是。不虚心向书本学习、向群众学习,喜欢搞"作秀式"调研、"盆景式"调研、"蜻蜓点水式"调研,搞"盆景式"形象工程,决策缺乏科学依据,经不住实践、人民和历史检验。四是天马行空。把规章制度、党纪国法视为"稻草人",视为可以随意拿捏的"橡皮泥","不拘小节"更不守"大节",目无法纪、违法乱纪。

年轻干部作为党的事业的中流砥柱,必须时刻做到敬畏党、敬畏人民、敬畏法纪。敬畏党就是要为能够成为中国共产党的一员而感到光荣,为成为党的领导干部中的一员而感到自豪,为成为党的年轻干部而感到骄傲。还要敬畏党组织,对党绝对忠诚,永不叛党,永葆共产党人鲜明政治本色,争做党的形象代言人。敬畏人民就是要时刻把全心全意为人民服务

---

① 《信念坚定对党忠诚实事求是担当作为 努力成为可堪大用能担重任的栋梁之才》,《人民日报》2021年9月2日。

的宗旨记在心中，牢记江山就是人民，人民就是江山，我们党打江山守江山守的就是人民的心。年轻干部必须深刻认识到"水能载舟亦能覆舟"的历史规律和深刻道理，真心实意服务人民，尊重人民首创精神，千方百计为人民群众排忧解难，努力满足人民对美好生活的向往。敬畏法纪就是要把遵法守纪作为最基本最起码的政治素养。年轻干部要切实筑牢廉洁自律底线，严守党的政治纪律与政治规矩，坚决预防和抵制腐败，坚决摒弃形式主义与管理主义作风，堂堂正正做人、干干净净做事。

（三）守住内心筑牢拒腐防变底线

对于年轻干部来说，守住内心就是守住拒腐防变的底线，就是为自身在干事创业的道路上能够行稳致远安上了"稳定器"。年轻干部手中有权、肩上有责，应当正心修身，严格自律，加强自我管理、自我约束，保证自己不忘初心、不失方向，保持定力、充满活力，多干事、少犯错、错立改。

守住内心，要求年轻干部把牢理想信念这个总开关。思想是行动的先导。如果一个人思想上出了问题，他的世界观、人生观、价值观出了问题，那么他的言行举止、一举一动迟早也会出问题。如果这个人身居高位，他的级别越高、权力越大，对党的危害、对国家的危害也就越大。年轻干部要不断提醒自己，做到知信行合一，学思用贯通。"理想信念是立党兴党之基，也是党员干部安身立命之本。"[①]有了坚定的理想信念，才能经得住各种考验；没有理想信念，或者理想信念不坚定，就经不起风吹浪打，关键时刻就会私心杂念丛生，甚至临阵脱逃。思想上的滑坡是最严重的病变，一些党员干部出问题，说到底是信仰迷茫、精神迷失。年轻干部只有胸怀天下、志存高远，不忘初心使命，把人生理想融入党和人民事业

[①] 《筑牢理想信念根基树立践行正确政绩观　在新时代新征程上留下无悔的奋斗足迹》，《人民日报》2022年3月2日。

之中，把为人民幸福而奋斗作为自己最大的幸福，才能拥有高尚的、充实的人生。

守住内心，年轻干部从小事小节上做起。年轻干部只有常怀敬畏之心，才会心中有责不懈怠，心中有戒不妄为。"不虑于微，始成大患；不防于小，终亏大德。"那些滑向腐败深渊的人，往往就是少了敬畏，少了戒心，从一顿饭、一条烟、一个红包开始，认为小吃小喝、小拿小要不算什么，一步步从小问题变成大贪腐。年轻干部要牢记气泄针芒、堤溃蚁穴的教训，懂得小事小节中有政治、有方向、有形象、有人格的道理，从小事小节上加强约束、规范自己。

守住内心，需要持之以恒，笃行不怠。只要有权力，就面临被腐蚀"围猎"的风险和考验，这种考验不是一下子，也不是一两件事，而是长期存在。思想上一时的坚定清醒，并不意味着永远能坚定清醒。年轻干部要有古人"吾日三省吾身"的恒心意志，在夜深人静之时，不妨想想手中的权力是谁赋予的、应该用来为谁做事。正心修身只有进行时，没有完成时，要在日复一日的检视改进中，掸去"思想尘"，破除"心中贼"。

守住内心，归根结底是要加强党性锻炼、提高党性修养。党性教育就是共产党人的"心学"，年轻干部要始终牢记党的性质和宗旨，经常对照党的理论和路线方针政策、对照党章党规党纪、对照初心使命，坚定对马克思主义的信仰，坚守对党和人民的忠诚。常向勤廉榜样学习，多些警惕警醒。用一颗公心保持双眼明亮，看清一些事情该不该做、能不能干，时刻自重自省，严守纪法规矩。只有在立根固本上下功夫，才会有强大的免疫力和抵抗力，才能防止歪风邪气近身附体。

二、守好拒腐防变五大关口，在新征程留下无悔奋斗足迹

广大年轻干部要想守住守牢拒腐防变防线就必须从修身做起，知敬

畏、存戒惧、守底线，从守住自己的心开始，再到具体的行动上，层层设防、处处设防。习近平同志指出："要守住政治关，时刻绷紧旗帜鲜明讲政治这根弦，在大是大非面前、在政治原则问题上做到头脑特别清醒、立场特别坚定，决不当两面派、做两面人，决不拿党的原则做交易。要守住权力关，始终保持对权力的敬畏感，坚持公正用权、依法用权、为民用权、廉洁用权。要守住交往关，交往必须有原则、有规矩，不断净化社交圈、生活圈、朋友圈。要守住生活关，培养健康情趣，崇尚简朴生活，保持共产党人本色。要守住亲情关，严格家教家风，既要自己以身作则，又要对亲属子女看得紧一点、管得勤一点。"①这其实为广大年轻干部守好拒腐防变指出了明确的方向，提出了具体要求。

（一）守好政治关是年轻干部的第一关

政治关是第一关，首关不过、余关莫论。政治关一旦失守，就会引发连锁反应，其他四关敢会接连失守。

把握正确的政治方向。2018年6月29日，习近平同志在十九届中共中央政治局第六次集体学习时的讲话中指出："政治方向是党生存发展第一位的问题，事关党的前途命运和事业兴衰成败。红军过草地的时候，伙夫同志一起床，不问今天有没有米煮饭，却先问向南走还是向北走。这说明在红军队伍里，即便是一名炊事员，也懂得方向问题比吃什么更重要。如果在方向问题上出现偏离，就会犯颠覆性错误。对此，我们必须有十分清醒的认识。"②年轻干部必须坚持中国共产党领导和我国社会主义制度。在这个问题上，决不能有任何含糊和动摇。要善于从政治上观察和处理问题，不断提高政治判断力、政治领悟力、政治执行力，坚决维护党中央权

---

① 《筑牢理想信念根基树立践行正确政绩观　在新时代新征程上留下无悔的奋斗足迹》，《人民日报》2022年3月2日。
② 习近平：《增强推进党的政治建设的自觉性和坚定性》，《求是》2019年第14期。

威和集中统一领导,坚决贯彻执行党的理论和路线方针政策,严守党的政治纪律和政治规矩,自觉执行组织决定,服从组织安排,做政治上的明白人、老实人。

站稳政治立场。年轻干部在思想上政治上行动上要同以习近平同志为核心的党中央保持高度一致。中国共产党作为执政党,要站在无产阶级和广大劳动人民的立场上。立场问题不只是喊喊口号就可以,而是要通过实践来检验。"立场是抽象的,要在具体斗争中才能看出你的立场站得稳不稳。可能在这个斗争中站得稳,在那个斗争中又站不稳了。所以,立场究竟稳不稳,一定要在长期斗争中才能考验出来。同时还要看我们的工作态度、政策水平、群众关系,看我们的党性。"①因此,坚定立场问题应贯穿我们工作和生活的方方面面。

严守政治纪律和政治规矩。"欲知平直,则必准绳;欲知方圆,则必规矩。"政治纪律和政治规矩为党员干部立起了行为标尺,既是"紧箍咒",更是"护身符"。严守政治纪律和政治规矩,关键在"严",如果不严格、不严肃,就会出现"上令既废,以居则乱,以战则败"的局面。在严守政治纪律和政治规矩中守住政治关,就要要求年轻干部在处理问题、作出决策、部署工作时首先从政治上想一想,对照政治纪律和政治规矩举一反三,看准能不能干、该怎样干,这样才能在风浪考验中立得住脚,定得住神,始终站稳政治立场,做政治上的明白人。习近平同志在党的十八届四中全会上指出的无视政治纪律和政治规矩的一些突出问题,是从无数案例中抽象和总结出来的,具有很强的现实针对性。"一些人无视党的政治纪律和政治规矩,为了自己的所谓仕途,为了自己的所谓影响力,搞任人唯亲、排斥异己的有之,搞团团伙伙、拉帮结派的有之,搞匿名诬告、制造谣言的有之,搞收买人心、拉动选票的有之,搞封官许愿、弹冠相庆的有之,搞自行其是、阳奉阴违的有之,搞尾大不掉、妄议中央的也有之,如

---

① 《周恩来选集》下卷,人民出版社1984年版,第425页。

此等等。"①

守住政治关,贵在常做政治自检。"君子终日乾乾,夕惕若厉,无咎。"对照政治要求检视反思、躬身自省,既是共产党人牢记初心使命的一面镜子,也是党员干部保持廉洁自律的有力武器。年轻干部要经常自觉地进行政治自检,就是要看政治忠诚、政治担当、政治能力、政治自律等方面是否合格,做到既练打仗、又讲政治,既本领高强、又政治过硬;就是要时刻自重自省自警自励,慎独慎微慎始慎终,始终做到心有所守、行有所循,做人不逾矩、办事不妄为、用权不违规,在保持干净中健康成长,在干事担当中锤炼本领,努力成为堪当强国强军重任的时代新人。在政治生活上,年轻干部特别要注重参加双重组织生活会。要正确处理参加民主生活会与参加支部组织生活会的关系,自觉做到工作再忙都不忘参加支部组织生活,防止和克服以参加民主生活会代替参加支部组织生活会的现象。要正确处理行政职务与党内职务、领导身份与普通党员身份、参与监督与接受监督的关系,积极主动参与支部组织生活。要从增强党性、促进团结、推动工作的高度出发与基层同志交流,把参加基层组织生活作为关心基层、了解基层的一种渠道和方式。要注重发挥自身组织生活经验丰富的优势,主动为基层党员同志排忧解难,为基层党组织建设作出指导。

(二)守好权力关为人民用好权

"权"是指一种测定物体重量的器具,其本义是"衡量审度"。习近平同志指出:"我们的权力是党和人民赋予的,是为党和人民做事用的,只能用来为党分忧、为国干事、为民谋利。"②年轻干部要走出把权力看成是"捞取私利的资本、某人对自己的恩赐、获取享受的工具、人生的追求目

---

① 习近平:《在党的十八届六中全会第二次全体会议上的讲话(节选)》,《求是》2017年第1期。
② 《习近平谈治国理政》第2卷,外文出版社2017年版,第147页。

标"的误区,正确行使权力,依法用权、秉公用权、廉洁用权,做到心有所畏、言有所戒、行有所止,处理好公和私、情和法、利和法的关系。

第一,树立正确的权力观。如何正确看待和行使手中的权力,如何解决好"为谁用权"等问题,不仅关系到自身的形象和命运,还关系到党的执政根基是否稳固,甚至关系到党和国家的前途命运。守住权力关,就必须树立正确的权力观,经得住诱惑,抗得住侵蚀,耐得住寂寞,守得住清贫。一是权力姓"公"不姓"私"。权力是"公器",权力一丝一毫也不能被私用。自古以来,为官者坚持用权为"公",才会得到人民的称赞和尊重;否则,就会被群众不耻和诟病。二是权力是"柄"亦是"责"。权力是人民赋予的重托,是为人民服务的责任。如果把权力当成私有财产和利己工具,就必然会导致滥用权力,使权力发生"异化"而导致腐败。三是权力造"福"也惹"祸"。权力是一把"双刃剑",具有积极和消极两方面的作用:用好可以为党分忧、为民造福,用不好则会祸国殃民、贻误终生。

第二,要做到"权为民所用"。权力来自人民。年轻干部只有清楚手中权力的来源,才能明白谁是权力真正的主人,才能敬畏权力,才会更加珍惜权力、管好权力、慎用权力。党的一切权力来源于人民,人民当家作主是我国社会主义制度的特色。权力依据在法律。年轻干部只有牢固树立法律意识、正确树立权力意识,严格按照一个合格党员干部的标准要求自己,依法履职,才能珍惜手中的权力;只有牢记组织信任,依法管权,才能握好手中的权力;只有始终牢记人民的期盼,依法用权,才能行使好手中的权力。为民用权是根本。权力来源于人民,权力必须服务于人民;权力是党和人民赋予的,权力只能用来为党分忧,为民谋利。一心一意为人民着想,踏踏实实做好本职工作,实实在在为百姓做好事,真真切切为群众谋福利,是年轻干部从政为官的基本条件。彰显公正是关键。用权的关键在公,公平正义是使用权力的基本要求和标准。公正用权必须摒弃特权意识，正确处理个人同群众、同组织的关系。公正用权始终要以公平正义为准则，始终要以法律为准绳，为党为国为民用权，避免以个人好恶作为判断是非的标准，做到权重不谋私、用权不徇私。

第三，正确用权是年轻干部权力观的外在表达。年轻干部是掌握权力的关键少数，要做到依规用权、依法用权、秉公用权、廉洁用权，处理好公和私、情和法、权和责的关系。一要依规用权。党纪严于国法。年轻干部首先要在党纪党规范围内，按规则、按制度行使权力。严守党的政治纪律和政治规矩，增强纪律、规矩意识，依规履职，依矩用权。要常思权力从哪里来、该怎么用，做到有令则行、有禁则止，自觉用党纪党规约束和规范用权行为，决不能超越党纪党规搞我行我素、自行其是。二要依法用权。年轻干部要带头做尊法学法守法用法的模范，搞清楚在法律制度规定范畴内什么权能用、什么事能干，任何时候都不能以言代法、以权压法、徇私枉法，确保权力在法治的轨道上运行。三要秉公用权。"公则不为私所惑，正则不为邪所媚。"年轻干部手握国家公权，关乎民生休戚。要时刻牢记习近平同志"公权为民，一丝一毫都不能私用"的告诫，做到事事出于公心、时时秉公用权，不能弄权、揽权、越权，更不能恃权自重、以权谋私。四要廉洁用权。廉洁是底线。年轻干部要把好廉洁从政这道关，担起廉政建设这份责，永葆共产党人清正廉洁的政治本色。要常修为政之德，常思贪欲之害，常怀律己之心，自觉抵制金钱、物欲、美色的诱惑，做到一身正气、一尘不染。要立家规正家风，加强对家属和身边工作人员的管教、提醒和约束，不优亲厚友、厚此薄彼，不为"小圈子""自己人""身边人"利益而打"擦边球""越红线"，不借公权谋私利。自觉接受社会各方面监督，坚决防止暗箱操作现象，确保权力在阳光下运行。

（三）守住交往关建立干净的人际交往关系

习近平同志指出，交往必须有原则、有规矩，不断净化社交圈、生活圈、朋友圈。这就要求年轻干部追求"绿色交往",建立干干净净的人际交往关系,从而为年轻干部正确开展人际交往指明了方向、提供了遵循。

交往当中讲政治。马克思主义认为,人是一切社会关系的总和。通过人与人之间的交往,可以促进人与人思想情感的沟通交流,增进个人之间、群体之间的理解,消除隔阂与误会,形成共识和共鸣,有利于加强团结、促进合作、推进事业。每个人都是一定社会关系的产物,年轻干部的职位越高、权力越大,想攀附你的人也就越多,想结交你的人也就越多,交往关的考验也就越大,所以在交往过程中领导干部要严于律己。年轻干部不是生活在真空中的,有着自己的人际交往圈。习近平同志指出:"党内决不能搞封建依附那一套,决不能搞小山头、小圈子、小团伙那一套,决不能搞门客、门宦、门附那一套,搞这种东西总有一天会出事!"① 年轻干部必须慎交友、交好友,哪些人该交,哪些人不该交,应该心中有杆秤。在现实生活中,有的年轻干部在社会交往中淡忘了自己的身份,不注意自己的形象,在交往问题上放松警惕、失去戒惧心,致使一些挖空心思、绞尽脑汁想与其套近乎、交"朋友"的居心叵测之人得逞,先灌"迷魂汤",再赠礼品,后送钱物,让一些年轻干部不知不觉地落入圈套,被人牵着鼻子走,丢失党性原则,丧失人品官德,触碰法纪红线,掉进万劫不复的深渊。惨痛的教训告诉我们,年轻干部一定要纯洁交友动机,从工作出发,从事业出发,从党和人民的利益出发,以德会友,多与普通群众交朋友,多交几个能说心里话的基层朋友。要坚决远离各种"小圈子",不断净化社交圈、生活圈、朋友圈,谨防交往背后被做局、被"围猎"。

树立正确的"交往观"。历史地看,只有那种与人民群众在一起,推动历史车轮前进的,那才是正确的"交往观";反之,那就是当时错误的"交往观"。年轻干部的"交往观"必须是全心全意为人民服务的,必须"心中有民",始终把群众安危冷暖放在第一位;必须"心中有责",立志

---

① 《十八大以来重要文献选编》(上),中央文献出版社2014年版,第770页。

把"人民对美好生活的向往"变为人民群众身边看得见摸得着的现实。年轻干部在各种交往中必须做到有原则、有规矩,旗帜鲜明抵制和反对关系学、厚黑学、官场术、"潜规则"等庸俗腐朽的政治文化,自觉远离低级趣味,自觉抵制歪风邪气,任何时候都不搞特权、不以权谋私,不断为培厚良好政治生态的土壤作出表率。要带头建立健康的工作关系,不把管理的公共资源用于个人或者单位结"人缘"、拉关系、谋好处。慎重对待朋友交往,时刻防范糖衣炮弹、永葆共产党人的政治本色。

强化交往纪律观念。树立底线思维,给自己装上"防火墙""过滤网",守住自己的政治生命线。2015年,33岁的熊紫文成为600多亿国有资产公司的掌门人,这是人类的高光时刻。然而,一些别有用心之人也纷至沓来,大献殷勤。熊紫文却来者不拒,不断从管理和服务对象中挑选"好友",使交往圈越滚越大。这些企业老板"兄弟",从未让熊紫文失望过。高档洗浴场所的消费卡,为他一充值就是7万;每逢出差,都为他提供高档消费……熊紫文把出手阔绰的老板当成江湖兄弟,把各种"心意"当成"情谊",心安理得一一笑纳。熊紫文视圈子朋友为"提款机",企业老板则把他当"存款机"。手握权力的熊紫文在工程承包、房屋开发、项目招投标、定向融资业务等方面给"好友"极力关照,为他们谋取利益。然而这种交往不过是短暂的,失去利用价值后,熊紫文成了"弃子"。在检举揭发熊紫文的人中,很多曾和他称兄道弟。这个教训是深刻的,也是令人深思的。

多交"净友"、善交"益友"。习近平同志告诫广大年轻干部,"一定要严格交友的原则,慎交友、交好友,哪些人该交,哪些人不该交,应该心中有杆秤"[①]。一个人有什么样的朋友 就会有什么样的生活,有什么样的生活就有什么样的人生。人际关系、朋友交往看似小事,实为关键。年轻干部要将有限的精力放在值得交往的朋友身上,使自己的朋友圈、社交

[①] 习近平:《用权讲官德 交往有原则》,《求是》2004年第19期。

圈、生活圈更加干干净净、清清爽爽。一方面，多交"净友"。对于年轻干部来说，更应当多交这样能够直言相劝、帮自己改错、促自己进步的朋友，虚怀若谷地对待批评意见和改进建议，如此方能不断实现自己的净化、完善和提高。另一方面，善交"益友"。"近朱者赤，近墨者黑。"和什么样的人在一起，往往会决定你成为什么样的人。年轻干部交朋友，要交胸怀理想、情趣高尚的人，交品正行端、积德行善的人，交勤奋敬业、遵规守纪的人；警惕和防范那些有所企图之人的吹捧奉承、精神上的腐蚀和物质上的拉拢，使自己的社交圈、生活圈、朋友圈更加健康纯净。

在具体的交往中，年轻干部要善于与各类主体交往。年轻干部在具体工作中会接触到各类社会群体，要把党的事业干好，需要与他们交朋友，掌握情况。而与不同主体交往需要根据不同的情况进行交流，这些考验的是年轻干部的智慧与水平。习近平同志就具体的交往对象提出了相关具体要求。与民营企业家交往，要建立"亲""清"政商关系。对领导干部而言，所谓"亲"，就是要坦荡真诚同民营企业接触交往，特别是在民营企业遇到困难和问题情况下更要积极作为、靠前服务，对非公有制经济人士多关注、多谈心、多引导，帮助解决实际困难。所谓"清"，就是同民营企业家的关系要清白、纯洁，不能有贪心私心，不能以权谋私，不能搞权钱交易。①与媒体交往，要增强同媒体打交道的能力。年轻干部要增强同媒体打交道的能力，善于运用媒体宣讲政策主张、了解社情民意、发现矛盾问题、引导社会情绪、动员人民群众、推动实际工作。②与知识分子交往，要做知识分子的挚友、净友。对来自知识分子的意见和批评，只要出发点是好的，就要热忱欢迎，对的就要积极采纳；即使一些意见和批评有偏差，甚至不正确，也要多一些包容、多一些宽容，坚持不抓辫子、不扣

---

① 参见《毫不动摇坚持我国基本经济制度　推动各种所有制经济健康发展》，《人民日报》2016年3月5日。

② 参见《坚持正确方向创新方法手段　提高新闻舆论传播力引导力》，《人民日报》2016年2月20日。

帽子、不打棍子。①加强同高校知识分子的联系，各地党委书记和有关部门党组书记要多到高校走走，多同师生接触，多去高校作报告，回答师生关注的理论和现实问题。要加强同高校知识分子的联系，多关心、多交流、多鼓励，善交朋友、广交朋友、深交朋友，多听他们的意见，真听他们的意见。②与文艺工作者交往，要诚心诚意同文艺工作者交朋友。要尊重文艺工作者的创作个性和创造性劳动，政治上充分信任，创作上热情支持，营造有利于文艺创作的良好环境。③与党外人士交往，要带头广交深交党外朋友。统战工作是全党的工作，必须全党重视，大家共同来做。各级党委要把统战工作摆在重要位置，各级党政领导干部要带头学习宣传和贯彻落实统一战线政策法规，带头参加统一战线重要活动，带头广交深交党外朋友。做党外知识分子工作，不仅要增强责任意识、配强工作力量，还要改进工作方法，学会同党外知识分子打交道特别是做思想政治工作的本领。与人民群众交往，要面对面、心贴心、实打实做好群众工作，扎扎实实解决好群众最关心最直接最现实的利益问题、最困难最忧虑最急迫的实际问题。④习近平同志当年在陕北插队时的农民朋友吕侯生患上骨髓炎，因没钱看病，绝望之际，他给时任福州市委书记的习近平同志写了一封信。两个星期后，他收到了习近平同志寄过来的500元钱和去福州治病的邀请。吕侯生到福州后，习近平和他说，"你不要顾及钱的事儿"。1996年，吕侯生旧病复发，再次给习近平同志写信。不久，他再次来到福州治病，其医药费仍是习近平同志替他付的。习近平同志的爱民之心，为民之情、救民之

---

① 参见习近平《在知识分子、劳动模范、青年代表座谈会上的讲话》，《人民日报》2016年4月30日。

② 参见《把思想政治工作贯穿教育教学全过程　开创我国高等教育事业发展新局面》，《人民日报》2016年12月9日。

③ 参见《坚持以人民为中心的创作导向　创作更多无愧于时代的优秀作品》，《人民日报》2014年10月16日。

④ 参见《巩固发展最广泛的爱国统一战线　实现中国梦提供广泛力量支持》，《人民日报》2015年5月21日。

难的情怀和品格，值得每一位年轻干部很好地学习。

（四）守住生活关做生活情趣健康的楷模

《人民的名义》中有句话："你别看他官小，在老百姓眼里，那也代表着政府。"党员的形象和作风在人民群众的心中就代表了党和政府的形象和作风。年轻干部也是常人，也有正常的生活，也会有自己的喜好、爱好。但要想行得端、走得正，就必须保持严肃的生活作风、培养健康的生活情趣，否则很难做到清正廉洁。一些年轻干部蜕化变质往往就是从生活作风不检点、生活情趣不健康开始的，往往都是从吃喝玩乐这些看似小事的地方起步的。在推杯换盏中放松了警惕，在小恩小惠面前丢掉了原则，在轻歌曼舞中丧失了人格。

年轻干部要做工作上的标兵生活上的楷模。健康、健全的年轻干部形象应当既是工作上的典范，又是生活上的模范和中国传统道德的弘扬者和践行者；既是工作上的先锋队，更是有血有肉的普通人，而绝不是眼中只有工作没有儿女私情的工作机器。"领导干部的生活作风和生活情趣，不仅关系着本人的品行和形象，更关系到党在群众中的威信和形象，对社会风气的形成、对大众生活情趣的培养，具有'上行下效'的示范功能。"① "一边是工作上的废寝忘食，一边是生活上的贪污腐化"，是部分落马年轻干部"双面人生"的真实写照。他们生活作风奢靡腐化、男女关系失范、违背社会公序良俗、违反社会公德家庭美德，给党的形象带来了极大的破坏，严重损害了党的形象与公信力。

过好生活关，还要做好"八小时之外"的自我监督。生活是工作的基础，生活上做不到自觉自律，工作就难以做到清正廉明。年轻干部要把"总开关"拧紧，慎独慎初慎微慎欲，任何时候都能稳得住心神、管得住行为、守得住清白。从纪检监察机关和司法机关查办的案件来看，相当一

---

① 习近平：《之江新语》，浙江人民出版社2007年版，第261页。

部分党员领导干部的违纪违法行为,都发生在八小时之外。有的年轻干部对自己要求不严者,八小时之外的活动中忘记了自己的党员干部身份,松了松干部的"皮带",有的去了不该去的地方,有的干了不该干的事,导致"意外"频出。也有一些所谓的"朋友"正好抓住领导干部八小时之外的"薄弱环节",进行长期感情投资,设计"围猎圈"。对于年轻干部来说,八小时内的工作和八小时外的生活虽然是两个场域,时间、地点、所接触到的人和所处理的事情性质有所不同,但二者仍然相通。要减少不必要的交往,时刻保持生活状态下内心世界的宁静,对那些声色犬马、灯红酒绿、推杯换盏、求神拜佛等异化生活,自觉建立一种屏蔽机制,只有这样才能守得住生活关。对领导干部"八小时以外"的监督和管理问题,引起了党和国家的高度重视。

(五)守好亲情关培育良好家风

习近平同志指出,要严格家教家风,既要自己以身作则,又要对亲属子女看得紧一点、管得勤一点。这一极具现实针对性的谆谆告诫,为年轻干部正确对待家属子女和亲戚朋友,防止"后院起火",树好家风,时刻保持家风清爽,恪守人际关系的底线提供了遵循。

亲情是人不可或缺的精神要素,"亲亲"是中国传统文化的一部分,倡导亲人间相亲相爱、相互关心、相互体贴,做到父慈、子孝、兄友、弟恭。这种过密化的亲情关系,若处理好了会身心轻松愉悦,若处理不好会关系异化,为年轻干部埋下隐患甚至铸成大错。习近平同志强调,要严格家教家风,既要自己以身作则,又要对亲属子女看得紧一点、管得勤一点。爱亲不溺亲,领导干部有责任也有义务识别亲人亲属出现的不正常言行,一旦发现,及时纠正,绝不能被"枕边风""桌上语""家中话"迷乱了亲情关的防守,否则,小恶不纠终成大患。

亲情关失防害己害人。年轻干部是一个特殊的人群,特殊就特殊在

他们不但手中掌握着大量权力,而且在仕途上还有极大的上升空间。如果对人民赋予的权力把握不当,被配偶、孩子和情人、秘书、司机等"身边人"牵着鼻子走,为他们以权谋私,不仅自己栽了跟头,还可能会使一家人陷入泥潭。全国人大原内务司法委员会副主任委员、云南原省委书记秦光荣自我反思:上梁不正下梁歪,下梁不正倒下来,所以家里面接连出了大问题,老伴收取红包礼金数额都很大,儿子也是违纪违法胆大妄为,经济上出了问题。秦光荣本应用手中权力更好地为百姓造福,但他却在家庭亲情面临失防了,最后成为家人腐败的工具,自己也走向了罪恶的深渊。习近平同志担任领导干部后,每到一处工作,都会告诫亲朋好友:"不能在我工作的地方从事任何商业活动,不能打我的旗号办任何事,否则别怪我六亲不认。"①"凡是打着我的亲朋好友旗号来找你们办事的,做法就两条,一是坚决让他办不成,二是及时报告。让他办不成,我会表扬你;让他办成了,只能说你办了一件坏事,办了一件给我抹黑的事。"②

建立良好家风是守好亲情关的第一防线。年轻干部要自觉把培育传承良好家风作为锤炼党性、改进作风、严守纪律的基本要求,真正做到树好家风、管好家人、处好家事、建好家庭。从近些年查处的腐败案件看,一些年轻干部及其亲属子女严重违纪违法,尤其是"一人当官、全家敛财""前门当官、后门开店"的家族式腐败屡见不鲜。原因显然与年轻干部家规不严、家风不正有关。一些领导干部手中一旦有权,其亲属子女就贪欲丛生、借权生财、借势欺人、违法乱纪,最终形成家族式腐败。比如,有的年轻干部对配偶、子女等亲属疏于管教、放任纵容,使他们利用年轻干部手中的职权或影响谋取不法利益;有的领导干部和家人沆瀣一气,默许家人打着组织和领导旗号疯狂敛财,形成家族式腐败;有的领导干部被抓住亲情的"软肋",使得居心不良者从其家人亲属身上"突破",被身边

---

① 《习近平谈治国理政》第1卷,外文出版社2018年版,第445页。
② 《习近平关于注重家庭家教家风建设论述摘编》,中央文献出版社2021年版,第48页。

第十章 坚决守住五大关口 坚守拒腐防变底线

人"拉下水",等等。对此,习近平同志反复强调:"不论时代发生多大变化,不论生活格局发生多大变化,我们都要重视家庭建设,注重家庭、注重家教、注重家风。"①"每一位领导干部都要把家风建设摆在重要位置,廉洁修身、廉洁齐家,在管好自己的同时,严格要求配偶、子女和身边工作人员。"②年轻干部要明了公私之分,严把处事之度,带头按党章办事,带头遵守党的纪律和规矩,带头管好亲属子女和身边工作人员,必须"带头践行社会主义核心价值观,讲党性、重品行、作表率,带头注重家庭、家教、家风,保持共产党人的高尚品格和廉洁操守,以实际行动带动全社会崇德向善、尊法守法"③。党员干部管好家人,必须严字当头、敢字入手,决不护犊子。要判明家人,对身边人的情况,做到心中有数。要判明情况,准确了解家人的所思所想、所愿所盼,准确掌握家人的行踪,做到掌握情况不迟钝、解决问题不拖延、化解矛盾不积压。要狠下决心,对家人的错误言行,不回避、不护短,及时提醒,坚决纠正,帮助他们明辨是非,自觉抵御不良风气的侵蚀。

管好身边人是最有效的办法。年轻干部要牢固树立"严是爱、宽是害"的家庭观念,坚决摒弃"封妻荫子""一人得道鸡犬升天"等腐朽思想,摆正权力与亲情、家风与党风、小家与大家的关系,防止权力被亲情"绑架"。年轻干部必须严格要求亲属子女,严防干部为官不正带坏配偶子女、配偶子女不端把干部拉下水。"于姐"是甘肃平凉市委原常委、原常务副市长黄继宗的妻子于改香的名号。"于姐"的恶劣行径当地干部群众早有耳闻,有一次,她的车停在路边,交警按照执法程序要开具罚单,她从酒店冲出来,将一沓钱甩到交警眼前,叫嚣着以后她的车就不能贴罚单。于改香对家里人也一贯蛮横霸道,对公婆不孝不敬,对兄弟姐妹也不友不

---

① 《习近平关于注重家庭家教家风建设论述摘编》,中央文献出版社2021年版,第3页。
② 《习近平关于注重家庭家教家风建设论述摘编》,中央文献出版社2021年版,第34页。
③ 《坚持依法治国和以德治国相结合 推进国家治理体系和治理能力现代化》,《人民日报》2016年12月11日。

悌，张口就骂、动手就打，一言不合，抬手就是一耳光。庆阳当地干部群众早有议论：黄继宗出事，一定出在他老婆身上。由于黄继宗自身不正、底气不足，对于改香从未真正板起脸来教育约束过，对其恶劣行径睁一只眼闭一只眼，放任自流。一路上，夫妻二人大肆收受贿赂，最终双双被留置，双双站上被告席。

三、掸"思想尘"、思"贪欲害"、破"心中贼"

思想是行动的先导，没有正确的思想就会导致行动上的破防。习近平同志在2019年春季学期中央党校（国家行政学院）中青班开班式上强调，年轻干部要经常对照党章党规党纪，检视自己的理想信念和思想言行，不断掸去思想上的灰尘，永葆政治本色。①在2022年春季学期中央党校（国家行政学院）中青班开班式上的讲话中强调，守住拒腐防变防线，最紧要的是守住内心，从小事小节上守起，正心明道、怀德自重，勤掸"思想尘"、多思"贪欲害"、常破"心中贼"，以内无妄思保证外无妄动。②可以说，年轻干部要提高拒腐防变的能力，守好各个关口的关键在于自身，就是要从思想上先守好拒腐防变关口。

（一）掸"思想尘"守清正之心

思想是本，行动是形，本正则形立。年轻干部思想上的关口是最重要的闸门，思想"闸门"不紧，行为做派就会"漏风"。年轻干部思想上的绝对忠诚和纯洁不是一劳永逸、一成不变的，过去先进不等于现在先进，学历高并不等于党性强，职务高并不等于觉悟高。这就要求年轻干部要

---

① 参见《在常学常新中加强理论修养 在知行合一中主动担当作为》，《人民日报》2019年3月2日。

② 参见《筑牢理想信念根基树立践行正确政绩观 在新时代新征程上留下无悔的奋斗足迹》，《人民日报》2022年3月2日。

"日三省吾身",时刻以"君子检身,常若有过"的谦逊态度,把牢思想的总开关,以思想自觉引领行动自觉,坚守共产党人的政治品格。

如果思想蒙上灰尘,就可能分不清美丑、辨别不出善恶、分不出好坏,以至于混淆黑白,在纷繁复杂的社会环境中迷失方向。年轻干部要经常掸去思想上的灰尘,就要时刻不忘为了谁、依靠谁、我是谁,保持平和心态,看淡个人进退得失,心无旁骛努力工作,为党和人民做事。年轻干部面临很多诱惑和"围猎",规章制度的"堵"和同志间的"疏"都是外因,而经常掸去思想上的灰尘则是内因。年轻干部只有经常掸去思想上的灰尘,才能知敬畏、讲纪律、守规矩,堂堂正正做事,清清白白为官,经得起考验,经得起挫折,在人生道路上留下光辉灿烂的足迹。

一要主动自觉。屋子如果不经常打扫,灰尘不会自己跑掉。"思想尘"如果不及时清扫,自私的念头就会越积越重,任其发展下去,就会由量变产生质变,轻则行为出格、违规违纪,重则腐化堕落、违法犯罪。年轻干部倘若心无敬畏,很容易被各种利益诱惑侵蚀,被不良风气裹挟,以致"一脚踏空",犯下错误。因此,年轻干部要养成自觉掸"思想尘"的习惯,主动改造思想,不断加强修炼,切实做到知敬畏、守纪律、讲规矩。

二要遵纪守规。思想是行为的总开关,思想有问题,行为就会出现偏差。年轻干部要给自己的思想划定一个界限,经常对照党的理论和路线方针政策、对照党章党规党纪,认清哪些事情能做、哪些事情不能做,时刻自重自省,严守法纪法规。通过持续对照检视,主动在灵魂深处筑起"防火墙",让各种不安分、不合规、不自律的思想念头无处藏身,如此才能保持强大的政治定力、纪律定力、道德定力、抵腐定力,扣好成长进步的每一粒"扣子"。

三要坚定信念。"坚定理想信念,必先知之而后信之,信之而后行之。坚定理想信念不是一阵子而是一辈子的事,要常修常炼、常悟常进,无论顺境逆境都坚贞不渝，经得起大浪淘沙的考验。"①共产主义理想信念是年轻干部务必于内心坚守的真挚信仰，如果理想信念不坚定，信仰则难于把持，而我们的思想则易沾染不良风气的"尘埃"，以至于在工作中表现出思想懈怠、性情懒惰、甘于平庸、不求上进的"灰暗"状态。沾染了"思想尘"不仅会导致办事效率低下，甚至还会产生思想"变质"而腐化堕落，进而损害党和人民的事业。年轻干部要切实增强"四个意识"，坚定"四个自信"，做到"两个维护"，把讲忠诚、讲政治、讲原则、讲党性放在心中，融入血液中，做到干一行爱一行、钻一行优一行，做事要有"穿透力"，不能浮于表面，要耐得住寂寞，保持住定力，经常性地对照党的理论和路线方针政策、对照党章党规党纪、对照初心使命、对照百年党史中涌现出的先进榜样，自省自励，实现从不敢腐、不能腐向不想腐的境界升华。

四要强化自律。一个人的成长进步，就是一个不断修养的过程。如果对人的私心杂念熟视无睹、任其滋长，就容易走上邪路。年轻干部应时刻保持清醒头脑，经常自警自省，加强思想上的管理，时刻注意"修枝剪叶"，及时进行思想"大扫除"，剔除浮躁，祛除贪欲，让自身获得抵御侵蚀、防止腐化的强大抗体，真正炼就共产党人的"金刚不坏之身"。若一旦思想闸门不紧，年轻干部就会被"围猎"。敢面壁思过、刀刃向内，决不能被"糖衣炮弹"击倒，绝不能在成长路上办"糊涂事"，防止被有企图的人"温水煮青蛙"，要清清白白做人、干干净净做事，做到克己奉公、以俭修身，永葆清正廉洁的政治本色。

（二）思"贪欲害"修淡泊之志

清廉是福，贪欲是祸。古人云："贪如火，不遏则燎原；欲如水，不

---

① 《筑牢理想信念根基树立践行正确政绩观　在新时代新征程上留下无悔的奋斗足迹》，《人民日报》2022年3月2日。

遏则滔天。"一些年轻干部违法违纪行为轨迹，一般都是从收点小红包、违规使用公车、漏瞒报个人事项等看似小事开始，从半推半就到欣然笑纳，思想高地一点一点被侵占，而欲望之门一旦被触启，就像打开的"潘多拉"盒子，想关都关不上，最终走上自我毁灭之路。欲望的背后是陷阱，贪婪的尽头是毁灭。在利益和诱惑面前，年轻干部当算好政治账、亲情账、名誉账，恪守勤政、廉政原则，力戒私奢贪，切实做到不为私利所困，不为私情所惑。

务须牢记清廉是福、贪欲是祸的道理。时刻不忘算好"政治账、经济账、名誉账、家庭账、亲情账、自由账、健康账"，在思想上和行动上立起拒腐防变的"防火墙"，牢牢抵御"贪欲害"。要管好嘴，不该说的话坚决不说；要管好手，不该拿的坚决不拿；要管好腿，不该去的地方坚决不去；要管好人，特别是亲属和身边工作人员，不给"贪欲害"任何可乘之隙。我们唯有做到时时提防、事事有界，固守"初心使命"，方能保持拒腐蚀、永不沾的政治本色，始终坚持清正廉洁的政治操守，不断自我净化，永葆党的先进性和纯洁性。

要自觉培养廉洁自律道德操守。习近平同志强调，要多积尺寸之功。小事小节是一面镜子，小事小节中有党性、有原则、有人格。要牢记"堤溃蚁孔，气泄针芒"的古训，坚持从小事小节上加强修养，从一点一滴中完善自己，严以修身，正心明道，防微杜渐，时刻保持人民公仆本色。要慎独慎初慎微慎欲，培养和强化自我约束、自我控制的意识和能力，做到"心不动于微利之诱，目不眩于五色之惑"。要管好自己的生活圈、交往圈、娱乐圈，在私底下、无人时、细微处更要如临深渊、如履薄冰，始终不放纵、不越轨、不逾矩，增强拒腐防变的免疫力。

要筑牢底线意识。矩不正，不可为方；规不正，不可为圆。做到讲规矩、守底线，知敬畏、存戒惧，常常以反面典型为警绳，深刻看清腐朽思想、违法乱纪给自己和家人带来的沉重打击和严重伤害，在工作中廉洁从

业，在生活中廉洁自律。把做人做事的底线划出来，时刻保持艰苦朴素的生活作风，以俭修身、厉行节约，净化社交圈、生活圈、朋友圈，培养积极健康的生活情趣。坚决抵制各种不正之风，抵御各种腐朽思想的侵袭，始终做到志存高远、坚守初心，塑造年轻干部的良好形象。因此，年轻干部要严守政治纪律和政治规矩，打牢夯实拒腐防变的思想道德防线，自觉做到忠诚干净担当。

（三）破"心中贼"求无我之境

明代心学大师王阳明曾说："破山中贼易，破心中贼难。"对于党员干部的"心中贼"，习近平同志有过精辟论述："一个人能否廉洁自律，最大的诱惑是自己，最难战胜的敌人也是自己。一个人战胜不了自己，制度设计得再缜密，也会'法令滋彰，盗贼多有'。"[1] 现实中少数年轻干部经受不住身边人和事的影响，是非观念动摇，自我约束松懈，再加上各种利欲诱惑，便放任了"心中贼"的滋生，最终无法自拔，以至身败名裂。破"心中贼"，年轻干部必须时刻修炼内心。把"心中贼"圈出内心，以内无妄思保证外无妄动，方能把好世界观、人生观、价值观的总开关，实现从不敢腐、不能腐向不想腐的境界升华，不断自我净化，永葆党的先进性和纯洁。

培育共产党人的"心学"。要修好共产党人的"心学"，就要在实践、认识、再实践、再认识循环往复以至无穷的全过程始终坚持和不断升华党性，这和实事求是、实干兴邦的内在逻辑一脉相承。共产党人的"心学"需要的是一辈子的打磨、精进。然而现实中，个别党员干部抱有侥幸心理，口头上表态要遵纪守法，内心却不以为然。"内心之锁"逐渐松动，乃至全部"失灵"。党员干部要了解与完善自己，就要依靠自我反省的自觉性和自我革命的勇气，经常对照党的理论和路线方针政策、对照党章党

---

[1]《习近平关于全面从严治党论述摘编》，中央文献出版社2016年版，第181页。

规党纪、对照初心使命,看清一些事情该不该做、能不能干,随时可做自我调节、灵魂净化,坚决祛除任何"心魔",抵制内心的"妄思",如此才得以行稳致远。要歼灭"心中贼",确保灵魂不被"俘"、思想不被"腐"、气节不被"劫"、情怀不被"盗",以实际行动彰显共产党人的人格力量,始终保持党同人民群众的血肉联系。

常破"心中贼",敢于担当作为,养浩然正气。年轻干部只有持续破"心中贼",加强道德修养,正确行使权力,依法用权、秉公用权、廉洁用权,才能做到心有所畏、言有所戒、行有所止,任何时候、任何情况下都不越界、越轨。破"心中贼",必须敢于担当,"担当大小,体现着干部的胸怀、勇气、格调,有多大担当才能干多大事业"。需要有担当之"识",有担当之"谋",有担当之"勇",以最大的努力把每一件事情做好,让工作见到实效,真正为人民群众办实事、办好事。破"心中贼",还要求年轻干部养成浩然正气。事实上,腐败分子的蜕化变质正在于此,当"心中贼"替代了理想信念、攻破了思想防线,共产党人便失去了政治灵魂,面对诱惑思想防线必定全面失守,最终滑入深渊无法自拔。破除"心中贼",需久久为功,必须突出一个"常"字。经常跟自己的"妄思"作斗争,以内无妄思保证外无妄动。这是初心与欲望的斗争,是公与私、是与非、义与利、善与恶的较量,是直击灵魂的拷问。时时处处慎独慎初慎微,不断涵养共产党员的浩然正气,真正做到"心不动于微利之诱,目不眩于五色之惑",切实守住政治、权力、交往、生活、亲情的"关口",始终保持初心如磐、使命在肩。